우리가 버린
독립운동가들

우리가 버린 독립운동가들
－무명의 독립투사들, 기억의 전당에 불러오다

2020년 8월 8일 초판 1쇄

지은이 | 손성진

편   집 | 김희중
디자인 | 경놈
제   작 | 영신사

펴낸이 | 장의덕
펴낸곳 | 도서출판 개마고원
등   록 | 1989년 9월 4일 제2-877호
주   소 | 경기도 고양시 일산동구 호수로 662 삼성라끄빌 1018호
전   화 | (031) 907-1012, 1018
팩   스 | (031) 907-1044
이메일 | webmaster@kaema.co.kr

ISBN 978-89-5769-367-1 (03990)
ⓒ 손성진 2020 Printed in Goyang, Korea

우리가 버린 독립운동가들

손성진 지음

개마고원

〈일러두기〉

1. 본문의 모든 내용은 사료에 바탕을 두었다.
2. 외국 지명이나 인명은 오늘날의 외래어 표기법을 원칙으로 했으나, 일부 익숙한 단어는
   당시 표현을 따랐다.(예: 길림성, 통화현 등)
3. 인물들이 연령 표기는 생 나이를 따랐다.(예: 1900년생은 1919년에 19세)
4. 이 책에서 소개되고 있는 독립운동가들이 본인의 소개 파트가 아닌 다른 파트에 등장할
   때는 처음 등장시에 한해 밑줄로 표시했다.

머리말

　독립운동가들의 생애를 취재하고 공부한 것을 글로 옮겨 적으면서 몇 번이나 벅찬 감정에 나도 모르게 울컥하곤 했다. 체포된 독립운동가에게는 필연적으로 고문이 따랐다. 남녀노소를 불문하고 일제는 지구상에서 가장 잔혹한 고문을 자행해 독립운동가들의 육체와 정신을 파괴하려 했다. 그러나 많은 독립운동가들은 살점이 떨어져 나가고 피를 뚝뚝 흘리면서도 일제 앞에 무릎을 꿇지 않았다. 극한의 고통을 견디며 반신불수가 되거나 평생 후유증으로 고통을 받으면서도, 그때까지 걸었던 길로 되돌아가 항일투쟁을 계속했다.

　독립운동가들의 출신 성분이나 직업을 보면 고위 관리, 부농 지주, 유학자, 군인, 학생, 교사, 평범한 시민, 농민, 소작농 등으로 매우 다양하다. 지위와 빈부를 떠나 이 땅의 백성은 재산과 가족을 버리고 독립운동에 뛰어들었다. 어떤 이득을 노린 것도 아니었고 어떤 목적이 있지도 않았다. 오직 나라를 되찾겠다는 마음뿐이었다.

　모든 것을 조건 없이 나라에 바칠 수 있게 한 그 힘은 도대체 어디서 비롯된 것일까. 물론 100년 전의 사고방식을 현재와 평면적으로 비교하기는 어렵다. 가치관이 달라졌고 국가에 대한 관념도 바뀌었다. 공자와 맹자의 논리를 현 시대에 무조건 대입해서도 안 될 일이다. 그러나 필자는 지금의 우리가 어찌 보든 그 근본정신은 '충의忠義'였다고 본다. 나라를 빼앗고 우리 백성을 괴롭힌 일제는 충의에 정면으로 배치되는 존재였고, 충의를 목숨만큼 소중히 생각하는 바로 우리의 할아버지나 할머니, 증조 할아버지나 증조 할머니들이 목숨을 걸고 그에 저항했다.

　오늘의 개인주의화된 사회는 공동선共同善에 대한 의식이 상대적으로 옅은 게 사실이다. 그러나 국가라는 공동체가 무너졌을 대 개인들이 겪는 고난은 100년 전이나 지금이나 그리 다르지 않을 것이다. 그러니 국난이 닥치면 결국은 국민의 손, 우리의 손으로 이를 극복해내야 한다. 외세의 도움을 받을 수는 있겠지만 민족의 자결권自決權은 제약받을 수밖에 없다. 일제를 패망시켰으나 연합국의 승전이었던 탓에 우리는 남북 분단이라는 또 하나의 비극을 받아안고 말았지 않는가. 우리가 스스로 우리를 지키지 못하고, 되찾지 못한 결과였다. 무엇으로도 대신할 수 없는 자신의 생명까지 버려가면서 나라를 지키기 위해 싸운 독립운동가들을 알아야 하는, 기억해야 이유가 바로 그것이다. 독립운동가들을 국립현충원에 안장하고 후손들에게 훈장과 연금을 주면 그것으로 충분한 것일까. 그렇지 않다. 후세가 해야 할 일은 물질적 보상에 앞서 그들을 기억하고 기리는 것이다. 그들의 정신을 배우고 실천하는 것이다.

유감스럽게도 우리는 많은 독립운동가들의 이름도 업적도 잘 알지 못한다. 불과 100년 전에 독립을 위해 싸우고 스러졌던 그들을 기억하지 못한다. 그들은 우리의 기억에서 멀어져 점점 잊혀가고 있다. 안중근, 윤봉길, 유관순, 김좌진, 이봉창, 김구 등 몇몇의 이름만 겨우 교과서를 통해 알고 있는 정도다. 그들에 못지않은 희생을 치르면서 항일투쟁을 벌인 이들이 수없이 많다. 독립유공자 공훈록에 올라 있는 1만5000여 명 가운데 우리가 이름 석 자라도 알고 있는 사람은 겨우 몇%인지 따져보기에도 부끄러운 수준이다. 정부는 '이달의 독립운동가'를 선정해 홍보하거나 블로거들의 활동을 지원하는 등 독립운동가들을 알리는 일을 하고 있지만 미흡한 게 사실이다.

아직도 많은 독립운동가들이 공적을 인정받지 못하고 파묻혀 있다. 정부는 후손들의 신청을 받아, 그것도 유력한 증거물이 있을 때만 독립운동가로 인정해주고 있다. 말하자면 독립운동가 발굴과 선정에 매우 수세적이다. 후손 개인이 독립운동가들의 활동을 증명할 자료를 확보하기란 여간 어려운 일이 아니다. 공적인 권한을 가진 정부가 나서서 중국·일본·러시아 등 주변국들의 협력을 얻어 버려져 있는 독립운동가들을 찾아내는 데 보다 적극적이어야 하지 않을까.

이 책은 우리가 꼭 기억하고 잊어서는 안 될 독립운동가들을 소개하고 재조명하자는 취지에서 쓴 것이다. 잊고 있다기보다 아예 이름조차 모르고 우리에게 버림받은 것이나 마찬가지인 독립운동가들이 수다하다. 오동진, 양세봉, 윤형숙, 김구응, 김동삼, 박상진이라는 이름을 들어본 적이 있는가. 몇 년 전 〈암살〉이라는 영화 덕에 김원봉이라는 이름도 알려졌지, 월북한 그의 이름은 거론하는 것조차 금기시되었고 그전까지는 다들 잘 알지 못했다.

이 책에서는 독립운동가들 중에서 업적에 비해 잘 알려지지 않은 20인을 골라 생애를 재조명해보았다. 또 그들의 고향을 답사해 후손들은 어떤 삶을 살아왔는지, 생가 복원 등 선양사업은 어떻게 펼쳐지고 있는지 돌아보았다. '독립운동을 하면 3대가 아니라 4대가 망한다'는 말이 틀린 말이 아님을 현장 취재로 확인할 수 있었다. 반면에 친일활동을 한 사람들의 후손들은 떵떵거리며 살고 있고, 국립현충원에 버젓이 자리를 잡고 모셔져 있기도 했다.

생존한 독립운동가들의 숫자는 손가락으로 꼽을 수 있을 정도이고 그들의 아들, 손자도 하나둘 세상을 떠나고 있다. 하루가 급하다. 독립운동가들의 업적을 발굴하고 홍보하는 첫번째 책임은 국가에 있다. 역사의 증인과 사료가 멸실되기 전에 예산을 더 투입해 찾아내고 널리 알려야 한다.

독립운동가를 기억한다는 것은 과거의 역사를 잊지 않는다는 의미이다. 미국, 영국, 프랑스, 독일, 스페인 등 자유민주주의를 먼저 도입한 열강들이 총칼을 앞세워 다른 민족을 지배하며 인권을 유린했지만, 그 악랄함이 일본 제국주의만 했을까. 헌병경찰제를 앞세운 일세의 무단정치는 세세사에서도 예 메끼 없다. 그건 일제 강압정치의 실상을 바로 알아야 현재의 우리가 일본을 대하는 자세도 정립할 수 있다. 그것이 지피지기知彼知己다. 과거의 일이지만 상대방의 실체를 모르고서야 외교적·역사적·경제적 분쟁이 생겼을 때 어떻게 상대할 수 있겠는가. 독립운동만이 아니라 위안부나 징용 문제도 그렇고 임나일본부 문제와 같은 훨씬 더 옛날의 한일 역사도 마찬가지다.

친일과 반일을 떠나 우리는 나라를 잃은 비극과 그에 맞서 싸운 독립운동가들을 똑똑히 기억하고 그들의 정신을 이어받아야 한다. 어제의 적이 오늘의 친구가 되는 국제 정치의 현실에서 일본을 언제까지나 타도와 혐오의 대상으로 여기는 것은 미래를 위해 현명한 태도가 아니다. 그러나 불과 1세기 전에 그들이 우리에게 가했던 탄압의 역사를 잊어버리는 것은 애국지사들 덕분에 누리는 편안한 삶의 근거와 뿌리 역시 잊어버리는 것이다. 그러면 그 비극의 역사는 언제든 우리의 현실로 소환될 수 있는 법이다.

이 책이 우리가 모르고, 잊고, 끝내는 버리다시피 한 독립운동가들을 우리의 기억 속으로 불러내는 계기가 된다면 필자에게는 그보다 더 기쁜 일이 없을 것이다. 나라를 위해 한 몸을 바치신 순국선열들께 추모의 묵념을 올리면서 취재에 도움을 주신 후손들께도 다시 한 번 감사 드린다.

2020년 7월

저자 씀

차례

독립운동의 여러 갈래에 대해서

　일제에 맞서 싸운 우리 민족의 독립운동 방략方略은 크게 무력
투쟁과 애국계몽운동, 외교활동으로 나눌 수 있다. 3·1운동이나
6·10만세운동은 비폭력 평화 시위로 따로 분류할 수 있다.

　무력투쟁은 보수적인 위정척사파衛正斥邪派의 의병활동에서 시
작한다. 위정척사파는 서양의 제도와 문물은 조선과는 맞지 않기
때문에 배척해야 한다고 주장한 유생儒生들이었다. 최익현·유인
석·김평묵·유중교 등이 그들이다. 1900년대에 들어 일제가 침략
야욕을 노골적으로 드러내자 위정척사파가 중심이 된 의병활동이
왕성히 전개되었다.

　1907년 일제가 대한제국 군대를 강제 해산시키자 일부 군인들
도 의병에 가담해 항일투쟁에 동참했다. 일제는 1909년 의병활동
이 가장 활발했던 호남지역 의병을 대대적으로 토벌하는 등 진압
에 군사력을 총동원했다. '화승총과 짚신'으로는 최신식 무기와 맞
상대할 수 없었다. 의병들은 큰 희생을 치르면서도 저항을 이어갔
지만 1913년 무렵에는 활동이 거의 중단되다시피 했다. 한계를 느

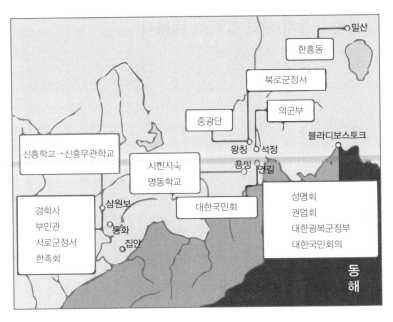

1910년대 만주지역 독립운동 양상.

낀 의병과 지도자들은 만주와 연해주로 넘어가 독립군이 되어 투쟁을 계속했다. 의병운동은 만주의 무장 독립운동으로 맥이 이어지고 또한 통합된 셈이다.

한일병합 이후 유인석·홍범도·김좌진·이범윤 등의 만주 독립군은 압록강을 넘어와 일제의 군대와 경찰을 공격하거나 일제 기관을 파괴하고 요인을 암살하는 등 무력투쟁을 벌였다. 3·1운동 이후 만주의 무장투쟁은 더 조직화되고 규모도 커져, 독립군은 때로 일본군과 대규모 전투를 벌여 큰 승리를 거두기도 했다. 청산리전투, 봉오동전투, 김두사신투 등이 대표적이다. 일제는 패배할 때마다 대규모 병력을 투입해 한인을 학살하는 만행을 저질렀고, 따라

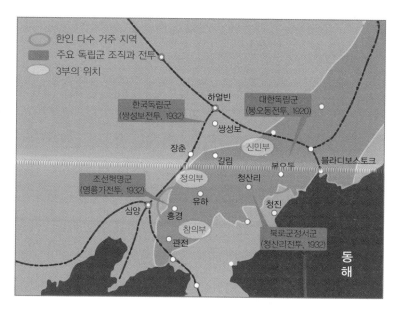

y

1920~1930년대 만주지역 독립운동 양상.

서 무장투쟁도 위축될 수밖에 없었다. 만주의 한인 자치단체들은
서로군정서·대한통군부·대한통의부·정의부·신민부·참의부·국
민부 등으로 이합집산하면서도 군사조직을 두어 무력투쟁을 지속
했다.

　일제의 만주국 설립 이후 양세봉 장군 등은 중국인 자위대와 연
합해 투쟁을 계속했지만, 양세봉 사후 만주 무장투쟁은 일본군의
탄압으로 중국 본토로 옮겨갈 수밖에 없었다. 지청천(이청천)·황학
수·오광선 등 독립군들은 1차로 낙양군관학교에 입학해 교육을 받
았고, 이들이 모태가 되어 1941년 충칭에서 임시정부 산하에 광복
군이 창설되기에 이른다. 이갑·노백린 등 일본 육사 출신과 황푸군

y

　　　　　　　　　　　　　　　　　　　독립운동의 여러 갈래에 대하여

관학교 졸업생들도 광복군에 동참했고, 김원봉 등 조선의용대의 일부도 참여했다.

　의열투쟁도 무력투쟁의 한 갈래다. 의열투쟁은 개인이나 몇 사람 이내의 비밀조직이 일제를 상대로 벌인 암살과 파괴활동을 말한다. 옛 문헌에 나오는, 천 년의 세월에 빛날 의롭고 장렬한 행동이라는 뜻의 '천추의열千秋義烈'에서 따온 것이다. 대표적으로 김원봉의 의열단은 비폭력·평화적 독립운동으로는 목적을 달성할 수 없다는 판단 아래 조직되었다. 1919년 만주에서 발족한 의열단은 일제 고위층 암살, 일제 기관 파괴 공작에 잇따라 성공했다. 박재혁의 부산경찰서 폭탄 투척, 김익상의 조선총독부 폭탄 투척, 나석주의 동양척식회사 폭탄 투척 등은 일제에 큰 충격을 주었다. 물론 안중근의 이토 히로부미 사살이나 김구가 이끈 한인애국단 소속 윤봉길의 상하이 홍커우공원 의거, 이봉창의 일본 궁성 폭탄 투척도 대표적인 의열투쟁이다.

　국내에도 의열투쟁 조직이 있었다. 박상진이 지휘한 대한광복회가 가장 큰 조직으로 의열단보다 먼저 결성됐다. 박상진은 중국에서 신해혁명을 직접 보고 들어와, 우리도 공화제 혁명을 일으키고 일제와 무력으로 싸워야 한다고 생각했다. 의열투쟁은 그 한 방편이었다. 친일파였던 경북관찰사 장승원 사살이 대표적인 활동이다.

　애국계몽운동은 위정척사파와 대립관계에 있던 개화파가 중심이 되어 이끌었다. 이들은 서양 문물을 받아들여 부국강병을 추진해야 한다고 생각했다. 우리의 힘을 길러서 외세에 대항하고 그들을 물리치자는 운동으로, 바탕은 교육이었다. 애국계몽운동가들은 전국 각지에 근대 교육기관을 설립하여 젊은이들에게 신학문을 가르쳤다. 서북학회나 교남교육회, 관동학회, 호남학회와 같은 학회 활동도 애국계몽운동의 일환이었다. 이들 단체는 교육기관 설립을 주도하고 시국 문제를 논의했다.

애국계몽운동가들은 1907년 비밀결사단체인 신민회를 조직했다. 신민회는 학교 설립, 계몽 강연 및 서적 출판 등의 운동을 펼쳤다. 또한, 경제적 자립과 자강自強을 위해 대구와 평양 등에 태극서관이나 도자기 회사를 설립하는 등 민족산업을 육성코자 했다. 나아가 의병운동을 지원하고 만주에 독립군 기지를 건설했으며, 이를 위해 애국지사들과 백성들의 만주 망명을 계획하고 실행에 옮겼다. 그 결과가 만주 유하현 신한민촌 건설, 신흥무관학교 설립, 안창호·이갑·이동휘·신채호·이회영6형제의 망명으로 나타났다. 신민회는 애국계몽운동뿐만 아니라 무장 독립투쟁의 밑거름 역할을 했다. 그러나 1911년 '105인 사건(219쪽 참고)'을 조작한 일제의 강력한 탄압을 받아 조직이 무너지고 말았다.

안창호가 주창한 준비론적 방략도 애국계몽운동과 궤를 같이한다. 안창호는 미국으로 건너가 교포들의 권익을 보호하기 위해 공립협회를 조직했다. 그는 미국의 민주정치와 신식 문물을 보고 우리도 민족교육과 민족산업을 보급하고 발전시켜 국민 수준을 높여야 하며, 그것이 독립을 앞당길 수 있다고 보았다. 민족의 당면 과제를 실력 양성으로 본 것이다. 즉, 안창호의 준비론은 먼저 민족의 실력을 양성한 다음에 독립을 쟁취하자는 노선이었다.

외교 방략은 고종이 먼저 시작했다. 1907년 고종은 이준·이상설·이위종 3인을 네덜란드 만국평화회의에 보내 조선의 처지를 알리려 했지만 일본의 방해로 실패했다. 1919년 제1차 세계대전이 끝나고 일산 미국 대통령이 민족자결주의를 제창하서 미국에 대한 인국민회에서는 이승만 등을 파리평화회의에 파견하려 했다. 그러나 미국은 일본과의 외교관계 때문에 이들의 출국을 보류시켰다. 회의 참가가 무산되자 이승만은 그해 2월 미국의 위임통치를 원한다는 이른바 위임통치 청원을 미국 국무부에 보냈다. 이 소식이 상하이 임시정부에 전해져 민족주의자들은 이승만을 격렬하게 성토하게 된다.

한편, 1919년 1월 상하이에서 발족한 신한청년당은 김규식 등을 파리평화회의에 보내 조선의 독립 의지와 열망을 세계 각국에 알렸다. 그해 4월 임정 수립과 동시에 김규식은 외무총장에 임명되어 임정의 공식 대표인 전권대사로 파리에서 몇 달 동안 활동했다. 그러나 파리평화회의 자체가 제1차 세계대전 전승국들의 이권을 논하는 자리였으므로 약소국의 목소리는 무시되었다. 7월에는 미국에 대한민국 통신부를 두고 서재필을 임시정부 외교전권특사로 임명해 독립을 위한 외교활동을 펴도록 했다.

이승만이 임정의 대통령으로 선임된 이후 통신부는 이승만이 이끌던 구미위원회와 통합되었다. 이승만은 미국과 유럽을 상대로 한 외교활동을 하겠다며 이동휘에게는 대對소련 외교를 전담하게 했다. 1925년 위임통치 청원과 관련해 대통령직에서 해임된 후에도 이승만은 마음대로 외교활동을 하고 독립운동 자금을 사용해 임정과 대립하곤 했다. 그 뒤 이승만은 하와이로 건너가 무장투쟁을 준비하던 박용만을 적대시했고, 박용만이 중국으로 건너간 뒤 교민사회를 장악하고는 독자적으로 외교활동을 폈다.

외교활동의 주체는 임정이 되는 것이 당연했다. 그러나 임정의 외교는 임정이 활동하던 땅, 중국을 상대로 한 것이 거의 전부였다. 윤봉길 의사의 의거 후 중국은 임정을 적극적으로 지원했고 광복군 창설도 후원했는데, 임정 외교의 일정한 성과라고 할 수 있다. 1943년 카이로선언에 중국의 노력으로 한국을 독립시킨다는 문안이 들어간 것도 마찬가지다.

이 와중에도 이념적 갈등은 독립운동의 추진력을 현저히 약화시켰다. 독립 이후의 국가 체제를 둘러싼 이념적 계파는 크게 3가지로 나눌 수 있다. 대한제국의 부활, 즉 왕정복고를 주장하는 복벽주의와 민주주의적 국가 체제를 원하는 공화주의는 그 첫째와 둘째다. 이들의 갈등은 특히 만주에서 유혈사태를 부르기도 했다.

셋째는 폭력혁명을 통한 일제 타도와 사회주의(공산주의) 정부 수립이다. 1917년 러시아혁명 이후 독립운동계에도 좌파·공산주의 폭력혁명 방략론이 대두해 우파·민족주의 계열과 대립했다. 1917년 8월 상하이에서 신규식이 조선사회당을 조직한 것은 스톡홀름 만국사회당회의에 참석해 외교활동을 펴기 위해서였다. 1918

년 김철훈 등은 이르쿠츠크 공산당(소련공산당 동양부 직속)을, 이동 휘는 하바롭스크에서 한인사회당(국제공산당 본부 직속)을 각각 조직했다. 이동휘는 임정에 참여해 국무총리직을 맡았다.

이때부터 이동휘파는 상해파로 불리게 된다. 두 파는 서로 정통성을 주장하며 극심하게 대립했다. 1921년 6월 상해파의 지원을 받는 사할린 의용대기 러시아 적군과 연합한 이르쿠츠크파에 대항하다 러시아 적군赤軍의 포위공격을 받아 144명이 사망하거나 실종되는 참극이 벌어졌다. 이를 세칭 '자유시 참변'이라고 한다.

이르쿠츠크파와 상해파는 1922년 12월 파벌 투쟁의 결과로 해산 후 통합해 고려공산당으로 상하이에서 출범하게 된다. 국내에서는 이르쿠츠크파 김재봉 등이 조선공산당을 조직했다가 몇 번이나 일제에 검거됐었다. 박헌영과 홍증식은 고려공산청년회(고려공청)을 창립했다가 와해와 재건을 반복했다.

이상과 같은 복잡한 상황에서 임정은 독립운동의 구심체로서 출발했지만 출범 직후부터 독립운동의 방향을 놓고 이념, 방략과 노선, 지역적 기반의 차이에 따른 대립이 내부적으로 심했다. 특히 임정 초대 대통령 이승만의 외교노선에 반대한 무력투쟁파는 북경 통일군사회의를 조직, 임정 자체를 부인했다. 그리하여 임정을 완전히 새로 구성하자는 창조파와 임정의 잘못된 점을 고치자는 개조파, 임정을 그대로 유지하자는 고수파(옹호파)로 분열됐다. 각 파는 지역적으로도 기반이 달랐는데 창조파는 주로 베이징과 러시아에 기반을 둔 신숙·문창범·윤해 등이었고 개조파는 상하이와 만주에 기반한 여운형·김동삼·안창호 등이었다. 고수파는 김구·이시영·송병조 등으로 미주 교민의 지원을 받고 있었다. 무장독립론을 주장한 이동휘는 개조파에 가까웠다.

1923년 분열된 임정의 파벌을 통합하자는 국민대표회의가 열렸지만, 극심한 의견 차이를 극복하지 못하고 결렬되고 말았다. 각 계파의 대립은 광복 직전까지도 독립운동의 추동력을 약화시키는 장애물이 되었다.

아나키즘(무정부주의), 즉 국가나 정부기구 등 일체의 권력을 부정하는 사상을 따른 독립운동가들도 있었다. 신채호·이회영·박열·유자명·이을규·이정규·정화암·백정기 등이 그들이다. 이회영은 운동의 구심점은 있어야 하지만 정부 형태로 만드는 데는 반대했다. 필요한 조직은 행정 체제가 아니라 각 파가 협력할 수 있는 연합기관이라고 보았다.

여러 갈래로 갈라진 독립운동 방략은 노선적 판단일 뿐 어느 쪽이 더 효과적이라고 말할 수는 없다. 외교적 방략을 추구하는 인사들은 독립은 오직 외교적 수단에 의해서만 달성될 수 있다며 다른 방략들을 지엽적인 것으로 무시했지만, 외교적 성과로 '독립'이 달성되었다고도 말하기 어렵다. 어느 한 가지에만 매달릴 것은 아니었고 상호 협력관계를 유지하며 각자 방략대로 추진하면 될 일이었다. 어쨌든 공통된 목표는 독립이었기 때문이다. 그러나 독립운동의 각 계파는 협력하기보다는 대립하고 비방함으로써 독립을 달성하는 데 서로 도움이 되지 못했다는 점이 못내 아쉽다.

독립운동 갈래별 주요 활동 내용

(책에서 소개하는 독립운동가들을 해당 활동에 배치했다)

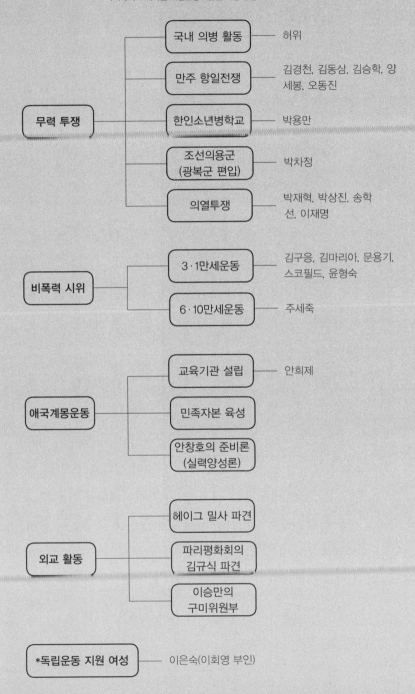

무력 투쟁
- 국내 의병 활동 — 허위
- 만주 항일전쟁 — 김경천, 김동삼, 김승학, 양세봉, 오동진
- 한인소년병학교 — 박용만
- 조선의용군 (광복군 편입) — 박차정
- 의열투쟁 — 박재혁, 박상진, 송학선, 이재명

비폭력 시위
- 3·1만세운동 — 김구응, 김마리아, 문용기, 스코필드, 윤형숙
- 6·10만세운동 — 주세죽

애국계몽운동
- 교육기관 설립 — 안희제
- 민족자본 육성
- 안창호의 준비론 (실력양성론)

외교 활동
- 헤이그 밀사 파견
- 파리평화회의 김규식 파견
- 이승만의 구미위원부

*독립운동 지원 여성 — 이은숙(이회영 부인)

우리가 버린 독립운동가들

허위

1854. 4. 1. ~ 1908. 9. 27.

서대문형무소 1호 사형수가 된 의병장

1908년 10월 21일 정오. 왕산旺山 허위許蔿 선생은 경성감옥(나중의 서대문형무소)의 교수대에 천천히 올라갔다. 밧줄이 목에 걸쳐져도 선생의 안색은 조금도 변함이 없었고 태도는 당당하기만 했다. 왜승倭僧이 불경을 읽으며 명복을 빌어 주려 했다. 그러자 선생은 "충의忠義의 귀신은 스스로 마땅히 하늘로 올라갈 것이요, 혹 지옥으로 떨어진다 해도 어찌 너희의 도움을 받아 복을 얻겠느냐"고 꾸짖으며 거절했다.

이어 사형을 지휘하는 검사가 시신을 거둘 친족이 있느냐고 묻자 선생은 "죽은 뒤의 염시斂屍(시신을 거둠)를 어찌 괘념하겠느냐. 옥중에서 썩어 문드러져도 좋으니 속히 형을 집행하라"고 단호하게 말했다. 목숨을 잃기 직전의 순간에도 선생은 털끝만큼의 흔들림도 보이지 않았다. 곧 교수형이 집행됐다. 악명 높은 경성감옥의

허위가 사형당한 서대문형무소.(당시 이름은 경성감옥) 허위를 시작으로 수많은 독립운동가들이 이곳에서 사형당했으며, 유관순처럼 옥사하기도 했다.

제1호 사형 집행이기도 했다. 전국 의병을 총지휘해 서울 진격을 노렸던 13도 창의군 대장 허위는 그렇게 최후를 맞았다. 선생의 나이 54세였다.

우리는 문자 그대로 '나라를 팔아먹은' 구한말의 조정 대신들을 알고 있다. 이완용을 비롯한 '을사오적' 등이 대표적이다. 그렇지만 모두가 그런 것은 아니었다. 조정 대신 중에는 허위 선생처럼 의병을 일으켜 싸우거나 항의의 뜻으로 자결한 사람들도 있다. 허위는 평리원 재판장, 의정부 참찬, 칙임 비서원승 등 높은 지위에 잇따라 오른 인물이었다. 평리원 재판장은 지금으로 치면 대법원장 격이고, 의정부 참찬은 조선 최고행정기관인 의정부 소속 정2품의 높은 벼슬이다. 칙임 비서원승은 정3품으로 오늘날의 대통령 비서실장에 해당하는 중책이었다. 그런 한편 호조참판을 지낸 최익현(건국훈장 대한민국장)과 이조참판을 지낸 민종식(건국훈장 대통령장)은 의병 대장으로 일제와 싸웠고 대사헌, 좌의정을 지낸 조병세(건국훈장 대한민국장)와 병조·예조·형조판서를 역임한 민영환(건국훈장 대한민국장)은 을사늑약 체결 이후 그에 반대하며 스스로 목숨을 끊었다. 매국노에 분노하는 것도 필요한 일이지만, 이들 애국자들을 기억하고 기리는 것은 더욱 중요하다.

고관대작에서 의병대장이 되다

허위는 1854년(철종 5년) 경북 구미시 임은동에서 태어났다. 7세 때 "달은 대장이 되고 별들은 군사가 되어 따른다月爲大將軍 星爲萬兵隨"라는 글을 지을 만큼 한학에 능통했다. 선생은 맏형 허훈에게서 한학을 배웠다. 허훈은 영남 유림의 종장宗匠으로 문장의 대가였는데, 그런 허훈도 아우 허위의 실력을 극찬했다. 허위는 친분이 두터웠던 신기선의 천거로 45세의 늦은 나이에 관직에 나아가 출중한 능력으로 고위 관직을 두루 역임하며 승승장구했다.

그러나 허위 선생은 자리에 연연해하지 않았다. 관직에 오르기 전 1896년에 이미 명성황후 시해사건(을미사변)으로 분개해 의병을 일으켰던 허위는, 관직에 있으면서도 항일 활동을 계속해 1905년 1월에는 일본 헌병대에 구금되기에 이른다. 이에 그는 의정부 참찬을 사임하고 고향으로 내려갔다.

일제가 '정미 7조약' 체결을 강요하고 우리 군대를 해산시키자 허위 선생은 다시 의병을 일으켰다. 선생에게 의병을 일으키라는 밀명을 내린 사람은 고종이었다. 고종은 일제에 의해 강제로 퇴위 당하기 직전인 1907년 4월 '거의擧義'라는 두 글자가 쓰인 의대조衣 帶詔(옷 속에 넣어 비밀리에 전하는 임금의 편지)를 선생에게 전달했다. 을미의병 때 의병장으로 활약했던 이인영도 다시 항쟁에 뛰어들었 다. 이인영은 전국에 격문을 띄워 1907년 12월 각도의 의병부대를 경기도 양주에 집결토록 했다. 경기도에서 거병한 허위도 의병들을 이끌고 동참했다. 의병 총수가 1만 명을 헤아렸다. 이인영을 총대 장, 허위를 군사장으로 하는 연합의병대(13도 창의대진소)가 결성됐 다. 1908년 1월 연합의병대는 서울 진공작전을 개시했다.

그러나 화승총에 짚신을 신은 의병은 현대식 무기로 무장한 일 본군에게 애초에 적수가 되지 못했다. 더욱이 서울 진공 계획을 알 아챈 일제는 동대문에 기관총을 설치하는 등 방어망을 펼치고 있 었다. 허위는 선발대격인 '감사병敢死兵' 300명을 지휘해 선두에 서 서 서울로 진격했다. 동대문 밖 30리 지점에서 일본군과 마주쳤지 만, 중과부적이어서 패퇴하고 말았다. 이인영이 이끄는 본대도 뒤 이어 1월 28일 동대문 밖에 도착했다. 그러나 바로 그날 돌발사태 가 발생했다. 이인영에게 부친의 부음이 날아든 것이다. 이인영은 뒷일을 허위에게 맡기고 급히 고향 경북 문경으로 돌아갔다. 서울 진공작전은 결국 수포로 돌아가고 말았다.

의병들은 부대별로 흩어져 유격전에 들어갔다. 허위는 주로 임진강과 한탄강 유역에서 의병 활동을 벌였는데, 휘하 의병이 4000~5000명에 이르렀다고 『대한매일신보』는 보도했다. 다만, 이는 부풀려졌거나 다른 의병들과 합쳐진 숫자일 수도 있어 실제로는 400여 명일 것으로 추정된다. 허위가 이끄는 의병들은 일본군의 진지를 습격하고 관공서를 파괴했다. 또 한인 순사와 헌병 보조원 등 친일 매국노들을 처단했다.

허위의 의병들이 일본군에게 타격을 입히며 기세를 떨치자 이완용은 사람을 보내 관찰사나 내부대신 자리를 주겠다고 회유했다. 그러나 허위는 "너(이완용)는 반드시 죽일 것이로되 심부름 온 놈이야 죽여서 뭐하겠느냐"며 돌려보냈다. 이완용은 허위가 벼슬을 하고 있을 때도 조정에서 마주치는 것을 몹시 두려워했었다고 한다. 나중에 허위가 체포되자 이완용은 나중에 순종에게 처벌하라고 상소문을 올렸다. 황현의 『매천야록』에는 이완용이 하세가와 요시미치 조선주둔군 사령관(나중에 조선 2대총독이 된다)을 찾아가 의병 토벌을 요청했다고도 기록돼 있다.

1908년 4월 21일 허위는 이강년·이인영·유인석 등의 의병장들과 연명하여 전 국민이 나라를 구하는 결전을 벌이자고 호소하는 통문通文을 전국에 발송했다. 다음 달에는 박노천과 이기학 등의 부하들을 서울에 잠입시켜 통감부에 32개조의 요구 조건을 제시하고 수락하지 않으면 서울로 다시 진격해 항전할 것이라고 천명했다. "(1) 태황제(고종)를 복위시켜라. (2) 외교권을 환귀시켜라. (3) 통감부를 철거하라. (4) 일본인의 서임敍任을 시행치 말라. (5) 형벌권의 사유를 회복하라" 등이었다. 말하자면 일제는 빼앗아간 국권을 회복시키고 한국에서 떠나라는 요구였다. 그러나 일제가 이를 들어

줄 리는 만무했고 허위의 체포에 더욱 혈안이 됐다.

1908년 6월 11일 아침 오오타 기요마쓰 등 일본 헌병 수십 명이 영평군 서면 유동(현 포천시 일동면 유동리)에 있던 허위 선생의 은신처를 덮쳤다. 일본군은 의병 한 사람을 붙잡아 회유하고 협박해 은신처를 알아냈던 것이다. 선생은 조금도 흐트러짐이 없이 체포에 응했다. 선생의 13년 의병부생은 그렇게 끝났다. 체포된 후 선생은 두 아들에게 다음과 같은 편지를 보냈다. "나랏일이 이 지경에 이르렀으니 죽지 않고 어찌하랴. 지금 내가 죽을 곳을 얻었으니 너희 형제간이 와서 보도록 하라."

선생은 서울로 압송되어 일본군 헌병사령관 아카시 모토지로의 심문을 받았다. 선생은 아카시에게 "일본이 한국의 보호를 부르짖는 것은 입뿐이요, 실상은 속으로 한국을 멸할 마음을 가졌기 때문에 적은 힘으로나마 의병을 일으켰다"고 말했다. 아카시가 "일본이 한국을 대하는 것이 마치 병자 몸뚱이를 주무르는 것과 같아서 처음에는 괴로움을 당하더라도 마침내는 병이 나을 것"이라고 하자 선생은 책상 위의 연필을 가리키며 반박했다. "이 연필은 붉은 빛깔이지만 내면은 남색이지 않은가. 귀국이 한국을 대하는 것도 껍질과 내면이 크게 다름은 다툴 것도 없이 명백하다."

아카시는 허위의 강직한 성품과 늠름한 태도에 감복하여 '국사國土'라고 칭하며 존경의 뜻을 표했다. 나아가 목숨을 구해달라고 데라우치 통감에게 요청하는 등 구명 운동을 벌이기도 했다고 한다. 아카시는 뒷날 자신의 회고록에서 "몇백 몇천의 의병장 가운데

서도 열력閱歷(경력)과 성망聲望(명성과 덕망)이 뛰어나고 (…) 중민衆民의 섬기는 바 되어 선생의 경칭으로 대했다"고 쓰기도 했다.

재판에서 일본인 재판관이 "의병을 일으키게 한 것은 누구이며 대장은 누구냐?"고 허위에게 물었다. 그러자 웃으면서 "의병이 일어나게 한 것은 이토 히로부미이며 대장은 바로 나다"라고 대답했다. "어째서 그러하냐"는 물음에는 "이토가 우리나라를 뒤집어놓지 않았다면 의병은 일어나지 않았을 것이다. 그러니 이토가 아니고 누구겠느냐"고 반문했다. 이렇듯 당당하게 대응했지만, 결국 판결은 사형이었다.

허위 선생이 서둘러 처형당하고 『대한매일신보』는 「天日無光」(천일무광: 하늘의 태양이 빛을 잃었다)이라는 제목을 붙여 선생의 죽음을 전하면서 애도했다. 선생은 다음과 같은 유서를 남겼다. "나라의 치욕과 백성의 욕됨이 여기에 이르렀으니 죽지 않고 어이하리오. 아버지 장례도 치르지 못하고 나라의 주권도 회복하지 못했으니 불충불효한 몸이 죽은들 어찌 눈을 감으리오國恥民辱 乃至於此 不死何爲 父葬未成 國權未復 不忠不孝 死何瞑目." 죄수들도, 도성都城 안팎의 백성들도 선생의 죽음을 알고 통곡했다.

훗날 이토 히로부미를 사살한 안중근 의사는 선생의 사형 소식을 듣고 "우리 2000만 동포에게 허위와 같은 진충갈력盡忠竭力 용맹의 기상이 있었더라면 오늘의 국욕國辱을 받지 않았을 것이다"라며 애통해했다. 시신을 수습한 사람은 제자인 박상진으로, 나중에 그는 스승의 뒤를 이어 독립운동에 나서 대한광복회 총사령이 된다. 박상진은 흰 천으로 시신을 감싸안고 나와 선생의 고향과 가까운 경북 김천 지천면의 방암산 아래에 임시로 묻고 장례를 치렀다. 장남 허학을 비롯한 유족들은 독립운동에 가담하고 있어서 모습을 드러낼 수 없었다.

14명의 독립투사를 배출한 허위의 십안

선생의 조상은 원래 김해에 살았다. 선조들은 낙동강 물길을 따라 김해와 서울을 오가며 무역을 했는데 증조부 허돈이 임은동에 새로운 터전을 마련하여 1807년에 정착했다고 한다. 본래 '김해 허씨'이지만 '임은 허씨'로 부르기도 한다. 임은동은 박정희 생가가 있는 상모동과 붙어 있다. 드넓던 평야는 구미산업공단으로 바뀌었고 공단 아래쪽에 허씨 일가가 모여 살던 마을이 있었다는데, 지금은 주택가로 변모해 마을의 흔적을 찾아보긴 어렵다.

다행히 허위 선생이 태어난 생가 터는 남아 있다. 선생이 사형당한 후 형제, 자녀들은 만주로 떠났다. 후손들은 광복 후에도 고국으로 돌아오지 못하고 이역만리에서 숨을 거두었다. 둘째아들 허영의 장남인 장손 허경성(1925년생) 선생이 대구에 생존해 있다. 허경성 선생은 구미 물빛공원에 조성하려던 '왕산광장'과 '왕산루'의 이름을 구미시가 다른 이름으로 바꾸려 하자 몸소 1인 시위를 벌이는 등 고령에도 조국 독립을 위해 목숨을 바친 할아버지 허위의 명예를 지키기 위한 활동에 적극적으로 나서고 있다.

허경성 선생은 전세를 살면서도 큰돈을 대출받아 1990 m²의 허

허위 선생의 초상화. 실제 모습은 아니고 러시아에서 미술을 전공한 증손녀 미라 씨가 몽타주처럼 그린 것이다.

위 선생 생가 터를 사들여 구미시에 기부했다. 생가 건물은 자료가 없어 복원하지 못하고 그 자리에 '왕산허위 선생기념공원'을 조성했다. 생가 건너쪽 야산에는 허위 선생의 묘소와 유허비가 있고 바로 옆에 왕산허위선생 기념관이 2009년 세워졌다. 김교홍 기념관장은 "선생의 집안은 논 3000마지기(60만 평)를 팔아 군자금으로 쓰는 등 의병투쟁과 독립운동에 모든 것을 바쳤다"고 말한다. 묘소 옆에 위패를 모실 사당 경인사敬仁祠가 조성되고 있지만, 예산 편성이 미뤄져 공사가 답보 상태라고 한다. 기념관 아래에 허위 선생의 호를 딴 왕산초등학교가 있다. 서울시는 허위 선생이 진공작전을 시도했던 경로인 청량리에서 동대문에 이르는 가로를 '왕산로'라고 명명했다. 허위 선생에게는 1962년 건국훈장 대한민국장이 추서됐었다.

왕산 허위 일가는 만주와 국내에서 하나 같이 독립운동에 몸을 던졌다. 그러나 그들의 삶은 신산辛酸했다. 일부는 광복 후 소국 땅을 밟기도 했지만 많은 이들이 일제에 쫓겨 타국 땅을 전전하다 그곳에 뼈를 묻었고 자손들은 중국과 러시아, 우즈베키스탄, 키르기스스탄, 우크라이나, 북한 등에 뿔뿔이 흩어져 살고 있다.

맏형 방산舫山 허훈(1836~1907, 건국훈장 애국장)은 논 3000마지기 전 재산을 동생들의 의병투쟁과 독립운동을 위해 내놓았다. 허위의 바로 윗형인 성산性山 허겸(1851~1940, 건국훈장 애국장)은 일가를 모두 이끌고 1913년 만주 시간도도 떠났다. 허겸은 의병운동을 하다 1912년 만주로 들어가 중어中語학원을 세우고 남만주 농민 자치기관인 부민단 단장을 지냈다.

왕산은 4남 4녀를 두었는데, 맏아들 허학(1887~1940)은 만주에서 동화학교와 동흥학교를 세워 후진 양성에 힘썼다. 1914년 독립의군부 사건의 주모자로 붙잡혀 옥고를 치렀다. 허위의 아들들은 일제를 피해 북만주로 도피하듯이 이주했다. 허학은 연해주를 거쳐 중앙아시아로 강제이주를 당한 뒤 일본인 밀정에게 체포돼 카자흐스탄에서 사망했다고 한다. 허위의 장손녀들인 허학의 두 딸 중 허로자가 2011년 어렵사리 국적을 회복해 현재 서울에서 살고 있다.

허위의 둘째아들 허영(1890~?)의 아들이자 허위의 장손인 허경성 씨는 앞서 밝힌 대로 대구에서 살고 있다. 셋째아들 허준(1895~1956)도 중국 동북지방에서 항일운동을 했고, 북한으로 들어가 본인과 장남 허광배는 북한에서 사망했다. 허준의 둘째아들인 허웅배는 우즈베키스탄 『고려일보』 발행인과 모스크바대 교수를 역임했으며, 한국과 러시아의 국교 수립에 큰 역할을 했다고 한다. 허위의 넷째아들 허국(1899~1971)은 신흥무관학교를 다녔으며 만형 허학과 중앙아시아로 강제이주를 당했다. 그는 5남 4녀를 두었는데 그중 두 아들이 2006년 조국으로 특별귀화했으나 2년 정도 살다 한국 생활에 적응하지 못해 다시 키르기스스탄으로 돌아갔다.

허위의 사촌 형 범산 허형(1843~1922, 건국훈장 애국장)은 을사늑약 이후 1906년 예순을 넘긴 나이에 오적암살 사건에 연루돼 체포됐다. 허형의 둘째아들 허발(1872~1955)은 왕산의 의병투쟁에 가담했고 3·1운동 때 남만주 대표로 국내로 잠입해 1년간 활동했다.

허형의 셋째아들 허규(1884~1957)는 1928년 군자금을 모금하고 동지를 규합하고자 국내에 잠입했다가 체포돼 5년 동안 옥살이를 했다. 광복 후 건국준비위원회 중앙위원으로 참여했고, 남조선 과도입법의원의 관선의원이 됐다. 허형의 외동딸 허길(1876~1942)은 안동 진성 이씨 가문에 출가했는데, 둘째아들이 옥사한 저항시인 이육사(본명 이원록. 건국훈장 애국장)다.

허형의 동생 시산 허필(1855~1932, 건국포장)은 한학과 의학에 조예가 있어 만주에서 한약방을 열어 일가를 부양하고 독립운동을 도왔고, 그의 둘째아들 허형식(1909~1942)은 동북항일연군 제3로군 총참모장으로서 독립투쟁을 벌이다 만주국 토벌대에 포위되어 전사했다.

이처럼 허위 가문은 일족 전체가 독립운동에 뛰어들어 3대에 걸쳐 14명의 독립투사를 배출했다.

이재명

1887. 10. 16. ~ 1910. 9. 30.

매국노 이완용에게 치명상 입힌 23세 청년

'이재명李在明'이라고 하면 누가 생각나는가? 백이면 백, 경기도 지사 이재명을 떠올릴 것이다. 그러나 한자도 똑같은 이재명 의사 義士를 아는 사람은 많지 않다. 이름도, 존재도 모르고, 그가 이완용을 처단하려다가 실패했다는 건 더욱 모를 것이다. 매국노를 죽이려다 스물셋 꽃다운 나이에 교수형을 당한 의사에 대한 인식과 대접이 이렇다.

이 의사는 1887년 10월 16일 평안북도 선천에서 태어났으며 8세 때 평양으로 이사 가서 그곳에서 성장했다. 의사는 평양 일신학교를 졸업하고 1904년 미국 노동이민회사의 모집에 응해 미국 하와이로 갔다. 1906년 3월에는 공부를 더 할 목적으로 미국 본토로 옮겨갔다가 안창호가 중심이 돼 창립한 공립협회에 가입했다. 의사가 공립협회 회원으로 활동하던 이듬해 6월 헤이그특사 사건이 일어났다. 고종이 지시한 이 사건을 빌미로 일제는 고종을 강제 퇴위시키고 '정미7조약'을 체결하는 한편 대한제국 군대를 해산시켰다. 이에 공립협회는 매국노 처단을 결의하고 실행자를 선발했는데, 이 의사는 거기에 지원했다.

이재명 의사는 그해 10월 9일 일본을 거쳐 고국으로 돌아와 항일운동을 지도하던 안창호와 심구를 만났다. 또 상국과 연해주 등을 다니면서 동지들을 규합해 매국노를 처단할 계획을 세우기 시작했다. 이재명의 처단 대상은 첫번째가 이토 히로부미였고 두번째가 이완용이었다. 나라를 강탈한 외적外賊의 수괴가 이토라면 나라를 팔아먹은 내적內賊의 수괴는 이완용이라고 생각했기 때문이다.

때를 엿보던 의사는 1909년 1월 평안도 순시를 떠난 초대 통감 이토 히로부미를 처단하려고 평양역에서 기다렸다. 그러나 거사를 실행하지 못했다. 안창호가 이토와 함께 다니던 순종 황제의 안전을 위해 만류했기 때문이었다. 이토가 신변 위협을 우려해 순종을 방패막이 삼아 곁에 붙어 다녔던 것이다. 이재명은 동지 김병록과 함께 원산을 거쳐 러시아 블라디보스토크로 가서 기회를 노렸지만, 10월 26일 안중근 의사에게 이토가 사살됐다는 소식을 듣고는 이제 이완용을 처단해야 한다고 생각해 지체 없이 귀국했다.

이완용에게 칼을 꽂다

의사는 권내 목표대로 을사오적을 비롯한 매국노들을 처단할 계획을 세웠다. 1909년 11월 하순 평양 경흥학교 서적종람소와 야학당에 여러 동지와 모여 거사를 의논했다. 의사와 동지들은 이완용과 이용구 가운데 누구를 먼저 처단할지를 놓고 고심했다. 의사는 을사보호조약과 정미 7조약을 체결한 원흉이 이완용이므로 이완용을 먼저 척살하자고 주장했지만, 결국 두 사람을 동시에 처단하기로 정리했다. 이완용은 이 의사와 김병록·이동수가, 이용구는 김정익·조창호가 죽이기로 했다. 오복원·박태은·이응삼은 거사에 필요한 자금을 마련하고, 조창호와 전태선은 거사에 쓸 권총과 단도를 준비하며, 김용문은 서울로 올라가서 이완용과 이용구의 움직임을 탐문하기로 했다.

이 같은 계획에 따라 이 의사는 12월 12일 서울로 올라왔다. 기회는 뜻밖에 일찍 찾아왔다. 이완용이 12월 22일 종현 천주교당(현 명동성당)에서 벨기에 황제 레오폴드 2세의 추도식에 참석한다는 소식을 신문을 통해 알게 된 것이다. 여학교 교사이던 아내 오인성은 처음 거사 계획을 알고는 남편을 걱정해 반대했지만, 거사 전날에 이르러서는 담담한 태도로 만류하지 않았다고 한다.

날이 새자 김병록·이동수와 함께 의사는 명동성당으로 향했다. 22일 오전 11시 30분쯤 의사는 군밤장수로 변장해 성당 밖에서 기다리고 있었다. 미사가 끝나고 한국 고관 두세 명이 먼저 나오고 교인들이 쏟아져 나왔다. 그 틈바구니에 섞여 이완용이 인력거를 타고 앞으로 지나갔다. 그 찰나에 의사가 비수를 들고 달려들었다. 인력거꾼이 제지하려 덤벼들자 먼저 그를 찔러 숨지게 하고, 이어 이완용의 허리 쪽을 공격했다.

혼비백산한 이완용이 인력거 아래로 떨어져 달아나려 하자 다시 3곳을 더 찔렀다. 인력거 주변에는 유혈이 낭자했다. 이에 의사는 목적을 달성했다 여기고는 "오늘 우리의 공적公敵을 죽였으

서울 명동성당 뒤에 있는 이재명 의거 터 표시석. 그의 생년은 1887년인데 1890년으로 잘못 적혀 있다.

니 정말 기쁘고 통쾌하다"고 외치며 만세를 불렀다. 그 순간 의사는 이완용을 경호하던 일경과 한국인에게 허벅지를 찔리며 체포됐다. 이용구 척살 계획마저 발각되면서 김정익 의사도 일경에게 붙잡히고 말았다.

이완용은 옥인동에 있는 자신의 집으로 급히 옮겨졌다. 피를 많이 흘려 혼수상태에 빠져 곧 사망할 것처럼 보였다. 대한의원(현 서울대학교병원) 원장 기구치와 외과 과장 스즈키가 달려와 밤새 이완용을 치료했다. 기구치는 일본 외과계의 최고 권위자이자 창상 치료의 일인자였다고 한다. 당시 스즈키가 작성한 감정서에 따르면, 이완용은 왼쪽 어깨뼈 안쪽과 오른쪽 등 아래쪽 갈비뼈 근처에 자상을 입었다. 이재명이 여러 차례 찔렀지만 두 번의 찌르기만 유효했던 것이다. 왼쪽 어깨로 들어간 칼은 폐를 관통했고 오른쪽 갈비뼈 안쪽 자상도 신장에 이를 만큼 심각했다. 그러나 의술이 뛰어난 일본인 의사 덕에 죽음을 면한다. 이완용은 12월 23일 대한의원에 입원해 이듬해 2월 14일까지 치료를 받고 퇴원했다. 안중근이 그랬

던 것처럼 칼이 아니라 총을 썼으면, 성공할 수 있었을까?

이와 관련해 김구가 이재명이 이완용을 죽이지 못한 것은 자신 때문이라고 한탄하는 내용이 『백범일지』에 나온다. 그대로 옮기면 이렇다.

나이 스물 서넛의 청년이 안으로 들어오는데 눈썹 언저리에 분기憤氣가 드러나 있었다. (…) 계원桂園(노백린) 형과 나는 이 의사에게 장래에 목적하는 사업과 과거 경력과 학식을 일일이 물어보았다. (…) 지금 하려는 일은 매국노 이완용을 위시하여 몇 놈을 죽이려고 준비 중이라면서 단도 한 자루, 권총 한 자루와 이완용의 사진 몇 장을 품에서 내어놓았다. 계원과 나의 눈에는 똑같이 세상 형편에 격앙되어 허열虛熱에 들뜬 청년으로 비쳤다. 계원이 이 의사의 손을 잡고 간곡히 말했다. "군이 나라의 일에 비분하여 용기 있게 활동하고자 함은 극히 가상한 일이네. (…) 지금은 칼과 총을 내게 맡겨 두도록 하게. 의지도 더욱 강고하게 수양하고 동지도 더 사귀어 얻은 후 때가 되면 내게 와서 찾아가 실행하는 것은 어떻겠는가." 의사는 계원과 나를 물끄러미 쳐다보다가 총과 칼을 계원에게 주긴 했지만 기꺼운 기색이라곤 없는 것이 드러나 보였다. (…) 그런 지 한 달이 못 되어 이완용을 칼로 찔러서 체포된 사건이 신문에 실렸다. 나는 깜짝 놀랐다. 이 의사가 권총을 사용했더라면 매국노 이가의 목숨은 확실히 끝장났을 텐데 앞도 못 보는 우리가 간섭하여 무기를 빼앗았기 때문에 충분한 성공을 거두지 못한 것이다. 한탄과 후회가 막급이었다.

의사는 처음에 의거 실행을 놓고 부인과 갈등을 빚어 부인에게 총을 겨눈 일이 있었다. 그 일을 들은 김구가 의사를 조용히 타이르 며 때를 보자고 한 것인데, 결과적으로 땅을 치고 후회할 일이 됐다 는 이야기이다.

"2000만 우리 동포가 모두 나의 공범이다"

조사나 재판 과정에서 이재명 의사의 언행과 태도는 대범하고 도 의연했다. 그의 발언은 당시 재판 기록에 생생히 남아 있다.

일본 경찰은 다친 이 의사를 우선 이완용의 집으로 끌고 갔다. 그곳에 와 있던 농상공부대신 조중응이 "네가 흉행兇行을 한 자냐?" 고 물었다. 이에 의사는 눈을 치켜뜨며 "너 조중응은 귀중한 인사를 이 모양으로 하대하느냐?"며 오히려 추상같이 맞받아쳤다. 그러면 서 옆에 있던 일경에게 "더러운 냄새가 코를 찌르니 권연초 한 개를 가져오라"고 하며 유유히 피웠다. 경시청으로 압송될 때는 "이완용 을 죽이지 못하고 내가 먼저 죽으니 애석할 뿐이다"라고 말했다.

경시청에서 조사를 받을 때 의사에게 일경이 "공범이 있느냐?" 고 묻자 "이러한 큰일을 하는데 무슨 공범이 필요하냐. 공범이 있다 면 2000만 우리 동포가 모두 나의 공범이다"고 말했다. 그러면서 "나는 17~18세부터 나라의 큰 역적을 죽이려 했다. 이완용을 죽이 려는 목적을 달성하지 못하면 혀를 깨물어 죽기로 했다"고 호탕하 게 말했다.

이듬해 4월 의사는 법정에 섰다. 일본인 재판장 스가하라가 "도와준 자를 말하라"고 하자 의사는 이번에도 "이완용을 죽이는 것을 찬성한 자는 우리 2000만 동포 모두며 방조자는 전혀 없었다"고 말했다. 그러면서 함께 모의한 동지들에 대해 철저히 함구했다. "김병록과 상의한 적이 있는가?"라고 구체적으로 캐묻자 "김병록은 자동차를 타고 이완용을 살해하자 하기에 내가 그렇게 될 수 없음을 설명하여도 듣지 아니하므로 이미 그와는 손을 끊었노라"라고 말하며 보호했다. 그리고 엄숙한 목소리로 역적 이완용의 8개 죄목을 거론하며 이렇게 비판했다.

"이완용은 죽일 만큼 죄가 많지만 그중에서도 큰 죄목이 여덟 가지가 있으니 첫째는 을사조약을 체결했고 둘째는 7조약을 체결했고…" 통역관이 의사의 말을 중단시키고 통역해서 들려주니 재판장은 말을 바꿔 다른 질문을 했다. 안중근 의사가 뤼순 감옥에서 이토 히로부미의 15가지 죄목을 열거하며 처단의 정당성을 말한 것처럼, 이재명도 자신의 행동이 그저 살인이 아니라 정당한 투쟁임을 알린 것이다.

스기하라는 "피고와 같이 흉행한 사람은 몇 사람이냐?"고 다시 물었다. 그러자 "이 야만 섬나라의 무식한 놈아, 너는 흉兇자만 알지 의義자는 모르느냐. 나는 강도와 같은 너희들을 몰아내 내 조국을 구하기 위해 네 놈들을 처단하려는 의행義行을 한 것이다"고 받아쳤다.

검사는 "조선의 백성들은 무지몽매하기 때문에 백년대계를 세우려는 위인들을 공격하고 죽이려 한다"고 논고했다. 그러자 이재명은 벌떡 일어나 말했다. "누가 무지몽매하단 말인가. 우리의 행동을 무지한 탓이라니 가소롭기 짝이 없구나."

구형 공판에 이르러 일본인 검사가 사형을 구형하자 부인 오인성이 뛰쳐나오면서 부르짖었다. "국적 이완용을 죽이려 한 이재명은 당당한 애국지사다. 무슨 죄로 사형이냐, 애국지사를 사형에 처하려면 나도 사형시켜라." 그러며 검사에게 달려드니 법정 수위들이 간신히 말렸다. 재판 방청은 금지했지만, 재판장 주변엔 수천 명의 사람들이 몰려들어 우는 사람도 있고 하늘을 보며 통탄하는 사람도 있었다.

의사는 1910년 5월 18일 경성지법에서 사형을 선고받았다. 이의사는 사형선고를 받고 꼿꼿한 자세로 재판관을 향해 이렇게 최후 진술을 했다. "공평치 못한 법률로 내 목숨을 빼앗을 수는 있으나 나의 충혼, 의혼義魂은 절대 빼앗지 못할 것이다. 한번 죽음은 슬프지 않다. 생전에 이루지 못한 일이 한심스러울 뿐이다. 내 결코 죽어서 그 원한을 갚을 것이다. 지금 나를 교수형에 처한다면 나는 죽어 수십만 명의 이재명으로 환생하여 너희 일본을 망하게 할 것이다."

재판관이 특별히 마지막 변론을 허락하자 의사는 "나라를 위하여 목숨을 바치려는 사람의 행동에 어찌 구구한 변론이 있을 법인가"라며 껄껄 웃었다.

실패한 의거도 의도임에 분명한데

당시 신문기사에 따르면 부인 오인성은 '국적 이완용이 아직 죽지 않고 살았는데 우리 가부家夫는 왜 사형에 처하느냐'며 눈물을 흘렸다고 한다. 이재명은 경술국치 한 달 후, 총독부 체제 발족 바로 전날인 1910년 9월 30일 순국했다. 그는 재판관이 공모 여부를 심문하며 거명한 김병록·조창호·이동수 등은 아무 관련이 없다고 보호하면서 끝까지 단독 범행임을 주장했다. 그러나 김병록 등 동지 10여 명도 최고 징역 15년형의 중형을 선고받았다.

이재명 의사의 혐의는 이완용을 죽이지 못해 살인미수죄일 텐데 어떻게 사형을 받았을까. 바로 인력거꾼이었던 박원문의 죽음 때문이다. 당시 검사와 재판부는 박원문을 살해한 혐의를 의사에게 적용했다. 변호사들은 박원문을 고의로 죽인 것이 아니라 우발적 살인이었다고 주장했지만, 받아들여지지 않았다. 거물 친일파인 이완용을 노린 이재명에게 일본이 주관하는 재판에서 관대한 처분이 내려지긴 힘들었을 것이다.

부인 오인성도 경찰에 끌려가 혹독한 심문을 받았다. 이재명 의사는 오씨를 성모여학교 교사인 함마리아의 소개로 만나 1907년 겨울 부부의 연을 맺었는데, 사건이 벌어지기 전까지 2년 정도만을 같이 살았다. 처음에 남편 걱정에 이완용 처단을 만류했던 오씨도 나중에는 변호인을 선임하는 등 남편 뒷바라지에 열성을 다했다. 남편이 죽은 뒤 오씨도 독립운동에 뛰어들어 중국 길림성(현 지린성)과 상하이 등지로 돌아다니며 독립운동을 도왔다. 1919년 3·1

이재명: 매국노 이완용에게 치명상 입힌 23세 청년

만세운동이 일어나자 오씨는 귀국했다가 일경에 체포됐다가 증거와 단서가 없어 석방되었지만, 미행과 감시를 받았다. 오씨는 다시 망명을 도모하다 병을 얻어 29세의 젊은 나이에 사망한 것으로 알려져 있다.

죽고, 갇히고, 떠돌아야 했던 독립투사들의 삶과 다르게 그들이 처단하려 한 이완용은 계속 부귀영화를 누리며 매국 행위를 이어갔다. 순종과 고종은 이완용이 퇴원하는 날까지 하루도 거르지 않고 시종을 보내 안부를 묻고 거액의 위로금을 보냈다. 전국의 관찰사와 군수들로부터도 위로금이 답지했다고 한다. 일본에서도 총리 가쓰다 다로가 비서관을 보내 위문했고, 한국과 일본 관리들이 줄지어 병문안을 했다.

퇴원 후 충남 온양에서 휴양을 한 이완용은 총리직으로 복귀해 데라우치 통감과 한일합방조약에 서명했다. 그 4일 후 순종 황제로부터 대한제국 최고훈장인 금척대수훈장을 받았다. 이완용은 일제로부터는 백작 작위를 받고 호의호식하다가 1926년 68세로 사망했다. 다만, 이완용은 만년에 해소 천식으로 고통을 받았다고 한다. 사인도 피습 때 칼을 맞아 폐를 다친 후유증이었다고 하니, 이재명 의사가 저승에서나마 흡족하지 않았을까.

의사에게는 1962년 건국훈장 대통령장이 추서됐지만, 직계 후손이 없어 훈장을 국가보훈처가 보관하고 있었다. 고향도 평북 선천이라 생사나 일가붙이를 찾을 수도 없는 형편이다. 형이 집행된 후 시신도 수습되지 않아 유골의 행방도 묘연하니 묘소도 있을 리 없다. 『백범일지』와 박은식의 『한국통사』에 의사에 대한 간단한 언급이 있지만, 경술국치 직후 워낙 젊은 나이에 순국해 관련 자료가 별로 없어 연구도 부족했다.

잊힌 의사의 존재를 세상에 알린 것은 종친회였다. 이 의사의 본관은 진안인데 진안 이씨는 전북 진안을 비롯해 의사의 고향인 평북 등지에 집성촌이 있다. 또한 진안

이재명 의사의 사진. 지금은 이재명의 이름도 얼굴도 아는 이가 적다. 하지만 그가 이완용 처단을 성공했더라면, 안중근처럼 유명해졌을지도 모른다.

마이산은 1907년 이석용이 조직한 호남의병 창의동맹단의 집결지였다. 진안에는 1925년 유림들이 일제에 항거해 순국한 의사와 열사 등 79위를 배향한 사당인 이산묘耳山廟도 있다. 말의 귀를 닮은 마이산 두 봉우리의 서쪽이다. 이산묘 영광사永光祠에 안중근·윤봉길·이봉창 의사 등과 더불어 이재명 의사도 모셔져 있다.

그런 인연으로 이재명 의사의 동상과 기념관이 고향에서 천리 길이 넘는 먼 곳 진안에 자리 잡게 되었다. 진안군청에서 마이산도립공원으로 들어가다 보면 도로 오른쪽에 이재명의사기념관이 있다. 2001년 종친회와 정치인들이 이재명의사추모사업회를 결성해 진안읍 군하리 6500여㎡ 부지에 조성한 시설이다. 그러나 금요일

에 찾아간 기념관과 사업회의 문은 자물쇠가 굳게 채워져 관람하고 싶어도 할 수 없었다. 홍살문은 나무가 삭아 홍살이 떨어져 뒹굴고 있고 마당에는 잡초가 무성했다. 이러니 방문객은 있을 리도 없고 간혹 지나가다 들러도 관람을 할 수 없다. 몇 해 전 수리를 요청하는 민원이 제기됐지만, 군청에서는 토지보상금 사용 승인이 나지 않았다고 답했단다. 뜻을 모아 거액을 들여 지은 기념관이 보상금 갈등과 무관심, 예산 부족으로 방치되고 있는 것이다. 기념관 옆 타향 땅에 세워진 의사의 동상은 더 쓸쓸해 보였다. 서울 명동성당 앞에는 작은 표석이 설치돼 의거 현장임을 알려주고 있다.

결과적으로 보면 이재명의 의거는 이완용이 살아남으로써 실패로 끝났다고 할지 모른다. 안중근의 의거는 성공했기 때문에 더욱 위대해 보이고 위대한 것도 맞다. 이재명의 칼을 맞은 이완용이 죽었더라도 역사가 달라지지는 않았겠지만, 이완용이 죽었더라면 이재명이라는 이름은 안중근과 동일하게 후세들에게 기억되고 더 큰 칭송을 받았을 것이다. 그러나 실패로 끝났을지라도 죽음을 무릅쓰고 매국의 거물 이완용 처단에 나선 것은 위대한 행동이다. 위대한 일은 결과와 상관없이 위대한 것이다. 이재명 의사 역시 안중근 의사와 마찬가지로 사형을 당한 순국열사 아닌가.

김구응

1887. 7. 27. ~ 1919. 4. 1.

아우내장터 만세운동의 진짜 주역

김구응金球應이란 인물을 대상으로 연구한 학자나 연구 결과물은 거의 없다. 대중들에게도 잘 알려져 있지 않다. 하지만 유관순이 만세를 부르다 체포된 충남 천안 아우내장터 시위는 어떤가. 유관순은 모르는 국민이 없고, 아우내장터도 많은 이들이 기억할 것이다. 김구응은 바로 이 아우내장터 시위를 주도한 인물이다. 그런데 어떻게 해서 유관순만 남아 있고 김구응을 비롯한 다른 인물들은 역사 속에 파묻혀버렸을까.

옥중 투쟁을 하다 잔혹한 고문을 받고 순국한 유관순 열사는 3·1운동을 계획하고 주도한 민족대표 33인보다 우리가 더 잘 알고 있고, 국민의 뇌리에 각인된 3·1운동의 표상이다. 한마디로 3·1만세운동과 유관순은 동일시돼왔고 유관순은 3·1운동 그 자체라고 할 수 있다.

본인과 가족이 몰살당한 유관순의 희생과 공훈은 물론 대단한 것이었다. 또한, 서울에서 독립선언서를 가져오고 봉화에 불을 붙인 역할도 중요했다.

그러나 당시 시위 현장에서 숨진 사람도 19명이나 되는데 어떻게 유독 유관순만 부각되었을까. 3·1운동 발발 당시에 유관순은 언론이나 기록에 거의 나오지 않는다. 대신에 아우내장터 만세운동의 주도 인물을 김구응이라고 한 기사나 자료는 여럿 있다. 미국에서 발행된 『신한민보』 1919년 9월 2일자에 이런 기사가 있다.

지난 4월경에 천안군(충청남도) 병천시에서 장날을 이용하여 시위운동이 있었다 함은 (…) 김구응, 박종만 양 씨의 주모 하에 수천 명의 군중이 맹렬한 시위운동을 행할세 (…) 김구응 씨와 왜倭 경찰이 서로 정론할 때에 왜적이 말이 몰려 궁색하여 제가 제 총으로 자살하겠다 하더니 총날을 김 씨의 복부에 하고 발포하야 당장에 죽인 후 (…) 늙은 모친까지 찔러 그만 세상을 하직하였더라.

아우내장터 만세운동은 유관순이 아닌 김구응과 박종만이 주도했다고 보도하고, 자신과 모친까지 일제에 학살된 김구응을 비중 있게 언급하고 있다. 기사는 이렇게 이어진다.

서울 이화학낭 학생 ○○○여사는 자기의 방신이 오닝게 왜식에게 피살을 당하여 분기의 맘을 단단히 먹고 각처로 돌아다니며 독립운동을 계속하다가 왜적의 사냥개에게 발각되어 중상함을 입고 왜적의 손에 붙들려 감옥에 피수하였더라.

시위에 참가한 한 학생을 소개하고 있는데 기사 속의 이화학당 학생 ○○○이 유관순으로 추정되고 있을 뿐이다. 박은식의 『한국독립운동지혈사』에도 『신한민보』 기사와 같은 내용으로 쓰여 있다. 이 책은 부녀자에 대한 일제의 만행을 서술하고 있지만 유관순이라는 이름은 등장하지 않는다.

김병조 선생이 쓴 『한국독립운동사략』에도 이렇게 씌어 있다.

천안군 병천시竝川市에서 의사 김구응이 남녀 6천4백 인을 소집하야 독립을 선언할 새 일경이 아민我民의 기수旗手를 자刺코져 하거늘 기수는 적수赤手로 검도劍刀를 집執하니 유혈이 임리淋漓(뚝뚝 흘러 흥건하게 떨어짐)할 시에…

독립운동가 김구응을 기억하다

김구응은 임진왜란 진주대첩의 명장 김시민 장군의 12대손으로 1887년 7월 27일 천안 병천면 가전리 99번지에서 태어났다. 일찍이 한학을 깨우친 그는 청신의숙, 장명학교를 거쳐 병천 진명학교 훈도(교사)로 일하며 제자들에게 독립정신을 고취했다. 유관순의 오빠 유관옥도 그의 제자였다.

1919년 3·1운동이 일어나자 충청지역에서도 만세운동이 들불

김구응의 사진은 남아 있지 않다. 1915년쯤 찍은 병천교회 남자 교인들의 모습인데 뒤에 서 있는 성인들이 진명학교 교사라고 한다. 그중의 한 사람이 김구응일 것으로 추정된다.

처럼 번졌다. 김구응은 10년 넘게 교사로 일하면서 지역 사회에서 폭넓은 인간관계를 형성할 수 있었다. 그가 길러낸 제자들은 만세운동을 계획하고 펼치는 데 큰 역할을 담당했을 것으로 보인다. 김구응은 서울 이화학당에 다니다 3월 13일 고향 병천에 내려온 유관순, 유관순의 아버지 유중권, 유관순 집의 이웃에 살던 조인원(해방 후 미군정 경무부장을 맡고 1960년 민주당 대통령후보가 된 조병옥의 아버지) 등과 만세운동을 벌일 계획을 치밀하게 세웠다. 유관순과 지역의 학생, 교인들은 진명학교와 교회 등에서 밤낮으로 태극기를 만들었다.

일본 관헌의 눈을 피하고자 나이 어린 유관순에게 최일선 연락 책임을 맡긴 것도 김구응이었다. 그는 천안 동부 6개 면과 오창·청주·진천·연기 등 각지와 비밀 연락망을 짜고 봉화 신호에 맞추어 일제히 총궐기하도록 밀령을 전달했다. 유관순이 연락과 봉화 점화에서 중요한 역할을 했다면 김구응은 전체 계획을 짠 리더였다. 조인원은 현장에서 군중을 이끈 행동대장 격이었다. 김구응의 어머니 최정철 여사도 장년층과 노년층을 설득하고 부녀자를 동원하는 역할을 했다.

1919년 3월 그믐날 밤, 유관순은 매봉산에 올라 봉화를 올렸다. 이를 필두로 천안 주변의 24개 봉우리에서 봉화가 타올랐다. 거사일로 정한 아우내 장날인 4월 1일 아침, 장터에는 전날 밤 타오른 횃불을 보고 장꾼을 가장한 군중 3000여 명이 모여들었다. 천안뿐만 아니라 청주·진천 방면에서도 시위 군중이 몰려오기 시작했다.

군중은 점점 불어나 오후 1시가 넘어가면서 6000명을 넘어섰다. 김구응은 두루마리로 된 독립선언문을 펴 낭독했고 유관순은 대한독립만세를 선창했다. 조인원도 태극기와 '대한독립'이라고 쓴 큰 깃발을 세우고 독립선언서를 낭독한 후 만세를 외쳤다. 만세운동은 극히 평화적이었다. 불과 50보 거리의 지척에 헌병주재소가 있었지만.

군중이 점점 늘어나고 만세 소리는 거리가 들썩일 정도로 커졌다. 시위 군중은 주재소·면사무소·소방서·우편소 등 일제의 기관을 찾아가 만세를 불렀다. 주재소 소장 등 일경 5명이 출동해 해산을 요구했지만 응하지 않자 발포해 사상자가 발생했다. 유관순을 포함한 시위 군중은 희생자를 둘러메고 헌병주재소로 몰려갔다. 군중은 무참하게 살해된 시신을 주재소 앞마당에 내려놓고 만행을 격렬하게 성토했다. 일부 흥분한 청년들은 주재소 뒤로 돌아가서 전화선을 끊었다. 사태가 험악해지자 일경들은 주재소 안으로 들어가 숨어버렸고, 시위 군중은 조인원의 설득으로 일단은 충돌을 피해 평온을 되찾았다.

그런데 오후 2시쯤 천안 헌병분대에서 헌병들이 트럭을 타고 들이닥쳤다. 헌병들은 분풍을 향에 총을 쏘고 칼을 휘둘러 유주형을 포함해 여러 사람이 사망했다. 발포에 놀라 군중은 잠시 흩어졌지만, 오후 4시쯤 발포와 살인에 항의하는 시위가 이어져 1500여 명이 주재소로 운집했다. 김구응은 독립선언문을 말아 들고 대열의 선두에 섰다. 헌병들은 깃발을 들고 있던 기수를 칼로 찌르려 했고 기수가 맨손으로 칼을 잡자 그대로 찔러 숨지게 했다. 황망한 중에도 김구응은 그들의 잔인무도함을 정연한 논리로 비난하며 맞섰다.

일본 헌병은 논리에서 밀리자 김 의사를 총으로 쏴 쓰러뜨리고는 총검으로 머리를 짓이겼다. 그리곤 다시 머리에 대고 총까지 쏘았다. 의사는 시신이 되어서도 독립선언서를 손에 말아 쥐고 있었다. 오후 6시쯤이었다. 가까운 곳에서 아들이 참살당했다는 말을 들은 의사의 어머니 최 여사가 달려왔다. 여사는 헌병의 멱살을 잡아채며 "이놈들아, 독립을 찾겠다고 만세를 부르는 것도 죄가 되느냐"고 울부짖었다. 그러자 헌병은 사정없이 총을 쏘아 즉사시키고 그것도 모자라 총검으로 마구 찔렀다. 김구응의 나이 32세, 최 여사의 나이 66세였다. 이날 이우 내장터에서는 김구응 등 19명이 죽고 30명 이상이 크게 다쳤다. 유관순의 아버지 유중권과 어머니 이씨도 숨졌다.

가족들은 장례를 치르지도 못하고 병천면 가전리 뒷산에 의사의 시신을 묻었다. 김구응이 죽은 후 가정은 풍비박산이 났다. 김구응의 손자 김운식 씨(1949년생)가 들려준 가족사는 비극적이다. 김구응은 아들 셋을 뒀는데 맏아들이 열 살이었다. 살길이 막막해지자 김구응의 부인은 아이들을 데리고 경기 안성 진성으로 갔다고 한다. 맏아들인 김운식 씨의 아버지는 커서 일본으로 밀항했다가 돌아와 인천에서 조선기계제작소라는 작은 공장에 취업했다. 광복 후에는 좌익 활동을 했다. 김 씨는 "아버지는 친일파들은 위세를 떨치고 김원봉 같은 독립운동가는 도리어 빨갱이로 내몰리는 현실에 대한 저항감에 좌익 사상에 빠졌다"고 말했다.

김 씨의 아버지는 6·25가 터진 후 공장 인민위원장까지 됐다. 하지만 자신이 생각했던 이상적인 공산주의와는 다르다고 판단해 9·28서울수복 후 국군에 자수했다. 자수했지만 방면되지 않고 인천감옥에 수감됐다. 몇 달 뒤 1·4후퇴 때 국군이 후퇴하면서 인천감옥의 좌익사범들을 총살했는데 그때 희생되고 말았다. 시신도 찾지 못했다. 다른 후손들도 천안을 떠나 곳곳을 전전하며 가난에 시달렸다.

김구응은 유품은 물론이고 사진 한 장 남아 있지 않다. 이에 대해 다른 손자인 김경식 씨는 일제의 후환이 두려워 남은 친척들이 할아버지의 흔적을 남김없이 지워버린 것 같다고 회고한 바 있다. 살아남은 사람들에 대한 일제의 감시와 핍박이 거세어 유족들은 대부분 고향을 떠났는데, 아마도 거사에 가담한 사람의 유품이나 문서, 사진을 갖고 있는 것조차 위험한 일이라고 생각했을 것이다. 재판도 받지 않았고 유품도 남기지 않아 김구응은 그렇게 잊히고 말았다.

1977년 김구응에게 처음 내린 정부의 공훈은 훈장보다 격이 떨어지는 대통령표상이었다. 1991년에야 건국훈장 애국장으로 격을 높여주었다. 함께 순국한 의사의 어머니 최정철 여사에게도 1995년 애국장이 추서됐다. 그래도 만세운동 현장에서 일제의 총칼에 숨진 김구응에게 애국장은 격이 낮아 보인다. 독립유공자에게 추서되는 건국훈장은 대한민국장·대통령장·독립장·애국장·애족장의 5등급으로 나누어진다. 유관순에게는 독립장을 추서했다가 훈격이 낮다는 여론에 따라 2019년 대한민국장으로 두 단계 격상했다.

이런 공훈의 등급은 독립운동 업적에 대한 심사를 통해 결정되는데, 불만이 있는 후손들도 적지 않다. 독립운동을 한 누구라도 희생의 크기가 작다고 생각하지 않을 것이고, 독립운동을 하면 3대, 4대가 망한다는 말은 어느 운동가의 후손이랄 것도 없이 다 마찬가지였을 테니 말이다.

형량도 공훈 등급에 영향을 미칠 것이다. 사형선고를 받고 순국한 독립운동가들에게 조금 더 높은 등급의 훈장이 수여된다. 허위 선생이나 박상진 의사 등은 사형선고를 받고 순국했고 유관순은 징역형을 받고 수형생활을 하다 옥중에서 순국했다. 현장에서 일제의 총칼에 목숨을 잃은 사람들도 재판을 받지는 않았지만 순국한 것은 마찬가지이므로 높은 등급의 훈장을 주는 것이 마땅하지 않나 싶다.

왜 유관순은 남고, 김구응은 사라졌는가

유관순에 관한 기록이 국내에는 거의 없는데도 김구응을 제쳐놓고 유관순을 이 아네 터의 3 1만세운동 주인물로 만들어 내는 정치적 배경이 있다는 연구 논문이 여러 편 있다. 광복 후에도 유관순은 대중에게 생소한 인물이었다. 유관순이 대중에게 알려지기 시작한 것은 1946년 10월 무렵으로 이화여중(6년제)이 중심이 돼 기념사업회를 조직하고 나섰다.

정부도 없던 광복 직후 유관순이 세상에 알려지는 데는 박인덕의 역할이 있었다. 박인덕은 이화학당 출신으로 유관순이 이화학당에 다닐 때 교사로 재직했으며 3·1운동에 참가했다가 서대문형무소에 복역하면서 유관순을 알게 되었다. 박인덕은 광복 후 이화여중 교장 신봉조에게 유관순의 존재와 순국 과정을 전해주었다고한다. 그때 박인덕은 유관순을 '한국의 잔다르크'라고 불렀다.

그런데 박인덕과 신봉조는 일제 시기 친일 혐의로부터 떳떳하지 못하다는 공통점이 있다. 박인덕은 친일단체 녹기연맹의 지원으로 1941년 덕화여숙을 설립해 광복 때까지 전쟁 지원을 독려하는 연설을 하는 등 친일 행위를 했다. 신봉조 역시 태평양전쟁 기간에 국민정신총동원조선연맹 참사를 맡고 임전대책협의회와 조선임전보국단에 참여하는 등 일제의 전쟁에 협력한 전력이 있다.

이들은 이러한 자신들의 과거를 파묻을 수단이 필요했고, 유관순을 발견한 다음 유관순의 항일 정신에 자신들을 얹어서 함께 가려 했다. 즉 친일 인사들이 자신들의 과거를 정화하여 정치적·도덕적 권위를 찾으려고 열사를 '한국의 잔다르크'로 형상화한 것이다. 그런 배경에서 1947년 8월 '유관순열사기념사업회'가 발족했는데 광복 후 정·관계 핵심 인물이 된 친일 우익 인사들이 중심이 됐다.

권력을 잡은 사람들이 주도한 사업회의 활동은 일사천리로 진행됐다. 유관순 기념비를 세우고『순국처녀 유관순전』이라는 제목의 전기를 간행했으며 유관순을 소재로 한 영화를 제작했다. 유관순 영화는 1970년대까지 4차례나 만들어졌다. 1950년대부터 유관순은 교과서에도 실리게 된다.

사업회 명예회장을 맡은 것은 당시 경무부장 조병옥이었는데, 그는 바로 유관순 집의 이웃으로 같이 만세운동에 참여한 조인원의 아들이다. 조병옥은 1929년 광주학생운동 배후 조종 혐의로 3년 동안 복역해 건국훈장 독립장을 받은 독립운동가이기도 하지만, 친일 의혹도 함께 받고 있다. 조병옥은 자신의 정치적 입지를 위해서도 아버지가 참여한 아우내 만세운동을 부각할 필요가 있었고, 그런 배경에서 유관순 사업을 국가적으로 지원했다. 다만, 조병옥은 교과서에 유관순 이야기가 실릴 때에는 못마땅하게 여겨 자신의 부친으로 바꾸려 했다고 한다.

아긴 언니고 아우내강변 시위를 주도한 다른 인물들의 공적은 거의 파묻혔다. 실제 주동자로 현장에서 총에 맞아 숨진 김구응도

아우내독립만세운동 기념공원에 있는 조형물. 오른쪽 끝(점선 원 안)에 쓰러져 있는 사람과 그를 안고 있는 여성이 보이는데 김구응과 그의 어머니 최정철 여사를 형상화한 것으로 보인다.

그런 사람이다.

칼바람이 몰아치는 날 아우내장터를 찾았다. 두 개의 내川를 아우른다竝는 뜻인 아우내를 일본인들이 병천竝川이라는 한자어 지명으로 바꿨다. 아우내장터 옆에 아우내 3·1운동 독립사적지가 있고, 헌병주재소가 있던 곳엔 '아우내독립만세운동 기념공원'이 있다. 해마다 만세운동을 기리는 행사가 열리는 곳이다. 그러나 한겨울이라 그런지 찾아온 사람도 없어 적막하기만 했다. 병천사거리에서 천안시 동남구 문화원을 지나 뻗어 있는 도로명이 '아우내순대길'이듯이 역사적인 현장은 병천순대 거리로 변모해 있다.

만세운동 현장임을 알려주는 표지도 없고 순대집 간판만 즐비하다. 문화원 안으로 들어가 직원에게 기념공원이 어디 있느냐고 물으니 바로 옆에 있는데도 "모르겠다"고 답한다. 아우내만세운동이 일어난 지 100년이 넘는 세월이 흘러서인지 아우내와 유관순은 기억 속에서 잊혀가고 있었다. "아우내에는 순대만 있고 역사는 없다"는 말이 딱 들어맞았다.

이러니 김구응이란 이름이야 말할 것도 없다. 알지도 못했으니 잊힐 것도 없다. 김구응의 흔적을 확인할 수 있는 곳은 두 곳이다. 하나는 아우내독립만세운동 기념공원에 있는 조형물이다. 조형물 역시 유관순이 중심이다. 유관순의 형상이 선두에, 가장 크게 부각되어 있고 오른쪽 끝에 쓰러져 있는 사람과 그를 안고 있는 여성이 상대적으로 작게 만들어져 있다. 김구응과 그의 어머니 최정철 여사를 형상화한 것으로 보인다. 그러나 공원 안내문에는 김구응이란 이름조차 없다. 천안 동남구 병천면 가전리 산기슭에는 김구응과 어머니 최정철의 묘소만 덩그러니 있다. 최 여사의 묘지석에는 순국하면서 울부짖었던 말이 그대로 씌어 있다. "이놈들아! 내 자식이 무슨 죄가 있느냐! 내 나라 독립만세를 부른 것도 죄가 되느냐! 이놈들아! 나도 죽여라!"

문용기

1878. 5. 19. ~ 1919. 3. 1.

일제 수탈의 본거지에서 만세운동을 이끌다

일본 헌병이 칼을 빼들더니 태극기를 들고 있던 문용기文鏞祺 열사의 오른팔을 내리쳤다. 검붉은 선혈이 솟구쳐 올랐다. 한쪽 팔에 칼을 맞은 열사는 순간 비명을 질렀으나 왼팔로 태극기를 집어들고 만세를 외쳤다. 다시 한 번 일본도가 허공을 갈랐다. 열사는 왼팔마저 큰 상처를 입고는 땅바닥에 뒹굴었다. 그러나 두 팔뚝에 선혈이 뚝뚝 떨어지는 중에서도 열사는 마지막 힘을 다해 다시 일어났다. 그러면서 두 눈을 부릅뜨고 외쳤다.

"조선독립만세! 조선독립만세!"

핏발이 서린 눈으로, 피가 흐르는 몸으로 일본 헌병들을 향해 아니 하늘을 향해 외쳤다. 처참하다기보다 장엄했다. 일제도 보고서에 "수모자首謨者의 1인이 절명에 이르기까지 만세를 창唱했다"고 적시했으니 그가 바로 문 열사였다. 그는 이리(지금의 익산시) 장터에서 일어난 만세운동을 이끌다 일본 헌병들에게 수없이 칼에 베여 순국했다.

연구에 따르면, 일제는 한일합방 후 이른바 토지조사사업을 통해 우리 국토 50.4%를 조선총독부 소유로 바꿨다고 한다. 총독부는 대부분을 동양척식주식회사에 넘겨 일본인들에게 불하했다. 1910년 692명이던 일본인 농업경영자는 1915년 10배인 6969명으로 늘어났다. 어느 땅이든 말뚝만 박으면 총독부 소유가 된다는 '총독부 말뚝'이라는 말이 생겨났다. 일제는 한반도를 일본의 쌀 공급처로 삼고자 1920년부터 1934년까지 산미증식계획을 시행했는데, 이 기간 동안 생산량은 약 1.3배 늘어났지만 일본에 반출한 쌀의 양은 최고 4.23배까지 늘었다. 총독부가 착취한 토지를 넘겨받은 일본인 농장주들은 조선인 소작농을 고용해 농사를 짓게 하고 생산량의 50%를 소작료로 받아갔다.

전북지역은 호남평야가 있는 곡창지대로서 일제 수탈의 표적이 되었다. 1899년 군산항이 개항한 뒤 일본인들이 물밀듯이 밀려 들어왔다. 진전농장·등본농장·삼곡농장·대교농장·도곡농장 등이 익산과 옥구에서 들어선 농장이다. 일제는 농업 중심지인 익산을 철도로 군산과 연결해 교통의 요지이자 신도시로 개발해 수탈기지로 이용했다. 농민들은 이렇게 일제에 직접적으로 착취당했으니, 반일 정서가 어느 지역보다 더 강할 수밖에 없었다.

또한 전북지역은 동학농민운동의 발상지로 부패한 왕조와 외세의 침입에 대한 저항이 격렬했던 곳이다. 동학에 참여한 10만여 명의 농민 가운데 죽은 사람이 셀 수 없이 많았고, 최익현과 임병찬 등의 의병 투쟁이 마지막까지 치열했다. 박은식의 『한국독립운동지혈사』에 따르면. 전북에서는 1919년 3월 1일부터 5월 말까지 임실·고창·정읍·군산·옥구·남원·익산·전주 등 거의 전 지역에서 125차례에 걸쳐 10만여 명이 만세운동에 참가했다. 독립운동사편찬위원회의 『독립운동사』 제3권에서 집계한 바로는 대략 수만 명이 50여 차례 만세 시위를 벌인 것으로 돼 있다.

전북지역 만세운동에서는 특히 기독교가 큰 역할을 했다. 3·1운동 전까지 기독교 선교사들은 정교분리주의를 지키며 중립적인 태도를 보이거나 친일적인 행태도 보였다. 기독교를 전파하려면 지배세력인 일제에 협력하고 순응할 수밖에 없었을 것이다. 그러나 우리나라 기독교도들은 상대적으로 적은 숫자임에도 만세 시위에 적극적으로 나섰고, 외국 선교사들도 마냥 중립을 지키며 기독교도를 포함한 한국인들에 대한 일제의 탄압과 박해를 가만히 보고만 있을 수는 없었다. 시위에 참여한 사람들을 돕고 일제의 만행을 비판하는 데 앞장서기도 했다.

신앙으로 단련된 애국심

전북지역에는 19세기 말부터 미국 남장로교에서 파견한 선교사들에 의해 일찍이 교회가 들어섰다. 1897년 익산 오산면 남전리에는 미국인 선교사 윌리엄 전킨William M. Junkin이 익산 지역 최초의 교회인 남전교회를 세웠다. 남전교회 교인들의 주도로 1919년 4월

4일 익산 솜리장터에서 만세 시위가 일어났는데 '익산 4·4 만세운동'이라 불린다. 문용기 열사는 이 남전교회의 청년지도자였다.

문 열사는 1878년 5월 19일 오산면 오산리 310번지에서 태어났다. 한학을 공부해 서당에서 훈장을 하던 열사의 인생에 전환점이 된 것은 기독교 귀의였다. 남전교회 평신도로 교회 일을 돕다 군산영명학교 보통과에 입학했다. 이때 나이가 소학교에 입학할 시기를 훨씬 넘어선 24세였는데 근대적 학교가 적던 시절이라 늦깎이 소학교 학생들이 더러 있었다. 문 열사는 훈장 경력을 인정받아 학생이면서도 한문 교사를 겸직했다. 30세 되던 해에는 목포 왓킨스중학교에 진학해 신학문을 공부하는 기회를 얻었다.

열사는 이승만과 인연이 있다. 열사보다 세 살 위인 이승만은 미국에서 철학박사 학위를 받고 귀국해 YMCA 활동을 하면서 지방강연을 다녔는데, 이때 왓킨스중학교에 다니던 열사와 만났던 것이다. 두 사람은 여관방에서 망국의 슬픔을 함께 나누고 조국의 앞날을 걱정하고 토론했다고 한다. 또한, 목포의 어느 극장에서 있었던 이승만의 강연에서 열사는 '우물 안 개구리'라는 제목으로 찬조 연설을 했는데 이승만 못지않게 청중에게 깊은 감명을 주었다고 한다. 이런 열사의 웅변술은 4·4만세운동에서도 빛을 발했다. 열사의 독립운동에 대한 관심과 열정은 이승만을 만난 이후 더욱 커졌다.(이런 인연으로 이승만은 광복 후 미국에서 귀국한 뒤 익산으로 가서 열사를 찾았지만, 이미 순국한 사실을 알고 몹시 애통해하면서 순국열사비 비문을 썼다.)

문용기 열사의 초상화.

1911년 학교를 졸업한 열사는 상당한 영어 실력을 갖추게 됐다. 그전부터 남전교회 설립자인 전킨과 후임 목사들과 지내면서 영어를 어느 성도 익힌 터였다. 열사가 함경도 갑산의 미국인 금광에 취직해 통역사로 일하게 된 것도 영어 실력 덕이었다. 열사는 8년 동안 근무하며 받은 적지 않은 보수를 만주와 상하이에서 활동하는 독립운동가들에게 보내기도 했다. 애초에 금광에 취직한 목적이 독립운동 자금을 조달하겠다는 것이었다.

갑산의 금광에서 3·1만세운동이 일어났다는 소식을 듣고 열사는 급거 귀향했다. 조국의 독립을 염원하며 남몰래 독립운동을 지원하고 있던 그로서는 당연한 결정이었다. 고향 오산에서는 어머니와 아내 최정자가 농사를 지으며 남전교회에 다니고 있었다. 열사는 고향에 돌아온 후 본격적으로 만세시위 계획을 세우기 시작했다. 먼저 남전교회가 운영하던 도남소학교에 임시교사로 들어가 열정적으로 학생들을 가르치며 애국심을 고취시켰다.

그러던 어느 날 남전교회 집사 김치옥과 박성엽이 열사를 찾아

왔다. 구체적인 거사 방법을 고민하고 있던 열사로서는 동지를 만
난 셈이고 기다렸던 일이었다. 익산 4·4만세운동은 사실 군산의
3·5만세운동과 연결돼 있다. 세브란스의전에 다니던 전북 김제 출
신 김병수가 민족대표 33인 중의 한 사람인 이갑성으로부터 독립
선언서 200장을 받아 군산으로 갖고 와 지역민들에게 나눠줬었다.
김병수 자신은 서울로 와 남대문 앞에서 만세 시위를 주도하다 붙
잡혀 1년3개월의 형을 살았지만, 군산 선교부에 근무하던 박성엽
은 독립선언서를 받아 보관하다 익산으로 가져와 등사하여 배포했
던 것이다.

두 집사는 거사를 조직화하는 일을 맡았고 열사는 도남학교 학
생 박영문 등 젊은 교인들과 재학생들을 설득했다. 익산 인근의 교
회에도 연락해 동참하겠다는 응낙을 받았다. 거사일은 솜리(이리裡
里의 옛 이름) 장날인 4월 4일로 정했다. 사흘 밤낮을 뜬눈으로 지새
우다시피 하며 수천 개의 태극기와 독립선언서를 만들었다. 열사는
남전교회 예배가 끝나면 단상에 올라가 특출한 웅변 솜씨로 만세
운동에 동참하자고 역설했다. 공개 발언이었지만 아무도 일제의 순
사에게 밀고하는 사람은 없었다. 그만큼 남전교회 교인들의 저항정
신과 애국심은 강했고 일치단결돼 있었던 것이다.

드디어 1919년 4월 4일 오전. 남전교회에 하얀 한복을 차려입은
교인과 마을 사람들 150여 명이 모였다. 태극기와 독립선언서를 한
묶음씩 받아 여자들은 허리춤에, 남자들은 바짓가랑이 속에 숨기고
솜리장터로 향했다. 먼발치서 지켜보았던 아낙네는 뭉게구름이 들

녘을 하얗게 뒤덮는 듯 시야에서 사라져갔다고 증언했다.

몇 시간 후 정오. 장터 네거리에 붉은 글씨로 '朝鮮獨立萬歲(조선독립만세)'라고 쓴 깃발이 펄럭였다. 남전교회 지도자들과 천도교 지도자, 민족운동 지도자들도 현장에 모여들었다. 교인들과 도남학교 등 수백 명의 어리고 젊은 학생들은 흰 머리띠를 동여매고 도열해 있었다. 이들은 모여든 장꾼들에게 태극기나 독립선언서를 나눠주었다.

군중은 금세 1000여 명으로 불어났다. 낮 12시 30분쯤. 흰색 두루마기를 걸친, 기골이 장대한 40대 남성이 군중 앞에 섰다. 문용기 열사였다. 오른손에 '조선독립만세'라고 쓴 깃발을 들고 있었다. 열사는 우렁찬 목소리로 만세운동의 필요성과 의미를 역설했다. 이어서 김치옥이 독립선언서를 낭독하기 시작했다.

"오등吾等은 자兹에 아조선我朝鮮의 독립국임과 조선인의 자주민임을 선언하노라."

열사는 다시 큰 목소리로 군중에게 독립 쟁취를 위해 다 같이 나서자고 불을 뿜듯 연설했다.

"조선독립만세." "일본은 물러가라."

군중은 우레 같은 박수와 함께 목이 터지라 만세를 부르며 억눌러왔던 울분을 토해냈다. 금방이라도 나라를 되찾을 것 같은 마음에 일부 군중은 눈물을 흘렸다.

열사는 시위대를 이끌고 수탈의 핵심부 대교농장으로 향했다. 대교농장은 익산 구도심의 땅 대부분을 소유하고 있던 일제의 수탈기관 중 하나였다. 군중은 순식간에 1만여 명으로 불어났다. 농장 앞에서 군중은 '조선독립만세'를 소리 높여 외쳤다.

시위대의 위세에 눌려 문밖으로 나오지 못하던 헌병대는 군중이 농장 정문으로 접근하자 공포탄을 쏘았다. 그래도 만세 소리가 그치지 않자 헌병들은 맨손으로 만세를 부르던 군중을 향해 급기야 실탄 사격을 시작했다. 여기저기서 사람들이 쓰러졌다. 핏물이 장터를 흥건하게 적셨고 군중은 다친 사람들을 옮기며 울부짖었다. 군중이 동요하는 틈을 타 일본인 소방대와 농장원 수백 명은 칼과 곤봉, 갈고리를 닥치는 대로 휘두르고 찍어댔다.

그런 와중에도 문 열사는 선두에서 물러나지 않은 채 태극기를 더 세차게 흔들며, 두려워하지 말고 대열을 유지하자고 군중을 독려하며 더 우렁찬 목소리로 만세를 선창했다. 그러자 열사를 헌병은 일본도로 내리쳤고 열사는 팔을 난자당해 피를 흘리면서도 오뚝이처럼 일어나 다시 만세를 불렀다.

일본 헌병들은 만세를 그치지 않는 열사의 가슴과 복부를 총검으로 찌르고 개머리판으로 머리를 마구 가격했다. 열사는 땅에 고꾸라졌다. 열사는 마지막 가쁜 숨을 거두면서 이렇게 말했다.

"여러분 여러분, 나는 이 붉은 피로 우리 대한의 신정부를 음조
陰助 하여 여러분들이 대한의 신국민이 되게 하겠소." 그러고는 고개를 떨어뜨리고 숨을 거두었다. 열사의 나이 41세였다.

열사의 죽음을 목격한 시위대는 오히려 더 분기하여 앞으로 나갔다. 일본 헌병들은 무차별로 총을 난사하기 시작했다. 열사 옆에서 만세를 부르던 남전교회 청년 신도 장경춘이 총에 맞아 "억" 하면서 쓰러졌다.

도남학교 학생 박영문도 현장에서 절명했다. 박영문은 그때 16살로 가장 어린 나이였다. 시위 현장에 있었던 불Bull 목사의 보고서에는 박영문의 순국 당시의 모습이 묘사되어 있다. 헌병이 어린 박영문을 연행하려 하자 박영문은 "나는 죄를 지은 게 없으니 갈 수 없다"고 굴복하지 않았다. 헌병이 "여기서 너를 당장 죽일 수 있다"고 하자 박영문은 머리를 들고 가슴을 내밀며 "죽일 테면 죽여라. 그러나 내 조국 광복을 위한 만세 소리는 막을 수 없다"고 말했다. 결국, 헌병은 잔인하게 박영문을 총검으로 찔렀다. 박영문은 피를 쏟으며 고꾸라졌지만 이내 일어서서 "대한독립만세"를 다시 외치고는 숨을 거두었다.

54세로 춘포면의 어른이었던 '박참봉' 박도현과 서정만도 시위대 앞에서 목이 터져라 만세를 외치다 총탄에 맞아 쓰러졌다. 18세 이충규도 순국했다. 문 열사를 포함해 모두 6명이 현장에서 목숨을 잃었다.

열사가 맨 앞에서 쓰러지자 대신 시위대를 이끌던 박성엽은 총탄이 맥고모자를 관통하는 덕분에 목숨을 건졌다. 20여 명은 크게 다쳤고 39명이 체포됐다. 시위를 기획하고 지휘한 김치옥도 체포됐다.

기념관 하나 없는 그날의 만세운동

"나물 많이 캐 오세요." 거사일 아침, 집을 나서는 노모와 아내에게 문 열사는 아무렇지도 않게 이렇게 말했다. 이 말이 가족에게 남긴 마지막 말이 되고 말았다. 노모와 여사는 열사가 어떤 일을 도모하고 있는지 알지 못했다.

청전벽력 같은 남편의 사망 소식을 들은 부인 최정사 여사는 통곡하며 유해라도 찾겠다고 나섰다. 그러나 일제가 시신 수습마저 방해하는 바람에 한밤중에 도둑처럼 시신을 거적에 말아 뒷산 공동묘지에 묻을 수밖에 없었다. 일제는 남전교회의 목사·장로·교인들을 모조리 체포하려고 혈안이 되어 있었다. 일부 교인들은 만경강 변의 갈대숲이나 솔밭의 검불 속에서 가족들이 몰래 가져다주는 음식을 먹으며 서너 달이나 은신해 있었다고 한다.

문용기 열사가 순국 당시 입었던 혈의.
독립기념관에 보관돼 있다.

피로 얼룩진 열사의 한복 저고리와 두루마기는 부인이 고이 개서 항아리에 넣어 보관하고 있었다. 남편의 죽음을 후세에 알리기 위해서였다. 광복 후 최 여사는 피묻은 옷들을 마당에 깔아놓은 멍석에 펼쳐놓고 아들 문창원 등 가족들과 예를 올리고 대성통곡했다. 열사가 최후의 순간에 입었던 이 혈의 ▨▨는 며느리 정기채 여사가 기증해 현재 독립기념관에 보관돼 있다. 곳곳에 칼에 찔려 구멍이 나고 핏자국으로 물든 두루마기와 저고리는 그날의 처절했던 저항을 그대로 전해주고 있다.

김치옥·박동근·전창여·강성원 등 주동자들은 목숨을 건졌지만 체포돼 재판을 받았다. 이들은 법정에서 이렇게 부르짖었다.

"우리가 조선의 독립만세를 부른 것이 죄가 되는가. 너희들의 차별대우가 부당하며 만세를 부른 것이 왜 죄가 되는가. 우리나라가 독립이 된다 하여 기뻐하며 만세를 부른 것이 왜 죄가 되는가."

김치옥은 잔인한 고문으로 사경에 이르자 석방됐지만, 일경의 감시로 김제와 황해도로 옮겨 다니며 살다 후유증으로 정신이상을 일으키고 반신불수가 됐다고 한다. 살아남은 다른 주동자 가족들도 김치옥처럼 일경의 감시를 피해 고향을 떠나 남의 집 머슴살이를 하며 유랑생활을 하다시피 했다고 한다.

6명의 순국자를 낸 익산 4·4만세운동은 아우내장터 만세운동과 평안남도 강서 모락장(사천시장) 만세운동에 견줄 만큼 격렬했던 시위로 꼽힌다. 익산은 많은 일본인이 조선인 소작인들을 착취하며 살고 있던 만큼 반일 감정도 클 수밖에 없었다. 문용기 열사와 4·4만세운동에 참여한 이들은 그런 일제의 수탈에 정면으로 맞섰던 경우다.

2019년 4월 4일 솜리 장터에서는 '익산 4·4만세운동' 100주년 기념행사가 엄숙한 분위기 속에서 열렸다. 시위 현장에는 1949년 이승만이 비문을 쓴 순국열사비가 세워졌고, 2002년 익산시는 이곳을 작은 공원으로 조성해 열사들의 애국정신을 기리고 있다.

행사 하루 전날 익산을 찾았다. '익산 4·4만세운동기념사업회' 전영철 회장이 마중을 나왔다. 만세운동의 전말에 대한 설명을 듣고 역사의 현장을 둘러보았다. 전 회장은 "문 열사와 함께 순국한 다섯 분의 열사들은 긴 세월 묻혀 있었다. 기념공원이나 기념관 하나도 없는 현실이 죄스럽고 부끄럽다"고 말했다.

전 회장의 안내로 운동의 중심체 역할을 한 남전교회를 방문했다. 남전교회는 산이 보이지 않는 너른 들판 한가운데에 있었다. 이 교회 박종규 장로는 "살아남은 주동자들도 일제의 탄압을 견딜 수 없어 만주 등지로 뿔뿔이 흩어져 최근 재판기록을 통해서야 김치옥 열사 등의 존재를 확인했다"고 했다.

차를 타고 왠지 쓸쓸해 보이는 겨울 벌판을 달리니 문 열사의 고향 마을인 관음마을이 나타났다. 오래된 기와집인 열사의 생가는 사람이 살지 않는 듯 마치 폐가처럼 보였다. 생가임을 알려주는 표지판도 없어 찾는 데도 시간이 한참 걸렸다. 익산 시위 현장을 돌아보면서 문 열사를 비롯한 여섯 열사의 추모관부터 만들어야 하겠다는 생각이 먼저 들었다. 정부는 1990년 문 열사에게 건국훈장 애국장을 추서했다. 처절하게 숨져간 열사에게 준 훈장으로는 격이 낮아 보였다.

프랭크 스코필드

1889. 3. 15. ~ 1970. 4. 12.

푸른 눈의 '34번째 민족대표'

동이 트기 전 모두가 잠들어 있을 때 몇몇 군인들이 마을에 들어와 집집이 돌아다니면서 초가지붕에 불을 놓았다. 초가지붕에는 재빨리 불이 붙어 집들이 파괴되었다. 몇 사람이 불을 끄려고 했으나 군인들이 이를 곧바로 제지하여 총으로 그들을 쏘고 총검으로 찌르고 두들겨 팼다. (…) 내가 상처 입은 사람들을 보게 해달라고 하자 주민들은 나를 어느 집 안방으로 데리고 갔다. 거기에는 중년 남성이 참으로 가련한 모습을 하고 있었다. 그의 왼쪽 팔꿈치는 칼에 베어 고름으로 가득 차 보통 크기보다 두 배나 부어 있었고 붕대로 사용한 천 조각들이 흥건하게 젖어 있었다. (…) 그는 군인이 칼이나 총에 붙은 단도 같은 것으로 자신을 베었다고 말했다.(스코필드, 「수촌리 만행사건들에 대한 보고」)

2020년 4월 12일은 프랭크 스코필드Frank William Schofield 박사의 서거 50주기였다. 국립서울현충원에 묘소가 있지만, 코로나19가 창궐하던 터라 작은 추모식도 열리지 않았다. 스코필드는 인종도 민족도 다른 외국인이었지만, 한국의 독립을 누구보다 갈망하고 독립운동을 하는 한국인들을 진심으로 도와준 독립운동가다. 그는 3·1만세운동이 일어나기 전에 협력을 요청받은 유일한 외국인이기도 하다. 또한 그 실상을 세계에 널리 알려 '34번째 민족대표'로 불린다. 스코필드는 우리가 잘 모르는 독립운동가이기에 앞서 잊어서는 안 될 독립운동가다.

이처럼 한국인들만이 일제의 식민지배에 반대해 싸운 것은 아니었다. 건국훈장을 받은 독립유공자 1만5500여 명 중 외국인은 스코필드를 포함해 70명에 이른다. 장제스·쑨원·베델(『대한매일신보』를 발행한 영국 언론인)도 있고, 식민지 정책에 반대하며 항일투사들의 변론을 맡은 후세 다쓰지 변호사, 일왕 암살 계획 혐의로 체포된 박열과 옥중 결혼한 가네코 등 일본인도 훈장을 받았다.

스코필드는 1889년 3월 15일 럭비의 발상지인 영국 워릭셔주 럭비시에서 태어났다. 스코필드는 8살 때 처음 한국과 인연을 맺었다. 그의 집에 찾아온 동양인이 있었는데 여병현이라는 한국인이었다. 1867년생인 여병현은 1895년 박영효 내각에서 선발한 유학생으로 캐나다와 미국을 거쳐 영국으로 가서 스코필드의 아버지가 교편을 잡고 있던 클리프대학에서 2년 동안 공부했다.(여병현은 몽양 여운형의 족숙族叔으로 나중에 여운형을 서울로 데려가 공부할 수 있도록 도와줬다.)

스코필드는 1905년 고교를 졸업했지만 집안 사정이 나빠져 체셔주의 농장에서 노동자로 일하며 노동자들의 비참한 생활에 관심을 두게 되었다. 그러다 1907년 홀로 새로운 세상에 도전한다. 어린 나이에 캐나다로 단독 이민을 간 것이다. 스코필드는 토론토에 있는 온타리오수의대를 졸업하고 박사학위를 받아 모교에서 세균학 강사로 일했다.

스코필드, 그리고 석호필

스코필드가 한국에 온 것은 세브란스의학전문학교 교장 올리버 R. 에비슨으로부터 편지 한 통을 받으면서였다. 스코필드보다 29살이나 나이가 많은 에비슨은 스코필드와 같은 영국 출신 캐나다인으로 온타리오약학대학과 토론토의과대학을 졸업한 스코필드의 대선배였다. 에비슨은 한국에 와서 제4대 제중원 원장으로 한국에 근대의학을 전파했고 세브란스의전 교수로 일한 한국 의학교육의 개척자다.

"세균학을 가르칠 교수가 없어 고민입니다. 이곳에서 교편을 잡을 사람은 어려운 생활환경을 극복해낼 수 있는 강한 인내심이 있어야 합니다. 아직 잠에서 깨어나지 못한 코리아를 도와준다는 생각으로 이곳에 와주셨으면 합니다."

스코필드는 대학생 때 소아마비를 앓아 한쪽 다리와 팔이 불편한 몸이어서 그를 아끼던 사람들은 너무 힘들 거라며 말렸다. 그러나 스코필드는 만류를 뿌리치고 1916년 11월 아내와 함께 한국에 들어와 세브란스의학전문학교 교수로 부임했다. 그가 맡은 과목은 세균학과 위생학이었다. 스코필드는 영어를 할 줄 아는 선비였던 목원홍에게 한국어부터 배웠다. 몇 달 후에 일상적인 대화를 할 수 있었고, 2년 후에는 강의도 서툴지 않게 하고 한글도 쓸 수 있게 되었다.

스코필드는 석호필石虎弼이라는 한국식 이름부터 지었다. 그는 철석같은 의지(돌 석石), 호랑이같이 무서운 사람(호랑이 호虎), 어려운 사람을 도와주는 것(도울 필弼)을 뜻한다고 말하곤 했다. 그는 한국의 역사에도 관심을 가지기 시작했고, 일본 경찰과 헌병의 횡포를 보고는 나라를 빼앗긴 조선인들을 동정했다.

찬바람이 몰아치던 1919년 2월 5일 저녁, 그의 문을 조용히 두드리는 사람이 있었다. 문을 열어보니 세브란스의전을 졸업하고 학교에서 제약주임으로 일하는 이갑성이었다. 이갑성은 나중에 3·1운동 민족대표 33인 중 한 사람이 된다.

"오! 이 선생님 아니세요. 이렇게 추운데 웬일이십니까."

한참 뜸을 들이던 이갑성은 용무를 말하기 시작했다. 국내 각 전문학교 상급반 학생들이 미국 윌슨 대통령의 민족자결주의 선언 이후 민족적 궐기를 추진하고 있는데 국외 소식을 잘 접할 수가 없어 도움을 청하러 왔다는 말이었다. 스코필드는 그때부터 외국 신문과 잡지를 읽어보고 한국의 독립운동에 도움이 될 만한 기사들을 이갑성에게 모두 알려주었다. 새로 입국하는 선교사들에게 국외 사정을 물어 전해주기도 했고 본국으로 돌아가는 외국인들에게는 한국에 도움이 되는 일을 해달라고 부탁하기도 했다.

그리고 3·1만세운동 전날, 이갑성은 스코필드를 찾아가 만세시위 계획을 설명하고는 현장 사진을 기록으로 남겨 달라고 부탁했다. 또 독립선언문을 영어로 번역해 미국 백악관에 보내 달라고 요청했다. 한국의 독립과 자유를 지지하던 스코필드는 망설이지 않고 승낙했다.

드디어 3월 1일 오후 2시. 무슨 일이 일어날지 알았던 스코필드는 자전거를 타고 파고다공원으로 나갔다.(그는 다리가 불편했지만 자전거를 잘 탔다.) 이윽고 공원 안에서 사람들이 외치는 소리가 터져 나왔다.

"대한독립만세! 대한독립만세!"

사람들이 문을 박차고 밖으로 나오자 스코필드는 만세 부르는 모습을 쉴 새 없이 카메라에 담기 시작했다. 세브란스의전 학생 등 아는 사람들도 대열에 끼어 있었다. 시위 군중은 종로를 지나 광화문·대한문 앞으로 몰려갔고 인산인해를 이룬 사람들의 만세 소리는 더욱 커졌다. 스코필드는 대한문의 맞은편 높은 곳에 올라가 역사적인 현장을 촬영했다.

시위대는 소공동을 지나 당시 조선총독부가 있던 남산 기슭의 왜성대로 나아갔다. 사람들이 진고개 어귀에 이르렀을 때 일본 헌병들이 맨손의 군중을 향해 칼을 휘두르기 시작했다. 이 장면을 찍으려고 스코필드는 제과점 2층으로 올라갔고, 그때 일본인 여주인

스코필드가 3·1만세운동 당일 덕수궁 대한문 앞에서 찍은 사진들.

이 스코필드를 발견하고는 "도둑이야!"라고 몇 번이나 외쳐댔다. 스코필드는 도둑이 아니라고 말하며 현장을 카메라에 담다가 쫓겨났다.

스코필드는 숭례문, 서울역까지 군중을 쫓아다니면서 열심히 셔터를 눌렀다. 현재 남아 있는 3·1운동 현장 사진 대부분은 스코필드가 찍은 것이다. 스코필드는 보고 들은 것들을 사진과 함께 외국 신문에 기고했다.

스코필드는 나아가 일본 경찰로부터 시위에 나선 학생들을 지켜주기도 했다. 다음날과 그 다음날에도 거리에 나간 스코필드는 경찰이 학생을 붙잡아가려 하면 "그 학생은 내 집에서 일하는 사람이오"라고 말하면서 학생을 데려가 구해주었다.

일제의 만행을 세계로 알리다

스코필드의 또 다른 중요 업적은 일제의 학살 사건을 전 세계에 알린 일이다. 경기도 수원(현재 화성)지역 만세운동의 보복으로 일본군은 수존리 마을 전체를 불태우고 항의하는 수민을 총칼로 숙이는 만행을 벌였다. 또 발안시장 만세운동의 보복으로는 제암리주민 30여 명을 교회 안에 가둔 뒤 불을 질러 23명을 학살했고, 이웃 고주리에서도 천도교인 6명을 총살했다.

4월 17일 이 소식을 들은 스코필드는 분노를 참을 수 없어 현장 사진을 꼭 남겨야 하겠다는 생각으로 다음날 자전거를 들고 기차에 올랐다. 그러나 현장에서는 일본 헌병이 접근하지 못하게 막고 있었다. 스코필드는 현장과 반대 방향으로 자전거를 몰아 헌병을 따돌리고는 길을 더듬어 현장에 도착할 수 있었다. 불탄 교회당과 민가 근처에는 아이들이 울고 있었다. 잠시 눈을 감고 스코필드는 숨진 이들의 명복을 빌었다.

현장에서는 일본 헌병이 다른 서양인 선교사에게 사건 경위를 허위로 설명하고 있었다. 그들이 대화에 정신을 파는 사이 스코필드는 번개같이 셔터를 눌렀다. 파묻힐 뻔했던 제암리 학살사건은 이렇게 해서 사진에 생생하게 담겨 세계에 알려질 수 있었다.

스코필드는 다시 이웃 수촌리로 향했다. 총검에 찔리고 두들겨 맞아 크게 다친 사람들이 많았다. 이들에게 다음날 병원에 입원시

1919년 4월 제암리 학살 사건 직후 스코필드 박사가 찍은 현장 사진.

켜주겠다고 약속하고는, 19일 다시 수촌리로 가서 위중한 환자를
수원 병원에 입원시켰다. 일본의 잔학성을 눈으로 직접 목격한 스
코필드는 보고서를 썼다. 수촌리 사건은 「수촌리 만행 사건들에 대
한 보고」라는 제목으로 미국 장로회 기관지 『프레스비테리안 위트
니스』 1919년 7월 26일자에 보도됐으며, 제암리 사건은 「제암리
대학살」이란 제목으로 중국 상하이에서 발행되던 『상하이 가제트』
1919년 5월 27일자에 게재됐다. 스코필드가 아니었다면 일제의 만
행은 오랜 동안 파묻혔을지도 모른다.

　그 후 스코필드는 더 적극적으로 일제의 식민 통치에 반대하는
활동에 나선다. 1919년 8월 일본으로 건너가 극동 선교사 800여
명 앞에서 일제의 만행을 비난하는 연설을 하고, 하라 나카시 총리
를 만나 비인간적인 만행을 중단하라고 요구했다. 각국 언론과 접

촉해 일본을 비난하는 글도 계속해서 실었다. 일본 영자신문 『저팬 애드버타이저』와 캐나다의 『글로브』 등에는 기고문을 보내 한국인에 대한 만행을 중단하고 독립과 자치를 허용하라고 촉구했다.

수감자의 인권 문제에도 깊은 관심을 가졌던 스코필드는 1919년 5월 11일 『서울프레스』라는 영자신문을 보고 비웃음을 참을 수 없었다. 『서울프레스』는 외국인을 대상으로 일본인이 발행하는 신문인데, 기사는 서대문형무소를 너무나 허무맹랑하게 소개하고 있었던 것이다. 내용은 이러했다.

> 수감자는 매일 옥외에서 운동을 할 수 있고 나흘이나 닷새마다 목욕할 수 있다. 수감자들은 몇 가지 기술을 배우고 있다. 많은 사람이 형무소를 나갈 때는 훌륭한 기술자가 될 것이다. 요컨대 형무소라기보다는 일종의 기술학교의 형태를 갖추고 있다.

서대문형무소의 실제 상황을 그곳에 다녀온 한국 친구를 통해 이미 잘 알고 있던 스코필드는 반박하는 기고문을 『서울프레스』에 보냈다. 당시 서대문형무소는 일반인의 면회를 허락하지 않았지만 신문사의 주선으로 열흘 후 직접 서대문형무소를 방문할 수 있었다. 스코필드는 만세를 부르다 잡혀온 노백린* 장군의 딸 노순경과

---

* 대한제국 육군무관학교장 출신으로, 한일합방 이후엔 미국으로 건너가 한인비행사학교를 만들어 비행군단 양성에 힘썼다. 임시정부 국무총리와 참모총장도 역임했다.

프랭크 스코필드 : 푸른 눈의 '34번째 민족대표'

유관순·어윤희[*]·이애주[**]·임명애[***] 등을 감방에서 면회하고는 끔찍한 고문을 받아 고통 받고 있는 모습을 직접 확인했다. 특히 간수들이 노순경의 다리를 불에 달군 젓가락으로 마구 찔러 일어서지도 못한 상태인 걸 알고서 놀라며 분개했다.

스코필드는 고문의 실상을 확인하고서 가만히 있을 사람이 아니었다. 곧 총독부로 찾아가 하세가와 요시미치 총독을 만나려 했지만 자리에 없어 정무총감 미즈노 렌타로에게 강력하게 항의했다. 총독부 간부들을 만날 때 반드시 명함을 받고 사진을 찍어둬 방해하는 일경들에게 압력을 행사하는 데 활용하곤 했는데, 이날도 미즈노의 명함을 받아왔다. 그러곤 서대문형무소로 가서 노순경을 다시 면회했다. 말을 제대로 못 할 정도로 기진맥진한 상태였다. 간수는 경찰에서 한 짓이라고 뻔뻔하게 거짓말을 했지만, 스코필드가 다녀간 뒤 더는 고문을 하지 않았다고 한다. 그 후에도 스코필드는 1주일에 한 번씩 서대문형무소로 찾아가 관계자들에게 질문을 퍼부었다. 일본인들은 그가 나타나면 질색을 했지만 수용된 한국인들은 그에게서 큰 위로를 받았으리라.

1920년 초 대구감옥. 스코필드는 그곳에 수감된 <u>김마리아</u>를 찾아갔다. 김마리아는 애국부인회 사건으로 악랄한 고문을 받아 반신

---

[*] 개성 지역 3·1만세운동에 참여하여 투옥됐다. 서대문형무소에서도 유관순과 옥중 만세운동을 주도했다.

[**] 정신여학교 학생으로, 여학생들을 이끌고 3·1만세운동에 참여해 투옥됐다.

[***] 파주에서 남편 등과 함께 만세운동을 주도해 체포됐고, 임신한 상태로 투옥됐다. 출산이 임박해 풀려났다가, 출산하고 아기와 함께 다시 감옥에 들어갔다.

불수가 된 채 수감 중이었다. 스코필드는 눈물을 흘리며 김마리아의 손을 꼭 잡고 위로했다. 그리고 서울로 올라온 즉시 사이토 총독 (3·1운동에 대한 책임으로 1919년 하세가와 총독이 경질되고 사이토 마코토가 3대 총독으로 부임했다)을 방문해 강력하게 항의했다.

한국인보다 더 한국을 사랑한 외국인

일제에게 스코필드는 눈엣가시 같은 존재일 수밖에 없었다. 일본은 당시 영국과 동맹을 맺고 있던 터라 영국 국적을 가진 스코필드를 추방할 수도 없었다. 그래서 귀국을 종용하도록 세브란스에 직간접적인 압력을 넣었다. 일제는 세브란스병원 책임자인 에비슨 박사에게 스코필드가 한국인들 돕는 일을 중단시키라고 요구했다. 에비슨은 들은 척 만 척 지나쳐버렸지만, 갈수록 일제의 압박이 심해지자 다른 선교사들은 일본이 싫어하는 행동을 그만하라고 스코필드에게 충고했다. 스코필드는 그들에 이렇게 대꾸했다. "악을 물리치고 약자를 도와야 한다고 교회에서 학교에서 밤낮으로 가르치는 우리가 헌병이 무서워서 나라를 찾으려고 피 흘리면서 아우성치는 이 겨레를 그냥 모른 척해야 옳겠습니까."

압박도 먹히지 않자 일제는 스코필드와 가까이 지내는 한국인들을 모조리 잡아가두려 했다. 더한 일도 도모했다. 암살 기도였다. 1920년 초 어느 날 스코필드의 집에 괴한이 침입했다. 스코필드는 그 괴한이 자객임을 직감하고 오히려 그를 타일렀더니 괴한은 눈물을 뚝뚝 흘리며 용서를 빌었다고 한다.

스코필드는 광복 후 한국에 돌아와 여러 사회봉사 활동에 힘썼다. 그와 영어 성경공부를 했던 고교생들의 사진이다. 앞줄 가운데가 스코필드. 뒷줄 왼쪽 두번째가 김근태 전 의원, 그 오른쪽이 정운찬 전 서울대 총장이다.

스코필드는 세브란스와의 계약이 끝난 1920년 4월, 4년 만에 한국을 떠나 캐나다로 돌아가게 됐다. 타자기로 친 「끌 수 없는 불꽃」이라는 제목의 3·1만세운동 목격기 원고 298장을 몰래 숨겨 갖고서. 비록 이 원고는 출판되지 못했지만 틈틈이 잡지에 발표하고 그 내용으로 강연을 하며 일제 식민통치의 실상을 세계에 알렸다.

스코필드의 한국 사랑은 캐나다에 있으면서도 식지 않았다. 이경지라는 한국 여성의 유학 비용을 2000달러나 모아 보내주는 등 한국과 한국인을 향한 따뜻한 마음씨를 한국에 있을 때와 똑같이 보여주었다. 또 공개편지를 한국으로 보내 한국을 자신의 고향이라고도 하며, 자신은 캐나다인이라기보다 조선인이라고 말했다. 1954년 스코필드는 온타리오수의대에서 은퇴했고 1957년에는 부인 엘

리스가 사망했다. 이에 한국 친구들이 스코필드가 한국에 오기를
바랐는데, 마침내 1958년 8월 스코필드는 국빈 자격으로 38년 만
에 한국에 돌아왔다.

스코필드는 서울대 수의대 교수로 재직하면서 고아원과 직업학
교를 돕는 봉사활동에도 열성적으로 참여했다. 그가 만년에 한국에
서 생활한 12년은 독재의 시대였다. 스코필드는 폭새와 부정을 비
판해 당국이 그의 강의를 중단시키기도 했다. 그래도 굴하지 않고
강연과 언론 기고를 통해 끊임없이 바른 소리를 했다.

"국민은 불의에 항거해야만 하고 목숨을 버려야만 할 때가 있다.
그럼으로써 일종의 노예 상태에서 해방되고 조금은 광명을 되찾을
수 있는 것이다."

1968년 정부는 스코필드에게 건국훈장 독립장을 추서했다. 스
코필드는 1969년 초부터 천식이 심해져 병원에 입원했다. 그리고
1970년 4월 12일, 병상에서도 한국의 장래를 걱정하다가 81세로
영면했다.

"캐나다인으로 우리 겨레의 자주독립을 위하여 생애를 바치신
거룩한 스코필드 박사 여기에 고요히 잠드시다." 묘비에는 이렇게
새겨져 있다. 스코필드는 외국인이었지만 한국인도 하지 못한 일을
했고, 한국을 자신의 조국보다 더 사랑했다. 우리가 그를 잊어서는
안 되는 까닭이다.

박상진

1884. 12. 7. ~ 1921. 8. 11.

친일 부호 처단한 대한광복회의 총사령

광복 후 미군정 수도경찰청장과 3대 국무총리를 지낸 장택상은 해방정국에서 조선공산당과 남로당 등 좌파 정당과 정치인들을 탄압한 '좌파 킬러'였다. 장택상은 이승만처럼 친일경찰을 좌파 척결에 활용해 독립운동가들의 공분을 샀다. 그가 기용한 대표적인 친일경찰이 일제강점기에 독립운동가들을 끝까지 추적해 잡아들이고 고문한 것으로 악명 높은 노덕술이다. 그 노덕술이 미군정 경찰이 되어 의열단장 김원봉을 붙잡아 조사하며 수모를 줬고, 김원봉이 풀려나와서는 의열단 동지 유석현 앞에서 울분을 토하며 통곡했다는 이야기가 잘 알려져 있다.

장택상이 친일경찰을 받아들이고 독립운동가를 괴롭힌 것은 일제강점기에 아버지 장승원이 대한광복회 회원들에게 죽임을 당한 사건과 연관이 있다. 장택상의 아버지 장승원은 구한말 경북관찰사를 지냈고 7만5000석을 수확하는 한강 이남의 10대 부호이면서 온갖 악행을 저지르던 인물이었다. 1917년 11월 10일 밤 대한광복회원 채기중과 강순필은 경북 구미 장승원의 집에 잠입해 그를 권총으로 쏴 사살했다. 거사 후 두 사람은 담벼락에 다음과 같은 격문을 붙여 놓았다

"조국 광복을 하자는 것은 하늘과 사람의 같은 뜻이니 이 큰 죄를 성토하노라."

이 장승원의 처단을 지시한 사람이 대한광복회 총사령 박상진 朴尙鎭이다. 박상진은 의병 활동을 하다 체포돼 사형당한 <u>허위</u>의 제자였다. 대한광복회가 장승원을 처단한 것은 탐관오리에다 악덕 지주로 백성을 괴롭혔고, 허위를 배신했다는 이유에서였다. 장승원은 허위의 천거로 관찰사가 되면서 유사시에 의병 투쟁을 위한 군자금을 내놓겠다고 약속했다고 한다. 그러나 허위가 의병을 일으킬 때 요구한 1만 원을 내놓지 않고 밀고까지 했다.

장승원의 큰아들 장길상은 친일파이면서 성격이 잔혹해 소작농들을 괴롭혔으며, 둘째아들 장직상도 총독부 자문기관인 중추원 참의를 16년 동안 지낸 친일파였다. 셋째아들인 장택상은 형들만큼 친일 활동을 하지 않았고 오히려 독립운동을 한 일도 있지만, 아버지 때문에 독립운동가들에 대한 감정이 좋지 않았다. 실제로 장택상은 "내 아버지가 독립운동가에게 살해되었는데, 내가 어찌 그들에게 잘 하겠느냐 말이오?"라고 공공연하게 말했다고 한다. 또 광

복 후 살아남은 광복회원들과 유족들이 뜻을 모아 광복회를 재건하려 하자 "안 돼! 그자들은 우리 아버지를 살해한 집단이다. 다시 일어서지 못하도록 밟아 버려"라며 펄쩍 뛰었다고 한다.

광복회에 대한 장택상의 태도를 짐작하게 하는 이런 이야기도 있다. 1964년 광복회원의 후손들이 충남 천안삼거리공원에 순국한 광복회원 7인을 기리는 기념비를 세우려 했는데 모종이 방해로 중단됐다고 한다. 그 모종의 방해가 바로 장택상 일족의 짓이라는 것이다. 장택상이 사망하고 두 달 후인 1969년 10월 기념비를 세울 수 있었던 것을 보면 이런 의심이 괜한 것 같지만은 않다.

친일 부호 처단에 나선 대한광복회

고헌固軒 박상진 의사는 1884년 12월 7일(음력) 울산 북구 송정동에서 태어났다. 큰아버지에게 후사를 이을 적자嫡子가 없어 양자로 들어갔고, 3세 때 경북 경주 녹동으로 가 성장했다. 박 의사의 집안은 조부와 생부, 양부가 모두 과거에 급제했고 재산이 7000석이나 됐던 명문가였다. 종형을 따라 경북 청송 진보에 갔다가 그곳에서 왕산 허위 선생을 만나 사제의 인연을 맺은 것이 그의 운명을 바꾸어 놓았다.

스승을 따라 상경한 의사는 21세에 양정의숙에 들어가 안희제 등 동지를 만나 국권 회복의 열망을 키웠다. 양정의숙을 졸업한 해인 1908년 스승인 허위가 교수형을 당하자 박상진은 경성감옥으로 들어가 버려진 스승의 시신을 포대기로 감아 안고 나오면서 무장투쟁을 다짐했다. 이후 교남교육회·달성친목회 등에 가입하고 투쟁 계획을 세워나갔다. 나라를 잃은 1910년 판사시험에 합격해 평양법원 판사로 발령받았지만 일제 치하에서는 판사로 일할 수 없다는 생각에 곧바로 사직하고 독립운동에 뛰어들었다.

1911년 의사는 스승과 가까웠던 안동 유림 이상룡·김동삼이 설립한 만주 서간도의 경학사의 신흥강습소를 방문해 시원 활동을 시작했다. 중국 단동(현 단둥)에 안동여관을 설치했는데, 실상 이곳은 독립운동 연락기관이었고 나중에 광복회의 거점이 됐다. 이듬해 귀국한 의사는 대구에 상덕태상회라는 곡물회사를 차렸다. 곡물 거래는 해외를 드나들고 독립운동 자금을 보내는 데 감시를 덜 받는 이점이 있었다.

국내외에 연락 거점을 마련한 의사는 1915년 8월 25일 대구 달성공원에서 풍기광복단 등 독립운동 단체들의 연합체 격인 '대한광복회' 출범식을 가졌다. 모두 7개인 강령의 첫째는 친일 부호의 의연금을 받아내고 일인이 불법 징수하는 세금을 압수한다는 것이었다. 일제 고관과 한인 반역자를 처단하는 강령도 있다. 겉으로는 모임會이었지만 사령관·사령부·지휘장 등 군대식 조직과 전국 각지에 지부를 갖춘 무장투쟁 단체였고 박 의사는 총사령이었다.

광복회는 만주를 독립군 기지로 개척할 계획을 세웠는데 막대한 자금이 필요했다. 먼저 회원들이 자발적으로 재산을 내놓았다. 의사는 위장 거점인 상덕태상회 설립에 사실상 전 재산을 희사했다. 만주의 안동여관 등도 회원들의 재산 출연으로 설립된 것이다.

풍기광복회의 채기중도 전 재산을 군자금으로 헌납했다.

그러나 그 정도로는 사관학교를 만들고 군대를 운영하는 데 부족했다. 박 의사는 여러 가지 방법으로 군자금 조달에 나선다. 친일 부호에게서 돈을 받아내기도 하고, 일제 기관의 돈을 강탈하기도 했다. 그중 '경주 세금마차 습격사건'을 살펴보자.

"거사를 꼭 성공시켜야만 하오." 세금마차 습격 머릴 건, 박 의사는 우재룡·권영만 두 지휘장에게 당부했다. 두 지휘장은 마차를 털 현장을 미리 답사하고 치밀한 계획을 세웠다.

먼저 권영만은 마부를 찾아가 폐병이 심해져 대구 병원에 치료를 받으러 가야 한다며 마차에 태워달라고 애걸복걸해 짐칸에 타도 좋다는 허락을 받아냈다. 짐칸에는 징수한 세금 행낭이 있었고 대구로 수송할 예정이었다.

권영만을 태운 마차가 1915년 12월 24일 새벽 2시 40분쯤 경주에서 출발해 무열왕릉을 지나 효현교에 다다랐다. 그 근처 풀숲에는 우재룡이 숨어 있었다. 그는 마차가 잠시 멈추지 않을 수 없도록 목제 다리인 효현교의 일부를 미리 부수어 놓았다. 일본인 마부가 다리가 부서진 것을 보고 속도를 늦추자 그 틈을 타 권영만은 세금 행낭을 예리한 칼로 찢어 세금 8700원을 들고 유유히 빠져나오고는, 우재룡과 함께 경주 녹동 대한광복회 본부로 돌아왔다. 당시 곡물상 개업에 2000원 정도 들었다고 하니 대한광복회는 세금 행낭을 털어 요즘 돈으로는 수억 원이 넘는 큰 군자금을 마련한 것이다. 이 사건은 당시에 누가 범인인지 끝내 밝혀지지 않아 단순 강도로

광복회의 일제 세금 강탈 사건이 벌어진 경주 인근의 효현교. 당시는 목제 다리였지만, 지금은 콘크리트로 다시 놓였다.

만 알려졌지만, 광복 후에 우재룡이 박상진 의사의 일대기를 펴내면서 광복회의 활동이었음이 알려졌다.

광복회는 전국의 친일·악덕 부호들에게 독립운동 자금을 요구하는 활동도 했다.

사천 년의 종묘사직이 흔적도 없이 사라지고 이천만 민족은 노예가 되었고 나라의 치욕과 백성의 욕됨이 극에 이르렀다. 아아! 저 섬나라 오랑캐가 오히려 이에 배부른지 모르고 나날이 악정과 폭행을 가하여 우리의 생명과 재산을 멸망케 하려 하고 있다. (…) 이제 큰 소리로 급히 우리 동포에게 고하노니 이를 가벼이 여기지 말고 마음을 기울여 한번 생각해 보기 바란다.

광복회는 친일 행각, 재산 규모에 따라 경상·충청·강원·전라·황해 등 전국의 부호들에게 이런 포고문을 보내고 모금액을 통고했다. 배정액은 최저 2000원에서 최고 2만 원이었다. 자산가를 조사하고 명단을 전달하는 과정은 비밀스럽게 진행되었다. 문서는 백지에 소금물을 쬐어야만 보이도록 하는 방법을 썼다. 추적을 피하기 위해 포고문이나 경고문은 민주 서신으로 미서러 밀송했다.

모금에 불응하는 친일 인사는 과감히 처단했다. 장승원도 그중의 하나였고 도고면장 박용하, 벌교 부호 서도현, 보성의 양재성 등도 처단당했다. 박용하는 친일파 면장으로 면 사람들을 가혹하게 부리거나 억울하게 감옥에 가두고 죽게 만들었으며, 포고문을 받고 헌병대에 밀고하기도 했다. 대한광복회 충청도지부장 김한종은 장두환과 김경태에게 처단을 지시했고 1917년 12월 박용하는 처단되었다.

임종을 지키러 가다 체포당하다

장승원과 박용하의 처단과 포고문을 받은 부호들의 신고로 광복회의 존재가 드러나자 일제는 회원들을 추적하기 시작했다. 1917년 겨울부터는 포상금을 걸고 회유와 협박으로 포위망을 좁혀왔다. 결국 1918년 1월 박용하 처단의 주역인 장두환과 광복회원들이 충남 천안 헌병대에 체포됨으로써 광복회의 전모가 드러나고 말았다. 당시 일제기 피아한 광복회원을 모두 61명이었다

단원들이 체포되자 박 의사는 망국亡國에 분개해 단식으로 순국

한 이만도의 아들인 이중업의 경북 안동 집에 은신했다. 낮에는 토굴에서 지내고 밤에는 사랑채로 돌아와 잠시 눈을 붙였다.

대한광복회 총사령 박상진 의사.그가 남긴 유일한 사진이다.

그러던 중 뜻밖에도 생모가 위독하다는 소식이 들려왔다. 여러 사람이 말렸지만 "자식으로 태어났으니 도리가 아니겠는가"라며 만류도 뿌리치고 경주 집으로 갔다. 장례식에 모습을 드러냈다가는 무조건 체포될 게 뻔했지만 의사는 인륜이 더 중요하다고 생각했다. 의사가 도착했을 때 생모는 눈을 감은 뒤였다. 1918년 2월 1일 장례를 치르는 중에 예상대로 경찰 수백 명이 출동, 의사를 포박하려 했다.

"나는 내 할 일을 정당하게 했다. 너희에게 포박당할 아무런 이유가 없다. 내 집의 말을 타고 스스로 너희가 가자는 곳으로 갈 테니 내 몸에 손대지 마라."

박 의사는 백마를 타고 검은 제복을 입은 일경을 유유히 앞서 나아갔다. 그 모습이 마치 한 마리의 학을 검은 까마귀들이 뒤따르는 듯했다고 한다. 그러나 고개를 넘어서자 일경은 의사의 옷을 벗기고 포승을 묶어 끌고 가버렸다.

재판을 받으면서 의사는 죽음을 각오하고 생부生父에게 다음과 같은 편지를 보냈다. "죽으면 죽었지 저들과 더불어 삶을 구한다면 사는 것이 죽는 것만 못합니다." 3년이 넘는 재판 끝에 의사에게 사형 확정판결이 내려졌다. 사형 집행 며칠 전 면회 온 동생에게 의사는 "형제의 정으로는 그러하리라만은 울 까닭이 없다"며 태연히 미소를 지었다. 1921년 8월 11일 오후 1시 의사는 대구감옥에서 순국했다. 광복회원인 김한종·채기중·임봉주(임세규)·김경태·강순필도 사형선고를 받고 순국했다.

> 어머님 장례도 치르지 못하고母喪未成
>
> 나랏님 원수도 갚지 못했네君讐未服
>
> 빼앗긴 국토마저 되찾지 못했으니國土未復
>
> 무슨 면목으로 저승길을 갈까死何面目

이 유시遺詩와 전해지지 않는 4장의 유서, 사진 1장을 남기고 간 36년 8개월의 짧은 삶이었다. 시신이 옮겨지던 청천역(경북 경산)에는 사람들이 모여들어 통곡했다. 일제는 새벽부터 기마대를 보내 길가에 줄지어 오는 조문객들을 쫓는 등 조문을 방해했다.

생부와 부인, 동생 등 가족이 있었지만 모든 재산을 내놓은 상황이었고 장례 준비도 되어 있지 않았다. 의사는 결국 장인이 자신의 유택으로 삼아놓은 생구 내림던 노곡리 동안인 기슭에 묻혔다. 의사의 묘소는 지금도 그 자리에 있다. 노곡리 농로를 지나 작은 개울을 건너고 산길을 따라가다 오른쪽의 가파른 경사지를 100m 남짓 올라가야 하는 어두컴컴한 숲속이다. 박 의사의 삼년상을 마치던 날 아버지 박시규는 다음과 같이 시작하는 제문을 지었다.

한 잔 술을 차려 놓고 '우리 상진아' 하고 가슴을 치면서 고한다. 네가 죽던 날, 시신을 수레에 싣고 돌아왔을 때는 성안에 있는 네 진구늘이 모두 너를 어루만지면서 울음을 터뜨렸었다. (…) 길을 가던 남모르는 나그네까지도 눈물을 흘리지 않는 이가 없었다.

친일파 집안과 독립운동가 집안의 상반된 삶

정부는 1963년 의사에게 건국훈장 독립장을 추서했다. 박 의사는 거의 잊혔다가 최근에야 기념사업회와 지자체가 중심이 돼 생가를 복원하고 동상을 세웠다. 울산 북구 송정동 생가는 증손자 박중훈(1954년생) 씨가 돌보고 있다. 비가 내리는 날 찾아간 생가에서 박씨는 의사의 일생과 여태 끝나지 않은 장승원 집안과의 악연, 후손들의 비참한 삶을 들려주었다. 박 씨는 의사의 일대기이자 평전인 『이루지 못한 혁명의 꿈』을 펴냈다. 평생 고통을 겪은 증조할머니, 할머니, 어머니의 일생도 정리해 따로 책으로 펴내는 작업을 하고 있다.

의사 집안은 195만 평이나 되던 광대한 땅을 모두 날리고 풍비박산이 났다. 경주 최부잣집의 최준(의사의 처사촌)이 농간을 부려 재산을 빼앗아 갔다며 송사를 벌였지만 패소하고 말았다.(최준은 많은 자금을 독립운동에 지원하기도 했지만, 박상진 가문과는 이런 다툼이 있었다.) 의사의 생부는 "일곱 집안 100여 식구가 갑자기 모두 거지가 되어 사방으로 떠돌아다니고, 나도 혼자서 이 옛집을 지키고 있다가 며칠 동안 굶어서 죽을 지경에 이르렀다"고 제문에 썼다.

부모와 부인, 후손들은 이루 말할 수 없는 고통을 대대로 겪었다. 일제는 유족의 일거수일투족을 감시했다. 의사의 아들과 손자들은 일제 치하에서 독립투사의 자손이라는 이유로 일을 할 수 없었다. 박중훈 씨에 따르면, 후손들은 의사의 사후 문중 소유인 송정동 생가 옆의 낡은 서당에서 26년 동안 살았다고 한다. 그러다 가난을 견디기 어려워 1957년 부산으로 이사해 부암동의 방 세 칸짜리 집에서 12식구가 살며 닭을 길러 판 돈으로 연명했다고 한다. 이후 당감동 골짜기로 옮겨가 살았는데 생활은 더욱 어려워져 멀건 죽, 우거지 밥과 개떡을 먹으며 비참하게 살았다.

독립운동가 집안에 시집온 며느리들의 고생도 형언하기 어려울 정도였다. 『부산일보』 1961년 3월 5일자에는 박상진 의사의 부인 최영백 여사가 당시 81세의 나이에 먹을 양식도 없이 냉방에서 병마와 굶주림으로 신음하고 있다는 내용의 기사가 실렸다. 박중훈 씨는 자신의 할머니(박상진 의사의 며느리)가 날마다 먹어야 했던 죽에 질린 나머지 1982년 돌아가실 때까지 굶을지라도 죽은 먹지 않았다고 말했다. 아직 생존해 있는 의사의 손자며느리(박중훈 씨의 어머니) 이삽석 할머니는 "시집온 지 사흘 만에 양식이 떨어졌다"고 말한 적이 있다.

일제의 권력에 빌붙었던 사람들은 권세를 부리고 부귀를 누렸다. 앞에서 본 장승원의 후손들도 그렇다. 그의 큰아들 장길상은 대구의 일본인 자본가들이 선남상업은행을 설립할 때 자본을 투자해 금융자본가가 됐다. 장길상이 죽은 후 금융 활동은 동생 장직상이 이어 맡았다. 장직상은 1949년 1월 반민특위에 구속됐다가 풀려났다. 셋째인 장택상은 국무총리에 이어 국회의원을 세 번 역임하고 국립묘지에 묻혔다.

박상진 가문과 장승원 가문의 악연은 계속됐다. 장택상의 딸 장병혜는 미국 조지타운대에서 아시아 역사 연구로 박사학위를 받은 역사학자인데, 1990년대 초 『역사를 고발한 자, 그를 고발한다』 등의 책을 펴내면서 광복회를 떼강도 집단, 박 의사를 파렴치한 살인강도라고 썼다. "무슨 놈의 애국지사가 일본 사람에게는 손 하나 대지 않고 동포를 죽이는 애국투사가 있겠는가. 박상진을 애국투사라고 도저히 말할 수 없으며 판결문에 기재된 대로 살인강도에 불과하다"고 주장하기도 했고 "살인교사를 한 일당을 독립투사로 변신시키기 위한 활동"이라고 쓰기도 했다.

그러나 부당한 일제의 통치를 거부하고 싸우기 위해 한 일들을 어찌 그 행위만 보고 살인과 강도라 할 수 있겠는가. 안중근 의사 등의 독립투쟁을 테러라고 주장하는 식의 폄하를 용납해서는 안 될 것이다.

박재혁

1895. 5. 17. ~ 1921. 5. 27.

부산경찰서에 폭탄 던진 '의열단 거사 1호'

"박 동지, 부산경찰서장 하시모토 슈헤이를 죽이시오."

더위도 점차 물러가고 있던 1920년 8월 31일 중국 상하이. 의열단장 김원봉은 박재혁朴載赫 의사에게 비장한 목소리로 이렇게 말했다. 김원봉이 결성한 의열단은 일제가 매우 경계한 무장투쟁 단체다. 의열단은 전성기에 단원이 1000명을 헤아렸으며, 김원봉은 김구보다도 많은 현상금이 붙을 정도였다. 의열단은 1919년 11월에 결성됐으며, 마땅히 죽여야 할 이들을 '칠가살七可殺'로 규정해 처단의 목표로 삼았다. 칠가살은 첫째 조선 총독 이하 고관, 둘째 군부 수뇌, 셋째 대만 총독, 넷째 매국적賣國賊, 다섯째 친일파 거두, 여섯째 적의 밀정, 일곱째 반민족적 토호였다.

의열단이 결성되고 나서 첫번째로 조선총독부 등 국내 주요기관에 대한 1차 총공격 계획을 세웠지만, 사전에 탄로나 참여한 16

명이 모두 붙잡혔다. 이들 대부분을 체포한 것이 부산경찰서장 하시모토였는데, 그는 경상남북도 경무부 관내 수석 서장을 맡고 있던 거물이었다. 그래서 그가 의열단의 다음 타깃이 됐다. 그때도 부산은 대륙으로 가는 침략의 관문으로 '제2의 오사카'라 불리던 큰 도시였고, 박재혁 의사가 지리를 가장 잘 아는 고향이기도 했다.

그냥 죽이시든 말고 누구에 의해 어떤 이유로 죽는다는 것을 확실하게 밝히시오." 김원봉은 이런 말과 함께 거사 자금 300원과 여비 50원, 폭탄 한 개를 박재혁에게 건넸다. 폭탄은 지름 약 6㎝, 길이 약 6㎝인 러시아제로 원통형이었다.

박재혁 의사는 상하이에서 일본 나가사키로 가서 부산과 시모노세키를 잇는 관부연락선을 타려 했다가 감시가 심할 것 같아 대마도를 거쳐 부산항에 잠입하는 것으로 계획을 바꾸었다. 일본에서 박 의사는 상하이 동지들에게 '熱落仙他地末古 大馬渡路徐看多(열락선/타지/말고 대마도로서/간다)'고 적은 엽서를 보냈다. 연락선을 타지 않고 대마도로 거쳐 가는 루트로 바꾸었다는 사실을, 한글로 한자 독음을 읽어야 이해할 수 있는 암호로 작성하는 기지를 발휘한 것이다.

박 의사가 부산에 들어온 날은 1920년 9월 6일이었다. 곧바로 친구 오택(본명은 오재영)의 집을 찾아가 폭탄을 숨기고 자신의 집에서 보자고 했다. 그날 저녁 박 의사는 집에서 몇 년 동안 뵙지 못한 어머니에게 인사를 드리고 오택에게는 "총독부를 폭파할 것"이라고 거짓말을 했다. 1차 거사가 탄로 났기 때문에 친한 친구에게도 사실대로 말할 수는 없었다. 그러고는 오택의 권유대로 또 다른 절친 오천택·김영주 등과 해운대와 동래온천, 범어사로 며칠 동안 다니며 구체적인 거사 계획을 모의했다.

아니나 다를까 경찰은 박 의사의 입국 사실을 알고 경위를 의심하고 있었다. 사카이라는 형사가 오택을 찾아왔다.

"박재혁이 상하이에서 늘어왔다는데 왜 늘어왔는지 아십니까. 지금 어디 있습니까."

"나는 전혀 모르는 일이오."

오택은 범어사로 사람을 보내 일본 형사가 찾아온 사실을 알리려 했다. 그러나 전갈을 하러 간 사람은 박 의사를 만나지 못하고 돌아왔다. 그날 밤 오택은 꿈을 꾸었다. 박 의사가 붉은 두루마기를 입고 공중을 날아다니는데 조선인들은 쳐다보면서 떨어질까 걱정이지만 일본인들은 괴변이 일어났다며 총질을 해댔다. 오택은 차마 볼 수 없어 "으악" 하고 소리를 지르며 잠에서 깼다.

며칠 동안 해운대와 동래로 숨어다니던 박 의사는 경찰에게 검문을 당해 범어사 원효암으로 피신해 있었다. 그때 가까운 밀양에서는 주민들의 경찰서 습격 사건이 발생해 일본 경찰이 신경을 바짝 세우고 있었다. 박 의사는 시간을 더 지체할 수 없어 폭탄을 숨겨둔 오택의 집으로 갔다.

"거사를 실행에 옮겨야겠어. 내가 붙잡히면 우리 가족을 잘 돌봐주실 부탁하네. 나는 사님이 피애를 보시 않도록 모든 객임을 니 혼자 질 테니까."

박 의사는 맡겨둔 폭탄을 가져오라고 했다. 오택은 폭탄을 숨겨둔 어두운 방으로 들어가 조심스럽게 들고 나와 박 의사에게 건넸다. 폭탄을 싸 둔 흰 종이를 벗기고 흰색 수건으로 감싸니 마치 환자에게 주는 약병처럼 보였다. 두 사람은 밖에 대기하고 있던 자동차를 타고 정공단(임진왜란 때 순절한 부산첨사 정발을 기리는 제단)으로 가 참배했다. 9월 14일 오후 1시 무렵이었다. 20대 중반의 한창 나이로 목숨을 건 거사를 앞둔 박재혁은 참배를 하며 지난날들을 되새겼을 것이다.

의열단의 첫번째 거사

박 의사는 1895년 5월 17일 부산 동구 범일동에서 가난한 선비 박희선과 어머니 이치수의 3대 독자로 태어났다. 15세 때 아버지를 여의고 어머니, 여동생 명진과 어렵게 살았다. 어머니는 삯바느질로 생계를 이었다. 교육열 높은 어머니의 보살핌 속에 의사는 1915년 부산공립상업학교(부산상고, 현 개성고)를 4회로 졸업했다. 의사와 동급생 최천택·오택은 친형제보다 가깝게 지낸 '삼총사'였다. 의형제를 맺고 부모상을 당하면 같이 상주 노릇을 하자고 다짐할 정도였다. 최천택이 남긴 글에 따르면 "박재혁, 김인태, 김병태, 김영주, 장지형(장건상* 조카), 오택 등 친구들과 매일 만나 독립운동에 대한 전도를 모의하였다"고 한다.

---

* 의열단원이며 좌우합작운동에 나선 중도 좌파 성향의 독립운동가. 광복 후에는 김구 등과 함께 남북 정치 협상을 위해 평양에 가기도 했다.

2학년 때인 1913년 의사와 최천택 등은 일제가 금서로 규정한 『동국역사』를 여러 학교와 학우들에게 몰래 나눠주다 발각됐다. 구한말 역사가인 현채玄采가 지은 역사교과서였다. 이때부터 의사는 요주의 인물로 찍혀 일경의 감시를 받게 된다. 3학년이 된 의사는 최천택 등 16명과 '구세단救世團'을 결성, 지역 청년들을 규합

박재혁 의사 사진. 거사 당시 그의 나이는 26살이었다.

하려 했다.

그러나 6개월 만에 탄로나 1주일 동안 모진 고문을 받았다. 구세단은 1915년을 전후해 경남 밀양에서 후일 의열단장이 되는 김원봉이 결성한 '일합사一合社'와 교류했다. 이는 나중에 의사가 의열단에 가입하는 계기가 됐다. 의사는 학교를 졸업하고 중국과 싱가포르를 오가며 무역업에 종사했다. 그러면서 독립운동가들과 교류하고 항일 의지를 불태웠다. 1920년 초, 의사는 김원봉을 만나 의열단에 가입하게 된다.

다시 거사에 대한 이야기로 돌아가, 의사와 함께 정공단에 함께 참배한 오택은 부산진역매장에서 열린 '노일노동사봉쇄반대 토론장'으로 가고 의사는 절친 삼총사 중의 한 사람인 최천택을 만났다.

두 사람은 전차를 타고 가서 부산역에서 내려 용두산공원에 올라 기념사진을 찍었다. 최천택은 신간회 부산지회장을 지냈고 항일 투쟁을 하다 54차례나 구금·구속됐으며 광복을 옥중에서 맞은, 박재혁과 더불어 부산의 대표적인 독립운동가다. 2003년 건국훈장 애족장을 받았다. 의사가 구체적인 거사 실행 계획을 놓고 의논한 사람도 최천택이었다.

9월 14일 오후 2시 30분. 의사는 보자기로 감싼 폭탄을 들고 용두산공원 아래 부산경찰서 정문에 도착했다. 최천택은 근처 용두산공원에서 거사를 지켜보고 있었다. 당시 부산경찰서는 서구식 2층 목조 건물로 외벽은 널빤지를 포개어 붙였고 지붕은 일본식 팔작八作 지붕으로 기와를 얹었다. 용두산공원으로 올라가는 비탈길 오른쪽에 있었고 바로 위에 부산부청 청사가 있었다.

고서적상으로 위장한 건 하시모토가 중국 고서적을 좋아한다는 말을 들었기 때문이었다. 의사는 중국 고서 사이에 손수건으로 싼 폭탄을 들고 서장실로 들어갔다. 서장은 책상에 앉아 있었다. 의사가 다가오자 서장은 앉은 채 몸을 돌리려 했다. 그 순간 의사는 "나는 상하이에서 온 의열단원이다"라 외치고는 마루 위에 폭탄을 던졌다. 서장과의 거리는 1m가 채 되지 않았다. 폭탄은 엄청난 굉음을 내며 터졌다.

폭탄을 터뜨리기 전 서장과 마주 앉아 대화를 나누었다거나, "네놈들의 소행으로 이번에 우리 동지들이 모두 구속되고 말 수 없는 고통을 겪고 있다. 네놈들은 우리의 원수다. 죽어 마땅한 줄을 네놈들도 알고 있겠지?"라고 유창한 일본어로 준엄하게 꾸짖었다는 말도 있다. 그러나 전후 사정으로 볼 때 길게 말할 여유는 없었던 것으로 보인다.

어쨌든 의열단의 첫번째 거사가 성공적으로 실행됐다. 연기가 서장실에 가득 찼으며 1층의 유리창이 전파됐다. 책상과 의자, 결재함과 같은 사무실 집기가 부서졌다. 파편은 천장을 관통할 만큼 강력한 폭발이었다. 그러나 하시모토는 오른쪽 무릎을 다쳐 피를 흘리고 있었지만 죽지는 않았다. 의사도 오른쪽 무릎을 심하게 다쳤다.

다친 의사는 현장에서 붙잡혀 일단 병원에서 응급치료를 받았다. 폭탄 투척 후 경남 전역에 비상령이 내려졌다. 경찰들은 경찰서 주변을 지나던 행인 등 수십 명을 닥치는 대로 붙잡아들였다. 어머니와 여동생도 잡혀와 심문을 받았다. 최천택·김영주·오택 등 친구들도 붙들려왔다. 의사는 공범을 불라며 혹독한 고문을 당했다.

의사의 폭탄 투척 사건은 일제의 보도 통제로 국내 신문들은 즉시 보도하지 못했다. 다만, 『부산일보』가 호외를 발행했다.(당시의 『부산일보』는 일본인이 창간한 친일신문으로 현재의 『부산일보』와는 다른 것이다.)

"이번 일은 나 혼자 한 것이고 다른 사람들은 아무런 죄가 없다."

고문을 당하면서도 의사는 단독 거사임을 끝까지 주장하며 친구들을 보호했다. 의사는 부립병원 간호원을 통해 유치장에 갇힌 최천택에게 자신이 모든 책임을 지겠다는 짧은 편지를 붓 대롱에 넣어 전달했다고 한다. 구체적인 실행 계획을 함께 의논했던 최천택이지만 결국은 기소유예로 방면됐다. 최천택은 모진 고문 때문에 풀려날 때도 의식을 잃은 상태였다. 김영주·오택·백용수·김작치·강필문 등도 기소유예로 석방됐다.

하시모토는 이때의 폭탄 거사로 인해 사망했다고 알려져왔지만, 이는 사실과 다르다. 재판 문서에도 하시모토는 '성미한 무상'을 당했다고 나와 있고 박 의사의 죄목은 살인죄가 아니라 살인미수죄였다. 그러나 암살의 목표물을 제거하지 못했다고 해서 그의 공적을 깎아내릴 수는 없을 것이다.

1920년 11월 2일 부산지방법원 법정에서 1차 공판이 열렸다. 일경 10여 명이 경계를 펼치는 가운데 방청객이 꽉 들어찼고 수백 명은 법정 밖에서 재판을 지켜보았다. 경술국치 이후 부산에서 벌어진 가장 큰 항일 사건이었다. 방청석 맨 앞에서는 박 의사의 어머니와 누이동생 박명진이 눈물을 흘리고 있었다.

오전 9시, 의사는 기마 헌병들의 경계 속에 죄수 마차를 타고 법정으로 들어왔다. 폭탄 파편에 다리를 다치고 고문을 당한 의사는 얼굴은 창백하고 몸을 가누지 못할 정도로 고통스러워했다. 간수가 부축해서 겨우 의자에 앉혔다. 일본인 재판장의 신문에 의사는 간신히 대답했다. 검사는 '추호도 용서할 수 없는 건'이라고 사형을 구형했다. 의사의 모친이 대성통곡하면서 의사에게 달려들려 하자 간수가 가로막았다. 방청객들도 눈물을 흘렸다.

11월 6일 열린 선고 공판에서 의사는 무기징역을 선고받았지만 이듬해 2월 14일 열린 복심(항소심)에서는 무기징역 판결이 취소되고 사형을 선고받았다. 그해 3월 31일 경성고등법원 상고심에서 사형이 최종 확정되었다.

박 의사의 재판이 진행중일 때, 의열단의 두번째 거사가 벌어졌다. 의사보다 한 살이 많은 의열단원 최수봉이 1920년 12월 27일 밀양경찰서에 폭탄을 던진 것이다. 의열단의 잇따른 폭탄 투척에 일제는 매우 놀랐다. 파장을 최소화하기 위해 일제는 최수봉 의사의 재판을 매우 신속하게 진행해 다섯 달도 안 된 4월 16일 사형을 확정했다. 최 의사의 사건은 박 의사의 재판에도 영향을 미친 것으로 보인다.

대구감옥으로 면회를 온 최천택에게 박 의사는 "내 뜻을 다 이루었으니 지금 죽어도 아무 한이 없다"고 태연하게 말했다. 사형이 확정된 후인 1921년 5월 5일 최천택은 달걀 꾸러미를 들고 면회하러 갔지만 도로 가져올 수밖에 없었다. 의사가 식음을 거부하고 있었기 때문이다.

"어차피 없어질 목숨일진대 어찌 적의 손에 욕보기를 기다리겠는가. 내 목숨을 내 손으로 끊겠네."

엿새 후인 5월 11일 오전 11시 20분 의사는 12일간의 단식으로 감옥에서 생을 마감했다. 사형 집행 사흘 전이었다. 신문에는 폐병으로 옥사했다고 보도되었다. 일제가 사망 원인을 거짓으로 발표했기 때문이나.

며칠 후 의사의 시신이 부산 고관역에 도착하자 어머니와 친구들, 수많은 시민이 역 앞에 몰려들어 애도했다. 일제는 군중을 해산시키고 장례도 방해하고 간섭했다. 일제의 감시 속에 작은 천막에 차린 빈소에서는 어머니만 하염없이 눈물만 흘렸다. 다음날 공동묘지로 상여가 떠날 때도 어머니만이 지팡이를 짚고 곡을 하며 따라갔다. 장례 후 집으로 찾아간 한 신문기자에게 "행여나 자식이 방면되기만 바라고 있다가 천만뜻밖에 이 시성이 되니 하늘이 무너진 듯합니다"라고 말하며 눈물을 멈추지 못했다는 기록도 있다. 의사의 어머니는 충격으로 눈도 잘 안 보이게 됐고 일제의 감시 속에서 힘겨운 삶을 이어가다 1949년 10월 8일 별세했다고 한다. 의사가 결혼을 하지 않고 죽은 터라 직계 후손이 없고, 제사라도 모시자는 뜻에서 사후에 입적한 양자가 있다고 한다.

순국 100년의 시간이 흐르고

13세 때에 오빠의 죽음을 지켜본 동생 박명진은 어려운 생활 속에서도 어머니의 각별한 보살핌으로 동래여고를 졸업하고 20세가 되던 1929년 경남지역 의병대장 서병희를 도왔던 양산의 만석꾼 김병희·김교상 부자의 장손인 김정훈과 결혼했다. 김정훈·박명진 부부의 손녀인 김경은 씨가 잊힌 박 의사의 업적을 기리고 생애를 재조명하기 위해 오늘도 동분서주하고 있다. 김씨는 "26세의 젊은 나이에 나라를 위해 목숨을 바친 독립운동가인데 업적이 제대로 조명되지 않아 가슴 아프다"고 말했다.(김씨는 친가 쪽인 김병희·김교상 부자에 대한 독립유공자 포상 신청을 해놓고 결과를 기다리고 있다.)

이들 중 한 사람이라도 아는 사람이 있는가. 부산 동구 출신 독립운동가 29인의 항일 활동을 기리고자 만든 '기림벽'. 윗줄 오른쪽에서 첫번째가 박재혁이며 그 아래가 친구인 독립운동가 최천택이다.

박 의사의 묘는 24년 동안 버려져 있다시피 했다. 1946년 2월 28일 의열단장 김원봉이 부산에 와서 제를 올렸고, 1948년 좌천동의 정공단에 합사하고 비석을 세웠으며, 1969년 국립서울현충원으로 무덤이 옮겨졌다. 1962년 정부는 의사에게 건국훈장 독립장을 추서했다.

'부산의 윤봉길' 박 의사가 순국한 지 100년 가까운 시간이 흘렀다. 그동안 의사의 업적을 재조명하기 위한 선양사업들이 진행됐나. 부산 동구청은 '박재혁 거리'와 골목을 지정하고 '부산 동구를 빛낸 독립운동가' 기림벽도 만들었다. 박 의사를 소개하는 교육 책

우리가 버린 독립운동가들

자와 평전도 발행됐다. 박 의사의 모교인 부산상고(현 개성고등학교)와 총동창회는 교정에 흉상을 건립하고 학교 안에 박재혁 의사 특별전시관을 만들어 의사의 숭고한 정신을 되새기고 있다. 박재혁 의사기념사업회 주관으로 기일이 되면 해마다 추모제를 연다.

그런데도 부산에서도 여전히 박 의사를 모르는 사람이 많다. 정부나 지자체의 홍보 부족, 국민들의 독립운동에 대한 무관심을 낫할 수밖에 없다. 부산시가 박 의사 선양사업에 앞장서야 하지만 그렇지 않았다. 동상조차 예산 한 푼 들이지 않고 롯데그룹의 지원으로 건립했고, 그나마도 인적이 드문 부산 성지곡 수원지 맨 안쪽에다 자리했다. 산길을 돌아 찾아간 동상 앞에는 등산객 몇몇이 무심하게 지나치고 있을 뿐이다. 옛 부산경찰서 자리엔 모텔과 상가가 들어서 있는데 의거의 현장임을 알려주는 표지석도 2019년 말에야 세워졌다. 이렇게 독립운동가들을 잊어버리면, 결국 그들을 버리게 되는 꼴이 된다.

생가 복원도 어려운 점이 많다. 의사가 태어난 곳은 범일동 183번지다. 본적은 같은 동 550번지로 나타나기도 하는데, 1919년 거기로 이사해 본적과 주소를 옮긴 것으로 보인다. 현재 '183번지'는 공용주차장이 돼 있고 '550번지'에는 민가가 있다. 이제 생가의 모습은 알 수도 없다.

박재혁 의사의 의거는 의열단원이 최초로 성공한 거사였다는 점 말고도 큰 의의가 있다. 3·1만세운동 이후 위축되어가던 항일운동을 되살리는 불씨 역할을 했다는 것이다. 의사의 첫 거사 성공으로 일제를 응징하는 의거와 무력투쟁이 줄을 이었다. 의열단은 최수봉의 밀양경찰서장 폭탄 투척에 이어, 김익상의 조선총독부 폭탄 투척, 육군 대장 다나카 기이치 암살 기도, 나석주의 동양척식회사 습격 등 혁혁한 공적을 이뤄냈다. 최천택, 오택 등 의사의 친구들도 유지를 이어받아 항일운동에 몸을 바쳤다. 폭탄을 숨겨준 오택은 격문을 배포하고 자금을 모집한 혐의로 붙잡혀 1921년 5월 30일 징역 1년을 선고받고 감옥생활을 했다.

주요 인사를 처단하고 시설을 폭파하는 무력투쟁은 우리 민족에게는 독립의 의미를 북돋고, 일본인들에게는 충격과 경고를 주며, 세계인들에게는 식민통치의 실상을 알린다는 점에서 의미를 찾을 수 있다. 안중근·윤봉길 의사의 의거가 대표적인 사례지만, 그 말고도 많은 투사들의 의거가 있었다. 치안 조직의 핵심인 경찰서장실에 폭탄을 던진 박 의사의 의거는 일본 본토에까지 큰 충격을 줘 일본 신문들은 "일선日鮮 동화를 단념하는 것이 현명하다"라고 썼다. 그것을 테러나 폭력으로 깎아내리는 일각의 주장이 정당성을 찾으려면 우리 민족을 총칼로 탄압한 일제의 폭거부터 정당화해야 할 것이다.

송학선

1897. 2. 19. ~ 1927. 5. 19.

평범한 소시파 민족주의자의 단독 거사

1926년 4월 28일 오후 1시 10분쯤 서울 창덕궁 금호문 앞. 사람 무리 속에서 건장한 청년이 자동차 한 대를 노려보고 있었다. 지붕이 없는 무개차無蓋車에는 일본인 3명이 타고 있었다. 금호문을 빠져나온 자동차는 와룡동 창덕궁경찰서장 관사 쪽으로 갔다가 창덕궁으로 가는 인파에 길이 막혀 다시 돈화문 방향으로 차를 돌려 금호문 쪽으로 서서히 올라오고 있었다. 군중 속에서 누군가 "사이토 총독이다"라고 수군거렸다. 이때 한 청년이 이 차에 뛰어올라 왼손으로 차창을 잡고 날카로운 칼로 가운데 앉은 사람을 찌르려 했다. 왼쪽 사람이 저지하자 그 사람을 공격하고 다시 가운데 사람을 찔렀다. 빠르기가 전광석화와 같았다.

조선 총독을 칼로 공격한 이 청년의 이름은 송학선이다. 인쇄공의 아들로 교육도 잘 받지 못한, 어떤 사상을 가진 것도 아니고 어떤 조직에 가담하지도 않은 평범한 청년이었다.

그러나 송학선이 칼로 찌른 가운데 사람은 불행히도 일본 총독 사이토가 아니었다. 사실 사이토는 그 자리에 없었다. 그가 사이토로 오인하고 처단한 사람은 생김새가 비슷한 일본인민회 이사 사토 도라지로였다. 왼쪽 사람은 국수회 조선본부 이사이자 경성부협의회원인 타카야마 다카유키, 오른쪽은 경성부회 평의원 이케다 조지로였다. 이들은 순종 황제 빈소에 조문하고 나오던 길이었다.

사이토 총독이 누구인가. 수많은 애국지사가 처단 대상으로 지목했던 사이토 마코토齋藤實는 일본 해군 대장 출신으로 3대와 5대 조선 총독을 지내고 1932년 일본 내각 수상까지 오른 인물이다. 3·1운동 직후 취임한 사이토는 겉으로는 문화정책을 표방하면서 헌병경찰제 폐지와 지방자치제 시행 등을 내걸었다. 그러나 이런 정책은 조선인들을 회유하기 위한 눈속임이자 사탕발림이었을 뿐 그의 재임 기간은 물론 그 이후에도 실천되지 않았다. 오히려 더욱 강력하고 악랄한 무단통치로 조선인들을 억눌렀다. 사이토는 취임 직후 64세의 강우규 의사로부터 폭탄을 맞았고 1924년에는 압록강을 순시하다 참의부 독립군들의 공격을 받았지만 번번이 목숨을 건졌다. 송학선의 의거도 결국 실패한 셈이다.(사이토는 훗날 일본에서 극우파 군인들의 쿠데타인 '2·26사건' 때 청년 장교들에게 암살당했다.)

송학선은 사이토를 죽이는 목적을 달성했다고 여기고 재동 쪽으로 달아났다. 근처에 있던 기마 순사 후지와라가 경적을 불며 추격했고 서대문경찰서 조선인 순사 오환필도 달려들었다. 의사는 오환필을 찔러 쓰러뜨리고는 다시 달아났다. 휘문고보(고등보통학교) 교문 앞 골목까지 달아나자 말을 탄 순사까지 경찰 수십 명이 추격했다.

의사는 다시 샛길로 피해 가다 따라오는 순사 한 명을 칼로 쳐 쓰러뜨리고 계속 저항하다 결국 머리에 상처를 입고 일경들에게 붙들리고 말았다. 의사는 구경하던 학생들에게 "만세를 불러라, 만세를 불러"라고 소리쳤다.

송학선 의사가 거사를 일으킨 날은 순종 황제가 굴욕적인 삶을 이어가다 승하한 지 이틀 후로 백성들이 비탄에 빠졌을 때였다. 순종의 승하는 백성들에게 망국의 슬픔을 다시금 느끼게 했고, 전국 곳곳에서 사람들은 머리를 풀고 엎드려 궁성을 향해 망곡望哭했다. 서울 사람들은 창덕궁 앞으로 몰려가 통곡했다. 일제는 3·1운동과 같은 민족적 운동이 다시 일어날까봐 삼엄한 경계를 펴고 있었다. 4월 27일부터 서울 시내의 경비를 강화하기 인천·파주·수원·개성 등의 경찰까지 출동시켰다. 돈화문 앞에는 임시 경비사령부를 설치한 뒤 기마경찰과 헌병까지 배치했다. 그다음날인 28일에는 경찰 교습생까지 동원하는 등 비상경계 태세에 들어가 있었다.

일제는 송 의사 의거 직후 보도를 통제해 5일 후에야 언론을 통해 의거가 세간에 알려지게 되었다. 다카야마는 사망했고, 총독으로 오인됐던 사토는 중상을 입었다. 육탄전을 벌이는 과정에서 의사의 칼을 맞은 순사 오환필은 사망했고 일본인 기마경찰 1명도 다쳤다.

송학선: 평범한 소신파 민족주의자의 단독 거사

당시 창덕궁 금호문 앞 사건 현장. 금호문은 궁중 벼슬아치들이 드나들던 작은 문이었다.

송 의사의 의거는 '금호문金虎門 사건'이라 이름 붙여졌다. 비록 오인으로 실패했지만 순수한 청년의 단독 의거는 식민지 조선에 엄청난 반향을 불러일으켰다. 3·1운동 이후 일제의 문화정치 전략에 항일 분위기와 독립운동은 소강상태에 빠져 있었던 터에 의사의 의거는 민족의식을 다시 환기했고 6·10만세운동을 일으키는 자극제가 되었다.

우리는 지도적 위치에 있던 독립운동가의 이름 몇몇만을 대표적으로 기억하지만, 사실 이름 석 자도 남기지 못한 채 스러져간 이 땅의 수많은 청년들이 더 많다. 그리고 그들 대부분은 송학선처럼 학식이 깊지도 않고 귀한 집안의 자식도 아닌 필부필부匹夫匹婦였을 것이다. 그런 면에서 송학선의 이야기는 그 시대에 평범한 보통 사람이 어떻게 일제에 맞서 싸우게 됐는지를 보여주는 사례라 하겠다.

안중근을 본받아

송 의사는 1897년 2월 19일 서울 천연동에서 태어났다. 아명은 인수仁壽인데, 학선學善이라는 이름은 학문을 열심히 닦고 착하게 살라는 뜻에서 붙였다고 한다.(학선學先이라고 쓰기도 했다.) 아우들

의 이름도 장남인 의사를 따라 '또학선又學善'과 '삼학선三學善'이라
했다.

의사가 보통학교 1학년에 다닐 때 아버지의 사업 파산으로 가족
이 뿔뿔이 흩어졌다고 한다. 아버지가 전라도로 연근 장사를 하러
떠나 의사도 이집 저집 다니며 떠돌이 생활을 하는 등 몇 년 동안
힘든 생계를 이어가야 했다. 의사가 16세 때 상사를 하러 갔던 아버
지가 돌아와 만리동에 있던 조선인쇄소에 취직하면서 가족이 다시
모여 살 수 있었다.

19세가 됐을 때 의사는 서울 남대문에 있는 농구農具 회사에 취
직했다. 일본인 토다가 경영하는 이 회사는 시골 정미소에 발동기
를 파는 회사였다. 발동기 운전과 수리기술을 배웠다. 그리고 동생
'삼학선'도 같은 회사에 다녔다. 그러면서 집안 살림이 조금씩 나아
졌고, 1922년 2월 애오개(아현) 마루턱 북아현동에 오막살이 같은
작은 집을 마련해 이사했다. 그러나 의사는 회사를 그만두게 되었
다. 급성 각기병에 걸렸기 때문이었는데 치료를 한 끝에 1925년 봄
에야 완쾌했다.

송 의사는 고등교육을 받지는 못했지만, 외유내강의 강직한 성
품을 지닌 사람이었다고 한다. 의사의 성품과 자질에 대해 송상도
의 『기려수필*騎驢隨筆』에는 "어려서부터 성품이 과묵하여 일생을

---

*　유학자이자 독립운동가였던 송상도의 책으로, 순국한 애국지사들의 행적을 기록했
다. 1910년부터 1945년 광복 때까지 35년간 전국을 돌아다니며 그들의 유가족과 친지
등을 만나 증언을 채록하고, 신문기사 등의 자료를 모아 1946년 12월 5권의 『기려수필』
을 완성했다.

두고 남과 언쟁을 하지 않았다. 밖에 출입하는 것을 좋아하지 않아 항상 청결함을 좋아하였다"고 적혀 있다. 거사 직후 어머니는 의사의 성격에 대해 "성질이 본래 정직하고 청결한 것을 좋아해서 평소에 음식을 먹어도 깨끗한 것만 좋아했다"고 기자들에게 말했다. 동생인 삼학선도 훗날 "청결한 것을 몹시 좋아하는 결벽증이 있었던 모양으로 늘 몸을 깨끗이 가꾸었으며 하루에도 발을 두세 번씩 씻었다"고 말하기도 했다. 이는 의사의 고결한 성품, 더럽고 의롭지 못한 일을 참지 못하는 성격의 또 다른 표현이었을 것이다.

의사가 반일 감정을 느낀 것은 어렸을 때부터였다고 한다. 어느날 진고개에 놀러 갔다가 우연히 안중근 의사의 사진을 보았고 본받아야 하겠다는 생각을 마음속에 품었다. 일본인 회사에 다니며 차별을 받았고, 병으로 강제 해고당하면서 그런 의식이 더 강해졌을 것이다. 그 후 안 의사가 이토 히로부미를 죽였듯이 조선 총독을 혼자 힘으로 처단하겠다는 결심을 굳히게 된 것으로 보인다.

의사는 암살을 차근차근 준비했다. 사이토 총독의 사진을 보고 생김새를 머리에 담아 두었다. 틈만 나면 집 뒷산에 올라 칼 꽂는 연습을 했다. 막내아우 송삼학선 씨는 월간지를 통해 이렇게 회고한 바 있다. "형님은 평소에 남한테 싫은 얘기 한마디 않고 지내던 양순한 사람이다. 내가 놀란 것은 형님이 날카로운 비수를 꼬나 쥐고 나무 앞에서 찌르는 연습을 하는 일이었다. 나는 무슨 짓이냐고 물었나. 그럴 때마다 형님은 그저 빙긋이 웃기만 했다. 형님의 칼 쓰는 솜씨는 놀라울 정도로 날카로웠다."

칼은 미장이 일을 하고 있을 때 집수리를 하던 경성사진관 부엌에서 주운 것이었다. 서양식 고급 과도로, 손잡이가 동물의 흰 뼈로 되어 있고 길이가 약 15㎝쯤 되었다. 의사는 "하늘이 주신 것"이라고 기뻐하며 예리하게 갈아놓았다. 그러다 기회가 찾아왔다.

송학선은 몸이 나은 뒤에는 먹고살기 위해 장사를 해야 했는데, 때마침 꽃동산에서 사신제내회가 열려 거기서 빌삼과 일름을 팔 요량이었다. 그러나 밑천이 없어 어머니에게 돈을 구해 달라고 부탁했고, 어머니는 전당포에 옷가지를 잡혀 3원을 주었다. 그것을 밑천으로 장사에 쓸 물건을 구입해 장충단으로 갔다.

그런데 그날이 바로 순종이 붕어한 날인 1926년 4월 26일이었다. 순종의 승하 소식에 슬픔에 잠긴 것도 잠시, 의사의 머리에 번뜩 생각이 떠올랐다. "사이토가 순종 임금의 빈소에 반드시 나타날 것이다."

장사를 하던 의사는 물건을 팽개치고 집으로 돌아와 저고리를 벗고 셔츠와 양복으로 갈아입고는 창덕궁으로 달려갔다. 순종의 빈소는 창덕궁에 마련되었고 빈소 출입문은 창덕궁의 서남문인 금호문이었다. 돈화문과 금호문 앞에는 많은 사람들이 나와서 궁궐을 향해 엎드리고는 곡을 하거나 애도하고 있었다. 의사도 절을 올리고는 부복俯伏했다. 그런 다음 출입문 쪽을 살펴보았지만 사이토로 보이는 인물은 없었다.

의사는 둘째날도 같은 옷차림으로 금호문 앞으로 가서 사이토의 얼굴을 머릿속에 떠올리며 자동차를 타고 드나드는 사람들을

송학선: 평범한 소신파 민족주의자의 단독 거사

뚫어지게 바라보았다. 그러나 이날도 사이토는 나타나지 않았다. 아들이 양복을 입고 나가는 모습을 본 어머니는 도대체 무슨 일인지 의아할 수밖에 없었다. 그리고 드디어 셋째날에 사이토를 닮은 사람이 마침내 출현하자 사이토라 확신하고 거사를 실행한 것이다. 의사는 자신의 칼에 사이토가 죽어 거사가 성공한 줄로 알고 기뻐했다.

경찰은 의사를 조사하는 과정에서 애초부터 사이토 총독을 노린 사건임을 알고는 아연실색했다. 조사를 맡은 종로경찰서장이 "타카야마와 사토를 무엇 때문에 살상하였느냐?"고 하자, 송학선은 자신이 처단한 자가 사이토 총독이 아니고 타카야마냐고 반문했다. 그러고는 총독을 죽이지 못한 것을 알고 몹시 낙망했다.

얼마나 많은 무명의 독립운동가가 있을까

의사는 살인 및 상해죄로 기소됐다. 7월 15일 제1회 공판이 경성지방법원 제7호 법정에서 열렸다. 방청객이 구름같이 모여들어 법정 밖까지 사람들로 넘쳐났다. 법정에는 경성법학전문학교와 법정학교 학생들도 견학을 와 방청했다.

일본인 판사가 "피고는 어떤 주의자主義者인가 사상가인가?"라고 물었을 때 송 의사는 이렇게 말했다. "나는 주의자도 사상가도 아니다. 다만, 우리나라를 강탈하고 우리 민족을 압박하는 놈들은 백번 죽여도 마땅하다는 생각은 늘 품고 있다. 그러나 총독을 못 죽인 것이 저승에 가서도 한이 되겠다." 그는 많이 배운 사람이 아니

1926년 7월 15일 첫 공판이 열렸을 때 법정에 선 송학선 의사. 방청객 500여 명이 당당한 태도로 진술하는 의사를 지켜봤다.

었고 아무런 배후나 도와준 사람이 없이 홀로 사이토를 죽이려 한 소신파 민족주의자였다.

　의사는 재판장 앞에서 조금도 굴하지 않고 꼿꼿한 태도로 진술했다. 일제는 의사의 의거를 궁박한 생활을 못 이긴 강도질로 깎아내리려 했다. 재판장이 강도질을 하려고 칼을 주워다 둔 것 아니냐고 묻자 송 의사는 "총독을 암살할 목적으로 가지고 왔었소. 내가 밥을 굶소? 왜 강도질을 하겠소?"라고 당당하게 답했다.

　무료로 변론을 맡았던 이인 변호사는 "의사의 얼굴에는 의연한 태도, 긍지가 보였다. 조국을 위해서 할 일을 했다는 말뿐이었다"고 회고했다. 일제는 처음에 중국에서 온 독립단원일 것으로 추측하고 배후를 캐려고 했지만, 그의 배후에는 아무도 없었다. 의사의 부모도 전혀 눈치 채지 못한 일이었으니 말이다. 일본인인 마쓰모토 변호사는 "순사들을 살상한 것은 정당방위로 볼 수 있고, 타카야마와 사토 등을 사살한 것은 상해치사 또는 상해로 볼 수 있다"며 박열 의사의 예를 들며 무기 혹은 유기징역이 마땅하다고 변론했다.

그러나 사형선고를 피할 순 없었다. 1심에 이어 2심에서도 판결은 사형이었다. 북아현동 집에서 서대문형무소를 오가며 옥바라지를 하던 모친과 동생, 방청객들도 눈물을 흘렸지만 의사는 허를 차듯 "나를 사형에 처해요?"라고 담담하게 말했다.

가족들은 상고했지만 기각당해 사형이 확정됐다. 1927년 5월 19일 오후, 비밀리에 사형이 집행됐다. 의사는 교수대에 오를 때도 태연했다. 체포된 지 1년 만에 송 의사는 30세의 젊은 나이에 사형대의 이슬로 사라졌다. 몸져누운 모친에게는 사형 소식을 알리지 않았다.

사후 90여 년이 지난 지금, 창덕궁 금호문으로 관광객들이 무심히 드나들고 있지만, 의사를 기억하는 사람은 거의 없다. 의거터 표지석도 주변 공사로 어디에 치워버렸는지 찾을 수 없다. 북아현동 의사의 집이 있던 곳에는 현재 5층짜리 다세대주택이 들어서 있다. 의사의 집터라는 표식도 없다. 사후 가족들은 의사의 시신을 대현 화장터에서 화장하여 유골을 근처 산에 가매장했다가 반년 후 봉원사에 안치했다고 한다. 국립서울현충원에 묘소가 있지만, 유골이 없는 허묘다.

송 의사는 결혼하지 않아 밑께 후손이 없다. 1962년 정부는 의사에게 건국훈장 독립장을 추서했지만, 동생들과 그 후손들의 행방도 찾지 못하고 있다. 기념사업이나 추도 행사 하나 없이 의사의 존재는 잊혀갔다.

국가의 무관심과 후손의 부재 속에 늦게나마 잊힌 의사의 충혼을 기리자는 움직임이 일고 있다. 2003년 '송학선의사기념사업회'가 결성됐고 송주섭(1931년생) 씨가 지금까지 회장을 맡고 있다. 송주섭 회장은 송학선 의사와 직접적인 관련은 없다. 송학선 의사가 은진 송씨인데 송주섭 회장은 근원이 같은 여산 송씨 종중 대표라는 인연뿐이다. 은진 송씨 문중에서는 어떤 이유에선지 송 의사 선양사업에 관심을 보이지 않고 있다고 한다. 송 회장은 사재를 털어 기념사업회를 이끌고 있다. 김정배 전 고려대 총장이 명예회장, 송정호 전 법무부 장관이 법률고문을 맡아 송주섭 씨를 돕고 있다.

사업회는 서울 세검정 상명대 아래에 기념관과 동상을 세울 부지 660여m²를 마련했고 여건이 조성되는 대로 착공할 계획이라며 이미 만들어놓은 조감도를 보여주었다. 시가 6억 원가량의 부지는 송 회장이 개인 땅을 기부한 것이며, 사업비 10억여 원도 송 회장 개인 토지를 처분해 충당할 계획이라고 한다. 송 회장은 "정부에서 한 푼도 받은 적이 없다. 안중근·김구 선생 같은 분만 지원하려 하지 송 의사 같은 분에 관해서는 관심이 없다"며 서운한 표정을 감추지 못했다.

독립운동가 공훈록에 이름을 올린, 그러니까 훈·포장을 받은 독립운동가는 2020년 6월 현재 1만5931명이다. 이들 가운데 우리가 이름이라도 기억하는 사람은 극히 일부에 지나지 않을 것이다. 더

　　　　　　　　송학선: 평범한 소신파 민족주의자의 단독 거사

욱이 독립운동에 참여한 이들이 어찌 공훈록에 들어 있는 이들이 전부일까. 그보다 열배, 백배나 되는 독립운동가들이 있었을 것이다. 수없이 많은 독립운동가들이 존재를 알리지 못하고 사라지고 있다. 잊혀가는 독립운동가들을 발굴하고 덜 알려진 사람들을 널리 알리고, 알아가는 일이 시급하다.

박용만
1881. 8. 26. ~ 1928. 10. 16.

소년병학교 세운 독립운동의 비주류

　미국에서 독립운동을 한 주요 인물을 3명만 꼽으라면 안창호, 이승만, 그리고 박용만이다. 박용만朴容萬은 두 사람에 못지않은 독립운동의 거목이면서도 둘에 비하면 거의 알려지지 않았다. 박용만은 미국에서 한인소년병학교를 설립해 한인 유학생이나 이민 온 청소년들에게 군사교육을 시켰다. 비록 6년 만에 중단됐지만 군사학교를 세워(그것도 먼 이국땅에서) 일제와 맞설 수 있는 실질적인 전투력을 기르는 것은 어느 독립운동가도 실행하지 못한 전략이었다. 한편으로는 미국에만 머무르지 않고 중국 상하이와 만주를 오가며 독립운동의 새로운 길을 끊임없이 모색했고 『신한민보』 등 재미 한인 언론의 주필로서 일제를 규탄하는 날카로운 필봉을 휘둘렀다.

　그럼에도 왜 박용만의 업적은 잘 알려져 있지 않을까. 크게는 이승만과의 알력, 독립운동의 노선 갈등, 만년의 석연찮은 행적 등을 이유로 들 수 있다. 하나씩 설명하면 박용만은 하와이 교민사회의 실권 장악을 놓고 이승만과 대립한, 이승만의 정적政敵이었다. 그래서 이승만 정권 아래에서는 박용만의 이름을 거론할 수도 없었고 그런 분위기는 1990년 중반까지 이어졌다. 또 박용만은 둔전병屯田兵제*에 기반을 둔 무력투쟁주의자로서 상하이 임시정부와도 대립한 비주류이기도 했다. 방략의 측면에서 박용만은 계몽운동기인 안창호나 외교전략주의자인 이승만과는 차이를 보였다. 거기에 더해 말년에 국내로 들어와 일제와 접촉했다는 의혹은 박용만을 독립운동사에서 소외시키는 결과를 낳았다.

그렇지만 박용만은 우리가 잊어서는 안 될 혁혁한 업적의 독립운동가였으며, 특히 그의 행적을 살폈을 때 일제와의 관계 의혹은 부당한 것이다. 소외된 독립운동가 박용만을 재조명하는 이유다.

재미 교민 독립운동의 중심

우성又醒 박용만은 1881년 8월 26일 강원 철원 중리에서 태어났다. 그는 10살 터울의 숙부 박희병과 가깝게 지냈는데, 박희병이 1895년 일본으로 유학하러 갈 때 박용만도 따라가 게이오의숙慶應義塾에서 2년간 정치학을 공부했다. 박용만은 갑신정변에 실패하고 일본으로 망명와 있던 박영효와 사귀었고, 그의 활빈당에 가입하기도 했다. 이 일로 인해 1901년 귀국했을 체포돼 첫번째 감옥살이를

---

* 평상시에 병사들에게 토지를 경작하게 해서 군량 등을 마련하고, 유사시 전투에 투입시키는 군사제도.

했다. 출옥 후에는 보안회輔安會에 가입해 일제의 황무지 개발권 요구에 반대하다 두번째로 옥살이를 했다. 이때 박용만은 감옥에서 정순만*과 이승만을 만나 의형제를 맺는다. 세 사람은 '삼만'이라고 불렸다.

을사늑약이 체결된 1905년 박용만은 상동청년회의 지원으로 노비 유학길에 올랐다. 정순만과 이승만의 아들도 데리고 배를 탔고, 박용만이 교사로 일한 평남 순천 시무학교 제자인 유일한·정한경·이종희·이관수 등도 뒤이어 박희병의 인솔로 미국에 도착했다. 박용만은 이국땅에서 독립군을 양성하겠다는 원대한 꿈을 품고 있었다.

1905년 2월 샌프란시스코에 도착한 박용만은 반년 동안 캘리포니아주 일대에서 머물다가 미국 북중부에 있는 네브래스카주로 거주지를 옮겼다. 숙부 박희병이 국내에 있던 네브래스카주 출신 선교사들의 소개로 유니온 퍼시픽 철도회사의 추천서를 받아온 데다 웨즐리언대학에 입학할 수 있다는 정보를 들었기 때문이었다.

박용만은 네브래스카주 커니에 정착해 그곳 한인 소년들을 학교에 입학시키고 미국 가정에 집안일을 하는 대신 숙식을 제공받는 이른바 '스쿨보이'로 받아 달라고 요청하여 생활을 해결해주었으며, 성인들은 철도 공사장에 취직시켜주기도 했다. 당시 미국 서

---

* 미국과 만주, 연해주 등지에서 활약한 독립운동가로, 안창호 등과 함께 비밀결사인 신민회를 조직하고, 네덜란드 헤이그에 파견되는 밀사의 여비를 모금하여 전달하기도 했다.

부에 있던 한인들은 유학을 온 학생도 있었지만 대부분 하와이 이민자의 2세들이었다. 박용만은 1906년 이웃 콜로라도주 덴버로 옮겨 일자리 소개소와 여관을 운영하면서 300여 명의 한인을 취직시키고 유학생회를 조직하는 등 한인사회를 결집시키는 데 큰 역할을 했다.

몸은 조국에서 멀리 떠나 있었지만 재미 한인들의 독립에 대한 열망은 국내 동포들과 다르지 않았다. 박용만은 그 구심점 역할을 맡았다. 일제가 조선 침략의 야욕을 키워나가자 박용만은 서둘러 독립운동의 조직화와 무장투쟁을 준비해 나갔다. 본국이나 중국에서도 항일운동이 조직적으로 전개되기 전이었다.

1908년 1월 1일 박용만은 덴버에서 한인 지도자들과 회의를 열고는 애국동지대표회를 개최하기로 의결했다. 러시아와 하와이에도 대표 파견을 요청했다. 그해 3월 23일 있었던 장인환·전명운 의사의 스티븐스 처단*은 한인들의 단결을 가속하는 계기가 되었다.

1908년 7월 11일 세계 각 지역 한인 대표들이 참석한 가운데 '대한인애국동지대표자회의'가 총 4일간의 일정으로 덴버에서 막을 올렸다. 마침 덴버에서는 미국 민주당 대선 후보 선출대회가 개최돼 한인대회가 미국 사회의 주목을 받게 되었다. 이 회의에서는 독립운동 통일 기관 설립을 추진하고 각 지역의 연락망을 갖추자고

---

* 미국의 외교관으로 일본 외무성에 고용되었다가 한국 정부의 외교 고문이 되어 일본의 조선 식민화 정책에 많은 도움을 주었다. 미국에 놀아가 기자회견에서 "한국이 일본의 보호정치를 찬양하고 있다"고 말해 교민들의 분노를 샀고, 교민들은 뜻을 모아 그를 처단했다.

의결하기도 했지만, 무엇보다도 박용만이 주창한 대로 둔전병제에 바탕을 둔 군사교육기관 설립안을 통과시킨 것이 가장 큰 성과였다.

이에 따라 1909년 6월 주 정부의 인가를 받아 '한인소년병학교'가 네브래스카주 커니에서 출범했다. 먼저 학생들이 일을 하고 기숙발 농상을 마련하고서 미국인이 사용하던 헌 총기를 사들였다. 첫해 입학생은 13명이었는데 조국에서 함께 건너간 소년들이 중심이었고 하와이 노동 이민자의 자녀도 있었다. 유일한·정한경·구영숙·박처후 등 대부분 10대 소년들이었지만 나이 쉰을 넘긴 조진찬도 자식뻘의 소년들과 동기생이 되었다.(조진찬의 막내며느리가 '학교 종이 땡땡땡'으로 시작하는 동요 〈학교 종〉을 작곡한 김매리다.)

미래의 독립군을 키우다

이듬해 학교는 헤이스팅스로 옮겼다. 커니에서 20㎞가량 떨어진 장로교 계통 헤이스팅스대학이 소식을 듣고 학교 건물과 땅을 빌려주고 침상과 책상, 심지어 숟가락까지 무상으로 제공해주기로 하는 등 적극적인 지원 의사를 밝혀왔기 때문이었다. 1910년 6월 소년병학교 개학식이 헤이스팅스대학 교정에서 열렸다. 전년의 두 배인 26명이 소년병학교 학생으로 입학했다. 군복을 입은 학생들은 태극기를 게양하고 '받들어 총'을 자세를 취하며 자주독립의 의지를 다졌다. 그러나 결국 망국의 시간이 다가와 두 달 후 조국은 일제의 손아귀에 완전히 넘어가고 말았다.

1910년 소년병학교 군복을 입은 박용만.

재학생이 늘어나자 박용만은 한인들이 많이 사는 서부를 돌며 재정 지원을 요청하며 모금운동에 나섰다. 당시 미국 본토에는 약 1000여 명의 한인이 살고 있었다. 박용만은 총 16자루와 600달러를 기증받아 돌아와 그 돈으로 군복과 야구 유니폼을 구입하고 교사들의 급료도 지불했다.

그런데 8월 22일 프린스턴 대학에서 박사학위를 받은 이승만이 헤이스팅스를 방문했다. 이승만은 기도회를 열고서는 장인환·전명운·안중근이 형법상 살인범들이고 조국의 명예를 훼손했다고 비난했다. 또한, 박용만이 일본과 군사력으로 싸운다는 것은 망상이라며 박용만의 독립 방략과 소년병학교 운영을 비판했다.

이승만은 언론 인터뷰에서 일본 제국주의를 기정사실로 받아들이는 이런 말도 했다. "한국은 사실상 일본의 영토가 된 지 오래였고 한국에 황제가 있다고 하나 허수아비일 뿐 모든 중요한 결정은 통감부에서 내렸다." 박용만과 이승만 사이에 독립에 대한 입장차가 나타나기 시작한 것이다.

학생들은 군사훈련과 학업, 노동을 병행했다. 학생들이 공부하는 동안 박용만 자신도 1908년부터 네브래스카 주립대학에서 군사학과 정치학을 공부하고 졸업했다. 박용만은 1911년 「소년병학교 학생의 생활」이라는 글에서 다음과 같이 썼다.

> 학생들은 아침 6시에 기상나팔을 불면 일제히 일어나 아침을 먹은 후 농장에 나가 한 시간에 20전이나 25전을 받고 일하고 12시 15분에 회식 나팔을 불면 일제히 모여 점심을 먹는다. 점심 후 한 시간은 운동이나 놀이를 하고 그 후에는 두 시간 동안 공부를 한 뒤 군복을 입고 조련을 연습하며 6시에 저녁을 먹고 공치기, 달리기, 씨름, 총쏘기 등을 하며 밤에도 복습을 하다가 소등나팔을 불면 취침한다.

학생들의 일과가 매우 빡빡한 것을 알 수 있다. 학생들이 배우는 과목은 국어·영어·한문·일어·수학·역사·지리·과학·성서·군사학 등이었다. 소년병학교가 학생들에게 폭넓은 교과뿐만 아니라 독립정신과 민족의식 교육도 했음을 알 수 있다. 미국인들은 소년병학교를 '한국의 웨스트포인트'라고 불렀다. 소년병학교는 독립군 장교를 양성하는 사관학교였던 셈이다. 실제로 졸업생들은 만주와 연해주에 파견되기도 했다. 소년병학교는 2년 후 만주에서 문을 연 신흥무관학교에 교재를 보내주는 등 독립군 양성에 큰 영향을 미쳤다.

박용만은 재미한인단체인 국민회 기관지 『신한민보』 주필로 초청받아 1911년 2월 샌프란시스코로 갔다. 스스로 대학공부도 하며 소년병학교도 운영하느라 바쁜 와중에서도 주필직을 수락할 수밖에 없었던 것은 일제가 조국을 침탈한 직후라 국외에서도 독립운동의 방향을 제시해서 여론을 결집할 필요가 있었기 때문이다. 박용만은 논설을 통해 헌법을 제정하고 해외 자치정부인 가정부假政府, 즉 임시정부를 만들어야 한다고 주장했다.

그런데 박용만이 심혈을 기울인 소년병학교는 1914년 6기 생도를 받고 폐교의 운명을 맞았다. 박용만의 부재不在와 지도교사들의 이탈 등이 원인이기도 했지만 가장 큰 이유는 일본의 방해였다. 일본이 미국 정부에 거세게 항의하자 압박을 받은 헤이스팅스대학이 지원을 끊은 것이다. 이렇게 소년병학교는 끝이 났지만, 그 성과는 계속 이어졌다. 그간 6년 동안 소년병학교에는 170여 명이 입학해 40여 명이 졸업했다. 이들은 미국 각지의 대학에 진학하고 공부를 계속해 큰 재목으로 성장했다. 독립운동에 투신하기도 했고 학계에도 진출했다. 훗날 유일한은 유한양행을 창립했고, 구영숙은 광복 후 초대 보건사회부 장관에 오르기도 했다.

당시 박용만은 다른 곳에서도 부름을 받고 있었다. 바로 미국에서 가장 많은 5000여 명의 한인들이 살던 하와이였다. 하와이의 한인들은 지도자를 필요로 했다. 1912년 12월 6일 하와이 호놀룰루에 성대한 환영 속에 도착한 박용만은 한인 자치제도 확립부터 서둘렀다. 자치 규정을 개정해 삼권분립 체제를 갖추고 하와이 시정부로부터 한인들의 하와이지방총회를 자치기관으로 인정받고

1914년 6월 10일 독립군 양성 부대인 국민군단 요원들이 하와이 아후마누 농장에서 훈련 도중 휴식하는 모습.(국사편찬위원회 제공)

특별경찰권까지 얻어냈다.

또 교민들로부터 1년에 1인당 5달러씩 국민의무금을 받아 재정을 확보했다. 무력투쟁의 꿈을 버리지 않은 박용만은 넉넉한 재원으로 독립전쟁을 수행할 군사력을 하와이에서 키울 계획을 실행에 옮겼다. 바로 군대와 사관학교의 창설이었다. 1914년 6월 오아후섬 카훌루에서 대조선국민군단과 사관학교가 닻을 올렸다. 박종수와 안원규 등 하와이 교민들은 농장을 기부하는 등 적극적으로 지원했다. 국민군단은 농장에서 파인애플을 재배하며 300여 명의 군인을 훈련시켰는데 소년병학교 때와 같은 둔전병제였다. 하와이 사관학교는 헤이스팅스 소년병학교의 교과 과정을 발전시켜 생도들을 교육시켰다.

대립과 분열, 그리고 죽음

박용만의 뜻대로 교민사회가 안정되어갈 무렵 이승만과의 알력이 불거지기 시작했다. 박용만은 1913년 2월 마땅한 소속이 없던 의형 이승만을 하와이로 초청했다. 두 사람이 앙숙이 되는 시발점이었다. 이승만은 한인중앙학원을 운영하고 『태평양잡지』를 발간하면서 한인사회의 한 축을 상악하게 됐나.

무장론의 박용만계와 외교론의 이승만계로 교민들은 분열됐지만 박용만계가 월등하게 우세했다. 1914년 12월 치러진 하와이지방총회 선거는 박용만계의 압도적인 승리로 끝이 났다. 이승만은 박용만이 이끄는 교민단체인 국민회의 재정 지원을 받지 못해 불만이 많았다. 이윽고 행동에 나선 그는 국민회 개혁을 주장하는 성명을 발표하고 자신의 세력을 키워나갔다. 이승만은 나중에 무죄 판결이 난 박용만계 총회장 김종학의 공금 횡령 사건을 빌미로 판세를 뒤집으려 했다. 박용만 지지파에게 테러를 가하는 일도 있었다. 그러면서 김종학이 자살을 기도하기도 했다.

그런 과정을 거쳐 이승만은 국민회 임원을 자신의 지지자들로 채우고 하와이 한인사회를 완전히 장악했다. 한인사회의 분열을 보다 못해 안창호가 중재에 나서 하와이로 출발하자, 이승만은 "나는 철학박사이지만 지금 '말 박사'가 오는 터이니 부디 조심하십시오"라고 말하고는 숨어버렸다. 안창호는 넉 달 동안 이승만을 만나려 했지만 실패하고 분노로 돌아갔다.

일제는 한인사회의 분열을 틈타 1915년 미국에 한인들의 활동

내용이 불순하다며 항의했다. 연방정부가 박용만과 한인들의 무기 소유 문제 등에 대한 조사에 나서자 주 정부는 특별경찰권 등 한인 자치권을 박탈했다. 결국 대조선국민군단은 1917년쯤 문을 닫고 말았다. 그런 와중에 이승만은 국민회 조직과 재정의 사유화를 시도했고 법정 싸움으로 이어졌다. 1918년 2월 재판에서 이승만은 "박용만이 위험한 배일 행동으로 일본 군함인 이즈모호가 호놀룰루에 도착하면 파괴하려 한다"며 음해 공작까지 감행했다. 이 때문에 법정에 서는 수모를 겪은 박용만은 이승만과 완전히 절연하기에 이른다.

1919년 3·1운동이 일어나기 1주일 전 박용만은 곧 만세운동이 일어날 것이라는 편지를 한 통 받았다. 1919년 3월 3일 박용만은 새로이 대조선독립단 하와이지부를 조직했고 '무오독립선언서*'를 호놀룰루 신문에 게재했다.

4월 13일 대한민국 임시정부가 상하이에서 조직되고 박용만은 외무총장에 임명됐다. 하지만 무력투쟁을 주장하는 박용만에게 외무총장은 맞지 않았다. 박용만은 상하이로 부임하지 않고 신채호·신숙 등 임정 대통령 이승만의 외교노선에 반대하는 인사들과 군사통일촉성회를 결성했다. 그러면서 박용만은 외무총장직에서 면직됐다. 이후에는 러시아 블라디보스토크로 건너가 대한국민군을 조직하는 등 상하이 임시정부와 완전히 결별해버렸다. 1921년

---

* 1918년 무오년에 해외에서 활동하는 독립운동가 39명의 명의로 발표된 독립선언서.

에는 국내외 10개 독립운동단체를 규합해 베이징에서 군사통일회의를 개최했고, 이듬해 1922년 11월 흥화은행을 창립했다. 은행을 경영해 벌어들인 군자금으로 독립운동 기지를 건설하겠다는 생각이었다.

무장투쟁의 길을 계속 걸어가던 박용만은 1928년 10월 17일 뜻밖의 죽음을 맞이한다. 베이징에서 의열단원 이해명이 쏜 총에 절명한 것이다. 47세의 아까운 나이였다. 보도에는 이해명이 박용만에게 독립운동 자금 1000원을 요구하다 언쟁을 벌였다고 했지만 의열단은 박용만이 변절자라 총살했다고 주장했다.

박용만의 죽음에는 복잡한 배경이 있다. 앞서 1923~1924년 박용만은 두 번에 걸쳐 국내에 들어왔는데, 이 과정이 그의 변절 논란을 불렀다. 당시 박용만은 일본 총독부의 누군가를 만나고 베이징 일본영사관 통역관 가토의 도움을 얻어 블라디보스토크로 가 창조파의 '국민위원회' 비서장에 임명됐다. 그러나 국민위원회를 배후에서 조종하던 국제공산당이 박용만에게 항일투쟁에 앞서 공산주의 제도를 확립하라고 요구해 박용만은 받아들이지 않고 베이징으로 돌아왔다. 이후 박용만은 러시아에 대한 대응책으로 일본 측에 "일본은 차라리 조선인민을 지휘하고 출동하여 러시아를 정벌하라"고 건의했다고 한다. 이를 보면 박용만은 공산주의를 제국주의보다 더 위험한 것으로 생각하여 러시아의 남하를 막기 위해 일제를 이용하려 했던 것 같다.

어쨌거나 일제와 접촉해 그들을 이용하려 했으니 박용만은 과

연 변절자일까. 그렇지 않다. 1924년 이후 행적을 봐도 일제를 적으로 보고 독립을 이루려 한 박용만의 생각과 행동은 변함이 없었다. 1925년 박용만은 6년 만에 하와이로 가서 1년 가까이 머무르며 1만 달러의 독립군 기지 개척자금을 모금했다. 1926년 6월 베이징으로 돌아와 지금의 베이징역 근처 땅을 사들여 대륙농간공사를 설립하고 수선水田과 성미소를 경영했다. 독립운동 근거지를 마련하고 독립군 양성 자금을 마련할 목적이었다.

시간이 흘러 한국 정부도 박용만의 죽음이 오해에서 비롯된 것으로 결론짓고 1995년 국민훈장 대통령장을 추서했다. 박용만에게는 딸 하나와 외손녀가 있었는데 딸은 중국에서 사망하고 외손녀도 일본으로 건너간 뒤 소식이 끊겼다. 중국 부인 웅씨 사이에서 낳은 아들도 행방불명됐다고 한다.

박용만은 둔전병제에 입각한 무력투쟁을 주창했으며 그의 계획은 소년병학교와 하와이 국민군단으로 실행에 옮겨졌다. 비록 최종적인 성공을 거두지는 못했지만, 독립운동사에서 그가 남긴 발자취는 거대하다. 그럼에도 이승만과의 대립과 친일 논란으로 박용만의 업적은 오랫동안 알려지지 못하고 파묻혀 있었다. 독립운동가들 사이의 갈등과 분열은 독립운동의 구심점을 잃게 하고 결국 독립운동의 힘을 약화시켰다. 결국 여러 대립과 오해 끝에 불행한 죽음까지 있었으니 안타까울 뿐이다.

뒤늦게 박용만의 업적에 대한 발굴이 이루어져 2019년 말에 '박용만선생철원기념사업회'가 발족돼 기념관 설립 등을 추진하고 있다. 기념사업회 관계자들과 함께 찾은 중리 109번지 생가 터는 군부대 안에 있었다. 철원 노동당사에서 남쪽으로 약 1㎞ 떨어진 곳으로 군부대 연병장과 통행로에 걸쳐 있다. 사업회 측은 조만간 민간에 반환될 생가 터를 확보하는 게 시급한 과제라고 했다. 기념사업회 연구위원장 이우형 씨는 "선생이 총을 맞아 사망한 뒤 5일이나 시신이 방치돼 있었다고 한다. 그 후에 누가 시신을 거뒀는지는 알 수 없고 묘소도 없다"고 말했다. 1967년에 세운 애국선열추모비 속의 이름 석 자와 마을 사람들이 돈을 모아 세워놓은 안내판이 있었지만 업적에 비하면 너무 초라해 보였다.

양세봉

1896. 7. 15. ~ 1934. 8. 12.

군신으로 추앙받았던 '소작농 장군'

"조선의 독립, 자유를 완성하기 위하여, 조선 민족의 자유와 행복을 도모하기 위하여, 최후 성공이 있을 때까지 왜적과 계속 투쟁하라!"

만주를 호령하던 조선혁명군 사령관 양세봉은 마지막 숨을 몰아쉬며 이렇게 말했다. 소작농 출신 장군으로 일제와 싸워 독립운동사에 길이 남을 혁혁한 전과를 거둔 군신軍神으로 추앙받았지만, 오늘날 양세봉에 대한 우리의 대접은 중국인들보다 못하다.

양세봉은 1920년대에서 1930년대까지 참의부·정의부·신민부가 통합해 결성된 국민부의 군사조직 조선혁명군 사령관으로, 남만주 일대에서 활동한 전설적인 항일 영웅이다. 장군이 독립군을 이끌고 일본군에게 승리한 전투는 영릉가전투, 흥경성전투 등 헤아릴 수 없이 많다. 조선혁명군은 서간도 지역에서 1938년까지 10여 년

동안 독자적인 조직을 유지하며 일본군과 맞붙은 만주지역 최대 최고이자 최후의 독립군 부대였다.

양세봉梁世奉은 1896년 7월 15일 평북 철산군 세리면 연산동에서 소작농의 장남으로 태어났다. 가난해서 학교에 다니지 못했고 마을 서당 문지기로 일하며 귀동냥으로 『천자문』과 『논어』, 『명심보감』 등을 익

가난한 소작농의 아들로, 만주에서 독립군을 이 끈 양세봉 장군.

힌 것이 배움의 전부였다. 그 시기 훈장이 들려준 안중근 의사 이야기는 그에게 큰 영향을 줬다. 양세봉은 죽음을 앞둔 안 의사가 남긴 "슬퍼하지 마라. 대장부로 태어나 조국과 민족을 위해 모든 것을 바치는데 무엇이 슬프단 말이냐"는 말을 가슴 깊이 새겼다.

1912년 아버지가 갑자기 병환으로 사망하는 바람에 양세봉은 겨우 16세에 가장이 됐고 임재순과 결혼했다. 일제의 핍박이 심해지자 양세봉은 1917년 식솔을 이끌고 만주로 향했다. 흥경현(현 랴오닝성 신빈현) 영릉가를 거쳐 한인 집단거주지인 홍묘자 사도구에 정착한 때가 3·1운동이 일어난 1919년이었다. 양세봉은 마을에서 벌어진 만세운동에 참가하면서 독립운동에 처음 관여하게 된다. 이때부터 양세봉은 독립단이라는 단체에 들어가 지방조직원으로 독

립운동을 지원했다.

그런데 양세봉은 독립단 활동을 하다 불미스러운 사건에 연루된다. 양세봉은 한인 농민들에게서 상당한 식량을 거두어 군량미로 정재생이라는 사람의 집에 맡겨놓았다. 그런데 정재생이 식량을 몰래 빼돌리는 바람에 양세봉도 공모했다는 의심을 받았다. 이 일로 양세봉은 고향으로 피신했다가 돌아오는 노숭 평안북도의 유격대 부대인 천마산대에 가입하게 된다. 본격적인 독립군 활동의 시작이었다. 1920년 12월 최시흥이 청장년 500여 명으로 조직한 천마산대는 경찰서, 면사무소를 습격하고 밀정과 일경을 처단하는 활동을 했다.

조선혁명군을 이끌다

천마산대는 일제의 공격을 받자 만주 유하현(현 지리성 류허현)으로 가 광복군총영에 합류했다. 양세봉은 군기 검사관이 됐다. 그 뒤 만주 지역 독립운동단체들이 대한통의부로 통합되면서 무력 부대를 설치했는데 오동진이 사령장이었고 양세봉도 두령이라는 작은 자리를 맡았다. 1923년 5월 양세봉은 평북 창성을 습격하고 일본군 10여 명을 사살하는 등 전투에 참여했고, 새로 출범한 참의부 소대장이 돼 압록강을 건너가 유격 투쟁도 이어갔다. 평북 초산과 강계에서 일경 수명을 사살했고 조선 총독 사이토 마코토가 경비선을 타고 압록강을 지나갈 때 저격을 지휘해 일제의 간담을 쓸어내리게도 했다.

양세봉: 군신으로 추앙받았던 '소작농 장군'

1924년부터 남만주에는 정의부正義府가, 북만주에는 신민부新民府가 설립돼 참의부參議府와 함께 삼부 체제가 됐다. 양세봉은 참의부 중대장으로 승진한 뒤 정의부로 옮겨갔다. 삼부는 1929년 4월 민족유일당 운동의 결과로 우여곡절 끝에 국민부國民府로 통합됐고 직할 군대조직인 조선혁명군을 창설했다. 국민부와 조선혁명군 본부가 자리 잡은 황정분은 우리의 변 소세지 경도이 자은 부락이지만 이때부터 만주 독립운동의 수도가 된다.

조선혁명군의 첫 타격 목표는 친일조직 선민부鮮民府였다. 조선민회라고도 불렸던 선민부는 한인 변절자들이 이끌고 있었다. 일제의 조종을 받아 독립군을 색출하고 가족을 살해하는 등 온갖 악행을 저질렀다. 양세봉은 부사령을 맡아 선민부 지휘부와 지부를 습격해 우두머리와 일당을 일망타진해 능력을 인정받았다. 그 얼마 뒤 1931년 만주사변으로 일제의 만주 침략이 시작되었고, 독립군 탄압도 거세졌다. 이듬해 1월 조선혁명당 중앙집행위원장 이호원과 조선혁명군 사령관 김보안, 국민부 공안부 위원장 이종건 등 10여 명이 흥경현에서 회의 도중 습격을 받아 체포되고 이후 두 달 동안 간부 83명이 붙잡혀 혁명군은 치명적인 타격을 입었다.

이후 조선혁명당 중앙집행위원장에 고이허, 국민부 집행위원장에 양하산이 선출되고 지역 부대장들의 지지를 받아 양세봉은 조선혁명군 총사령관에 임명되어 지휘봉을 잡았다. 양세봉 장군의 시대가 시작된 것이나. 양세봉은 부대를 개정비하고 속성군관학교速成軍官學校를 세우는 한편 조직적인 항일 투쟁에 나섰다.

1932년 3월 1일 일제는 전前 청나라 황제 푸이를 집정執政으로 하는 괴뢰정부 만주국을 세워 중국 동북지방을 지배했다. 몇 개 사단 이상의 일본 관동군이 만주국 괴뢰부대와 함께 만주국을 엄호하고 있었다. 이에 중국인들은 만주국에 반기를 들어 자위대를 조직했는데 공동의 적을 둔 조선혁명군과 중국 자위대 사이에 협력관계가 맺어졌다. 양세봉은 왕농헌·이순윤·양석복 등 중국 지도자들과 협력해 '요령농민자위단'이라는 한중 항일연대의용군을 결성했다. 연합군의 총사령은 왕동헌, 부사령은 양세봉이 맡았다. 1932년 3월 6일 한중 연합부대는 정식으로 봉기했다.

2000명이 넘는 한중 연합부대는 만주군이 점령하고 있던 홍경현 영릉으로 진격, 치열한 교전 끝에 만주군을 몰아내 주민들의 열렬한 환영을 받았다. 양세봉과 왕동헌은 당취오가 총사령인 '요령민중자위군'과도 힘을 합쳐 더 확장된 연합부대를 이루었고, 조선혁명군은 왕동헌의 부대와 함께 요령민중자위군의 제10로군으로 편제되었다. 이윽고 양세봉은 자위군의 특무대 사령으로서 대일 연합작전을 벌였다. 군사 편제는 중국군 소속이었지만, 조선혁명군이 중국군에 흡수된 것은 아니었다. 오히려 독자적인 권한을 인정받았다. 양세봉은 참모 김학규를 당취오에게 보내 5개항의 협정을 맺었는데 내용은 다음과 같다.

①동변도(압록강 건너편과 남만주 남쪽 일대) 일대에서 조선혁명군의 활동을 정식으로 승인할 것.

②당취오군 관할 내에 예속하는 각급 관공서와 민중이 조선혁

명군의 활동에 관한 일체에 대하여 적극 원조해줄 것을 당취오군 사령부에서 지시할 것.

③조선혁명군의 군량 및 장비는 중국 당국에서 공급할 것.

④일본군을 향하여 작전할 때 쌍방이 호응 원조함으로써 작전의 임무를 완성할 것.

⑤조선혁명군이 일단 압록강을 건너 본토작선을 전개할 때 중국군은 전력을 기울여 독립전쟁을 원조할 것.

이 가운데 주목되는 것은 제5항이다. 조선혁명군은 장차 국내로 진격하여 독립전쟁을 벌이겠다는 원대한 목표를 갖고 있었고 거기에 중국의 지원을 약속받았다는 것이다. 김학규가 당취오와 협정을 맺은 1932년 4월 29일은 마침 윤봉길 의사의 의거가 있었던 날이라 한중 합작이 더욱 순조롭게 성사됐다.

만주국 군대는 흥경현으로 맹렬히 공격해왔다. 한중 연합부대가 이를 잘 막아냈지만, 만주국 군대는 숫자도 워낙 많았고 무기와 장비도 앞섰다. 양세봉은 "현재 적군은 강한데 우리 군대는 약합니다. 잠시 산에 은거하며 기회를 기다리는 것이 좋을 듯합니다"라고 2보 전진을 위한 1보 후퇴를 제안했다. 장군의 의견에 따라 연합부대는 흥경현에서 물러났다.

양세봉과 한중 연합부대의 활약

연합부대가 빠져나간 흥경현을 믿고 고삐끼 김겼졌으며, 중국과 조선의 매국단체들이 날뛰며 독립군을 잡는다며 조선인 가정을 샅샅이 뒤지고 의심스럽다 싶으면 끌고 가서 고문을 자행했다.
홍경현의 주변에서 전력을 정비하던 한중 연합부대는 1932년 5월
중순부터 자진해서 물러났던 홍경현 탈환 작전을 개시했다. 전투를
앞두고 양세봉은 대원들에게 이렇게 말했다.

"이번 전투는 동포 동지들의 생사를 담판하는 결전입니다. 조국
생복군과 중반 동포들의 생명을 누 어깨에 짊어진 우리는 일당백
의 용감한 정신과 아울러 이번 전투에 승리의 믿음을 선포합니다."

양세봉·왕동·이춘윤 등은 포위 공격으로 홍경현을 탈환했다.
20여 일 동안 치열한 전투에서 일본군은 400여 명의 사상자와 500
명 가까운 실종자를 냈다. 자위군의 사상자는 100여 명이었다. '제1
차 홍경혈전'이다.

1932년 6월 17일 일본군은 기관총 40자루, 포 20문, 탄약 60수
레를 이끌고 홍경현을 다시 공격해왔다. 일본군은 대포 공격이 먹
히지 않자 비행기까지 동원해 자위군을 폭격했다. 양세봉이 지휘한
조선혁명군 특무대원들은 사력을 다해 싸웠지만 병사와 무기의 수
적 차이가 너무 커서 일시 후퇴하지 않을 수 없었다.

후퇴 후 전열을 재정비한 연합부대는 사방에서 적의 공격을 막
고 역공을 취하며 악전고투 끝에 마침내 일본군을 물리쳤다. 이렇
게 '제2차 홍경혈전'도 연합부대의 승리였다. 연이은 활약으로 양세
봉과 조선혁명군의 명성은 높아졌다. 요령민중자위군 총사령관 당
취오는 양세봉 등 한인 장병들을 초청해 요리를 베풀며 이렇게 말
했다.

양세봉: 군신으로 추앙받았던 '소작농 장군'

"당신들이 용감하게 목숨을 걸고 싸우는 모습은 우리를 크게 감동시켰습니다. 우리 중국 의용군 전체 관병들에게 당신들의 희생정신과 용맹, 과단성을 따라 배우라고 호소했습니다."

이에 양세봉은 다음과 같이 화답했다.

"중국과 조선은 한 집안입니다. 임진왜란 때도 7년이나 함께 싸워 일본 침략군을 조선에서 몰아냈습니다. 중국과 조선은 예부터 힘을 합쳐 일본과 싸워왔습니다. 오늘 우리는 지난날의 단합정신을 발휘하여 우리 공동의 적을 물리쳐야 합니다."

조선혁명군은 게릴라 같은 엉성한 조직이 아니었다. 속성군관학교에서 400여 명의 장교와 사병을 교육시켰고 독립군의 자식들을 (중국)자위군이 운영하는 학교에 보내 무료로 가르쳤다. 환인현(현 환런현)에서 통화현(현 통화현)으로 본부를 옮긴 자위군은 21개 현에 주둔했고 병력도 24만 명에 이르렀다. 그중에 조선인 특무대원들은 각 현에서 1만 명이나 활동했다. 특무대원들은 회색 군복을 입고 중국 국기인 청천백일기 아래쪽에 '요령민중자위군 특무대 사령부'라고 적힌 깃발을 들고 다녔다. 간부들은 말을 타고 다니며 중요한 서류를 말에 실었다. 백성을 괴롭히거나 명령에 복종하지 않는 대원은 극형에 처한다는 등 군율도 엄격했다. 이러한 특무대원들을 중국 자위대원들과 중국인들은 우러러보았다. 일본군에게는 공포의 대상이기도 했다.

1932년까지 한중 연합부대는 일본 연합군과 200여 차례나 전투를 벌였고, 양 장군은 그때마다 크고 작은 승리를 거뒀다. 하지만 일제도 가만있지 않고 대반격을 시작했다. 1932년 10월 초 일본 관동군 사령부는 3만 명이 넘는 병력을 동원해 홍경현과 환인현 등 연합부대의 주둔지를 총공격했다. 양쪽이 모두 큰 사상자를 냈지만 중과부적은 어쩔 수 없었다. 양세봉은 적의 포위망을 뚫고 왕청문으로 돌아왔지만 스승이나 마찬가지인 총사령관 왕동헌은 포로가 되어 갇혀 있었다.

양세봉은 패전에 굴복하지 않고 흩어진 자위군을 편입시켜 조선혁명군을 재건했다. 관할지역의 조선인에게서 세금을 거두되 재봉틀을 사서 직접 군복을 만드는 등 자립 기반도 만들었다. 조선혁명군은 다시 항일의 깃발을 내걸었다.

장군은 혁명군을 압록강 변의 국경지대로 옮겼으며, 소부대로 국내 잠입활동을 하는 것으로 투쟁 방향을 바꾸었다. 1933년 2월 변낙규와 혁명군 20여 명은 벽동 등 평안도 일대로 다니며 부자들의 재산을 강제로 징수하고 반일 표어를 붙여놓아 일제를 당황케 했다. 1933년 5월에는 서원준이 황해도에 파견돼 사리원경찰서를 습격하고 일경 순찰부장 다요시 아도모를 죽였다. 이 사건은 신문이 호외로 다룰 만큼 큰 파장을 일으켰다.

양세봉은 또 군자금을 마련하고자 혁명군 이선룡을 그의 고향인 충북 장호원으로 보내 동일은행 장호원 지점을 습격하게 해 일제를 경악시켰다. 이선룡을 잡느라 동원된 일경만 6000여 명이었다.(이선룡은 경기·강원·충북도를 넘나들며 신출귀몰하는 독립군으로 신문에 대서특필되었지만, 6일 만에 붙잡혀 9년 반 동안 옥살이를 했다.) 양세봉은 1932~1933년 압록강 주변에서만 26차례나 파괴 공작을 벌였고 일본 군경 243명을 사살했다.

이러니 일제가 혁명군을 잡는 데 혈안이 되지 않을 수 없었다. 남만주 지역마다 혁명군 조사대를 보내어 조선인 변절자를 앞세우고 혁명군을 체포해 고문하고 수백 명을 처형했다. 희생자의 머리를 잘라 경찰서나 파출소 앞에 매달아 수민들이 보노독 했다. 머리를 나무에 꿰어 들고서 거리를 돌아다니게 하는, 눈 뜨고 볼 수 없는 끔찍한 짓도 저질렀다.

1934년 3월 양세봉은 중국 동북인민혁명군 사령관 양정우와 연합했다. 독립군들 사이엔 '자유시 참변*'으로 인해 공산주의에 대한 적대감이 있었지만, "총부리를 밖을 향해 겨누자"는 홍군紅軍 양정우의 제안을 받아들여 항일 투쟁에 힘을 모으기로 했다. 조선혁명군과 인민혁명군은 진주령 일본군 기차 습격, 무순현 노구대 격전, 통화현 쾌대무자 전투 등 연합작전에서 연전연승, 일본군에 엄청난 타격을 줬다.

그해 9월 18일 일제의 조종을 받던 조선인 밀정 박창해는 양세봉과 면식이 있던 마적 두목 압동양을 보내 "저희 부대가 양 사령관께 오려고 합니다. 함께 가서 무기를 받아주시면 좋겠습니다"라며

---

* 1921년 6월 통합 독립군 부대인 대한독립군단이 일본의 토벌을 피해 러시아 자유시(알렉셰프스크)에 모이게 된다. 그 부대의 지휘권을 놓고 고려공산당 이르쿠츠크파와 상하이파가 다툼을 벌이게 되는데, 명령을 거부하는 상하이파와 복립군 부대를 러시아 적군과 이르쿠츠크파가 공격해 많은 사상자가 발생하고, 자유시에 모인 독립군 세력은 와해된다.

유인했다. 양세봉은 경호대원만 데리고 따라나서 소황구의 골짜기에 이르렀다. 일제는 그곳에 수비대와 헌병을 매복시켜 놓았다. 압동양은 갑자기 옥수수밭으로 사라졌다. 그때 숨어 있던 일본군들이 기습 사격을 가했고 양세봉은 가슴에 총탄 두 발을 맞았다. 대원들이 급히 옮겨 치료했지만 양세봉은 이틀 후인 20일 오후 1시쯤 숨을 끼겼다. "조선독립억병을 완성하고 가지 못하는 나는… 민족의 죄인입니다"라는 자책의 말을 남기고서 15년 동안 풍찬노숙하며 일제와 싸웠던 영웅은 이렇게 쓰러졌다. 그의 나이 38세였다.

동지들은 묘소의 위치가 드러나지 않게 양세봉의 시신을 평장平葬했다. 같은 달 26일 향수하자촌에 일본군이 몰려왔다. 그들은 한인 70여 명을 모아 놓고 시신을 내놓지 않으면 다 죽이겠다고 협박했다. 어쩔 수 없이 마을 둔장屯長이 묘의 위치를 말하자 일본군은 시신을 파내 놓고 마을 노인 김도선에게 작두로 머리를 자르라고 했다. 김 노인은 "나는 조선 사람이다. 조선 사람이 어찌 자기 사령관의 머리를 자를 수 있단 말이냐"며 단호하게 거부했다. 그러자 일본군은 그 자리에서 김 노인의 머리를 베고 양세봉의 머리를 가져갔다. 마을 사람들은 머리 없는 양세봉의 시신을 다시 고구려산성 아래에 묻었다.

남북 국립묘지에 묘소가 있는 독립운동가

혁명군 장교 출신 계기화가 "눈보라가 휘몰아치는 고산준령에서 산짐승과 더불어 1935년의 봄을 맞은, 이 기아와 영양실조에 걸린 움직이는 해골들은 전원 손발에 동상이 걸렸다"라고 후일 회고했듯이 독립군은 고난의 투쟁을 해야 했다. 이런 대원들을 양세봉은 따뜻이 감싸안았다. 계급을 불문하고 대원들을 평등하게 대했고 거친 밥을 똑같이 나눠 먹었다. 말이 한 필 있었지만 용품을 싣는 데만 쓰고 똑같이 걸었다. 병사들에게 이불을 덮어주고 발을 씻겨주기도 했다. 배움이 부족한 '소작농 상군'이었지만 인격으로 김동을 줬다. 부대원들에게는 아버지나 형 같은 존재였다. 그러나 싸움터에서는 매우 엄격하고 무서웠다. 공격할 때는 맨 앞에 섰고 후퇴할 때는 맨 뒤에 섰다. 대원들은 따뜻하고 용감한 양세봉을 마음 깊이 존경했다. 장군의 비서였던 박윤걸(중국에서 작고) 씨는 "양세봉과 함께 많은 전투를 벌인 중국인 사령관 이춘윤은 양세봉을 관운장보다 더 유능한 장군이라며 흠모했었다"고 말했다.

광복 후 북한은 양세봉의 가족을 평양으로 데려가 정착시켰다. 양세봉은 김일성의 아버지와 의형제 사이였다고 전해진다. 양세봉의 부인은 1988년 평양에서 세상을 떠났고 후손들은 북한과 중국에서 살고 있다. 1961년 양 장군의 딸과 사위, 며느리들은 만주 고구려산성으로 가서 머리가 없는 유골을 가져와 평양 근교로 이장했고 묘는 그 후 애국열사릉으로 옮겨졌다. 1995년 중국 지방정부는 조선족의 지원을 받아 조선혁명군의 활동무대였던 랴오닝성 신빈현에 높이 5m가 넘는 거대한 장군의 석상을 세웠다. 중국 정부가 한국의 독립운동가 기념물을 세운 곳은 매우 이례적이라고 한다.

국립서울현충원 애국지사 묘역에도 이회영 선생 묘소의 바로 왼쪽에 양세봉의 묘가 있다. 물론 시신이 없는 허묘虛墓다. 양세봉처럼 남북 양쪽 국립묘지에 묘소가 마련된 독립 운동가는 빛 보지 않는다.

우리 정부는 1962년 양세봉에게 건국훈장 독립장을 추서했다. 항일투쟁을 중국이나 만주에서 했고 후손들도 북한에 남은 독립운동가는 남한에서 깊은 연구를 하고 선양 활동

북한 애국열사릉에 있는 양세봉 묘. 국립서울현충원에 있는 묘소는 유골이 없는 허묘다.

을 하기가 쉽지 않다. 양세봉도 그런 인물이다. 그나마 1990년대 이후 중국과 수교한 뒤 학자들이 만주로 가서 늦게나마 자료를 발굴할 수 있었다. 갈라진 땅이라지만, 독립운동가들의 공훈과 업적도 갈라서야 되겠는가. 앞으로도 한중 협력, 남북 협력을 통해 독립운동가를 발굴, 선양하는 작업에 힘을 더 쏟아야 한다.

　　　　　　　　　　　　　양세봉: 군신으로 추앙받았던 '소작농 장군'

김동삼

1878. 6. 23. ~ 1937. 4. 13.

만주 독립운동의 통합 아이콘

"나라 없는 몸 무덤은 있어 무엇하느냐. 내 죽거든 시신을 불살라 강물에 띄워라. 혼이라도 바다를 떠돌면서 왜적이 망하고 조국이 광복되는 날을 지켜보리라."

'만주벌 호랑이' 일송一松 김동삼金東三. 평생을 만주 벌판과 밀림을 누비며 조국 독립을 위해 모든 것을 바친 선생은 이런 유언을 남겼다. 김동삼은 서간도 독립기지 개척의 선구자이자 만주의 무장투쟁 지도자로서 독립운동사를 빛내고 있는 대표적인 독립운동가다. 어떤 독립운동 연구가들은 김구·안창호보다 김동삼 선생을 더 높이 평가한다. 선생은 '일송정一松亭 푸른 솔은 늙어 늙어 갔어도'로 시작되는 가곡 〈선구자〉의 실제 모델이라고도 한다.

김동삼은 남만주지역 독립단체의 통합 소식인 내민공의1 증장, 상하이 국민대표회의 의장 등 주요 단체와 회의의 최고지도자와 의장을 역임했다. 그에게서 가장 주목할 것은 죽는 날까지 분열된 독립운동단체들의 중재와 통합에 앞장섰다는 점이다. 자신의 생각과는 다른 공산주의 조직에 들어가기도 하는 등 스스로 기득권이나 이념마저 버린 '통합의 화신'이었다.

김동삼은 1878년 6월 23일 경북 안동 임하면 천전리川前里 278번지에서 의성 김씨 가문 김계락의 맏아들로 태어났다. 본명은 긍식이다. 행정 지명처럼 선생이 나고 자란 마을 이름은 '내앞마을'이다. 마을 앞에는 낙동강 지류인 반변천이 흐른다.

내앞마을은 의성 김씨의 중시조이며 조선 중기의 학자로, 이조판서에 오른 청계靑溪 김진이 터전을 잡은 곳이다. 김동삼은 영남 퇴계 학맥의 적통을 이어받은, 안동문화권의 유학자였던 김흥락 문하에서 성리학을 배웠다. 김흥락은 김진의 넷째아들이자 퇴계 이황의 수제자였던 학봉 김성일의 12대 종손이다. 그는 을미사변 당시 의병을 일으키자는 논의를 주도하고 정신적 지도자로서 의병을 이끌었다. 김흥락은 사촌인 의병대장 김희락을 숨겨주었다가 일본 경찰에 체포돼 수모를 겪었고 이 일이 제자 김동삼에게 항일의식을 심어준 결정적 계기가 된 것으로 보인다.

김동삼과 협동학교 교직원들. 맨 뒤의 왼쪽 인물이 김동삼이다.

1905년 을사늑약이 체결됐다는 소식을 듣고 통분을 금치 못한 김동삼은 먼저 계몽운동에 적극적으로 나서게 된다. 일제의 침략이 본격화된 1907년 유인식·이상룡과 3년제 중등학교 '협동학교'를 세웠다. 이른바 '혁신유림'이 되어 보수적 분위기가 지배하던 안동에 신학문을 소개한 것이다. 퇴계의 학통이 면면히 내려오는 유학의 본고장에서 영어와 수학 등을 가르치자 완고한 유림들이 극렬하게 반발했다. 초대 교장 유인식은 부자 절연, 사제 절연을 당해야 했다. 내앞마을 의성 김씨의 원로 김대락 또한 처음에는 반대했지만 마음을 바꾸어 자신의 집인 '백하구려白下舊廬'를 교사校舍로 내주었다.

만주에서 독립군 근거지를 마련하다

망국의 시간은 점점 다가오고 있었다. 우국지사들이 선택한 길은 만주 망명이었다. 가산을 정리해 만주로 가서 독립운동기지를 건설하여 돌파구를 찾고자 했다. 만주 망명은 구한말 대표적인 구국운동단체인 신민회에서 처음 논의했다. 1910년 4월 안창호·이갑·유동렬·신채호·김희선 등이 먼저 중국 베이징 등으로 망명했다. 나라를 일제에 빼앗긴 직후인 12월 30일에는 이회영 형제들이 선발대로 얼어붙은 압록강을 건넜다.

김동삼을 비롯한 안동의 혁신유림들도 비슷한 시기에 집단 망명에 동참했다. 부유하고 편안한 삶을 포기하고 생면부지의 척박한 땅을 찾아간 '노블레스 오블리주'였다. 김대락의 둘째아들인 김형식과 김동삼의 제자뻘인 이원일(나중에 김동삼과 사돈을 맺는다)이 선발대로 출발했다. 김대락은 66세의 나이에 1911년 1월 초 만주 땅을 밟았다. 김대락과 처남 매부 사이로 임시정부 초대 국무령이 되는 석주 이상룡이 압록강 얼음판을 건넌 것은 1월 27일이었다.

협동학교 1회 졸업생이 배출될 무렵인 1911년 초 김동삼도 애국청년 20여 명과 함께 중국으로 넘어갔다. 김내락과 김동삼을 필두로 내앞마을에서 만주로 떠난 의성 김씨 일족은 임신부와 아이들까지 150여 명에 이른다. 압록강을 걸어서 건너야 했기에 만주행은 한겨울에만 가능했다. 밀가루를 싼 기장떡으로 허기를 달랬고 수레를 타고 가며 솜이불을 둘러쓰고 매서운 추위를 견뎌야 했다.

이원일 일가는 1915년 무렵 겨울에 만주로 갔다. 이원일의 딸이며 김동삼의 며느리인 이해동은 『만주생활 77년』에서 이렇게 썼다.

고향을 떠나 만주 벌판에서 추위와 싸우는 것으로부터 첫 고생이 시작되었다. 여북하면 조모께서는 '고놈의 날씨, 왜놈보다 더 독하다' 했겠는가.

김동삼과 김대락, 이상룡 등 안동 출신들이 정착한 곳은 길림성 유하현 삼원포 대고산 자락이었다. 같은 곳으로 이주한 이회영, 이동녕 등과 서간도 독립운동기지 건설에 착수해 1920년 4월 군중대회를 열어 경학사耕學社라는 자치단체를 결성했다. 김동삼은 조직과 선전을 맡았다. 김동삼은 한겨울에도 '싸이헤'라는 만주족의 여름 신발을 신고 어깨에 담요 한 장을 둘러멘 채 만주 전병으로 끼니를 이으며 광야의 모랫길을 매일 100여 리나 걸어 동포들을 독려했다.

초기 망명객들의 만주 생활에는 혹독한 추위, 참혹한 흉년, 목숨을 앗아가는 풍토병, 중국 마적의 약탈 등 이루 말할 수 없는 고행이 따랐다. 수온이 낮아 냅씨가 싹을 틔우지 못해 벼를 수확하지 못했다. 전나무 뿌리를 캐서 불을 붙여 등잔불 대신 밝혔고 옥수수 한 짐과 소금 한 줌을 바꿔야 했다. 『만주생활 77년』에는 생생하게 당시 사정이 담겨 있다.

식량 곤란으로 제대로 먹지 못한데다가 그해는 날이 가물어서 사람이 마실 우물도 마르게 되었다. 굶주림으로 어른, 아이 모두 허기를 면할 정도이니 자연 몸이 쇠약해진 데다가 식수까지 곤란하여 강물을 마시게 되었고, 심지어 나무뿌리에 괸 냉수를 먹다 보니 해동과 더불어 풍토병이라는 질병까지 유행되어서 노약자는 물론 젊은 사람도 목숨을 잃게 되었다.

혹독한 환경에서도 김동삼 등 지도자들은 경학사 산하에 군사 교육기관인 신흥강습소를 설립했다. 서간도 독립운동의 요람인 신흥무관학교의 전신이다. 그러나 경학사는 경영난으로 문을 닫았고, 부민난扶民圑이 자치 기능을 대신했지만 신흥강습소도 폐교 위기에 놓였다. 1912년 이회영의 형 이석영의 거액 투자로 삼원포에서 남쪽으로 90리 정도 떨어진 통화현 합니하에 토지를 사들여 신흥강습소의 이름을 신흥학교(신흥중학)로 바꾸고 교육을 계속할 수 있었다. 합니하는 제2의 독립운동기지가 되었다.

1914년 선생은 극심한 재정난 속에서도 신흥강습소 졸업생들과 함께 백두산 서쪽 고원에 백서농장이라는, 사실상의 독립군 병영을 만들어 장주庄主가 되었다. 신흥학교 졸업생들은 졸업 후 곧바로 일제와 싸우기를 원했지만 정세가 그렇지 않아 밭을 갈아 자급자족을 하며 훈련을 한 것이다. 깊숙한 밀림 속에 건설된 병영의 일상은 고난 그 자체였다. 농사를 짓기는 했지만 수확량이 보잘것없어 졸업생들은 영양실조에 걸렸고 열병과 위장병, 천식, 폐병 등 각종 질병에 시달렸다. 그런데도 백서농장은 1919년까지 5년 동안 유지됐다. 그곳에서 단련된 병사들이 1920년 봉오동·청산리전투 등에 참여해 혁혁한 공을 세우게 된다.

분열의 독립운동… 통합을 호소하다

제1차 세계대전이 끝날 무렵부터 3·1운동 직후까지 국내에서 많은 동포가 만주로 건너왔고 만주의 자치 체제도 자리를 잡아갔다. 남만주에는 수십만 명의 동포가 이주해 있었다. 정부 형태에 버금가는 한족회가 설립됐고, 김동삼은 업무를 총괄하는 총무사장總務司長을 맡았다.

1918년 11월 만주와 연해주 등 해외에서 활동하던 독립운동가들이 '대한독립선언서(무오독립선언서)'를 발표했는데, 대표자 39명의 한 사람으로 김동삼은 선언서에 서명했다. 1919년 3월에는 유하현 삼원포와 통화현, 북간도에서도 만세운동이 펼쳐졌으며, 곧 대한민국 임시정부가 수립된다는 소식이 전해졌다. 김동삼도 상하이로 가서 헌법 제정에 참여하는 등 주역으로 활동했다. 김동삼은 다시 만주로 돌아왔다. 만주에서 그가 할 중요한 일들이 기다리고 있었기 때문이다.

임시정부 출범에 따라 만주 한족회는 자치기관이 되고 군사조직으로 서로군정서를 새로 발족, 대표인 독판督辦에는 이상룡을 추대했다. 김동삼은 군권을 통솔하는 최고 군사지휘관인 참모장을 맡았다. 서로군정서는 신흥중학을 신흥무관학교로 개편해 본격적으로 독립군을 양성하기 시작했다. 교성대장敎成隊長에 일본 육사 출신인 지청천(이청천)이 임명됐고 같은 일본 육사 출신 김경천과 신팔균·이범석 등 뛰어난 군인들이 교관을 맡았다. 서로군정서 독립군들은 국내로 잠입해 주요 기관을 습격하고 일제의 경찰과 밀정을 처단했다.

봉오동·청산리전투 등에서 독립군에게 패한 일제는 그 보복으로 1920년 10월부터 적어도 3700여 명의 무고한 한인을 잔인하게 학살하는 경신참변을 일으켰다. 이때 삼원포 삼광학교 교장이던 선생의 동생 김동만도 붙잡혀 말꼬리에 묶여 끌려 다닌 끝에 살해당했다. 가족을 멀리하던 선생도 사흘 밤낮을 걸어 삼원포로 가서 애통해 마시않았다. 김동만의 부인은 충격을 받고 오줌이 회석수설하는 등 정신병을 앓았다.

경신참변 이후 남만주 독립군들은 일제에 효율적으로 대응하기 위해 독립운동단체들의 통합을 모색하여 서로군정서(한족회)·대한독립단·광한단 등을 합쳐 대한통군부를 조직했다. 이어서 1922년 8월 다른 단체를 더 끌어들이고 정부 형태를 갖춘 대한통의부大韓統義府를 출범시켜 김동삼을 총장 겸 중앙행정위원회 의장에 추대했다. 이제 김동삼은 명실상부 남만주 독립운동세의 최고지도자가 된 것이다.

한편 임시정부는 출범하자마자 극심한 갈등과 분열에 빠졌다. 대통령으로 선임된 이승만은 재임 5년 6개월 동안 6개월만 상하이에 머물며 정부 인사들과 갈등을 일으켰다. 미주 동포들의 재정을 이승만이 장악하고 직접 관리하면서 임정은 극도의 재정난에 빠졌다. 이승만은 미국에 위임통치 청원서를 제출해 분란을 불렀고, 이 바람에 국무총리 이동휘 등은 사퇴서를 제출하고 상하이를 떠나버렸다. 기호지역과 서북지역 출신의 지역 갈등도 분열을 가속화했다. 독립운동의 방략을 놓고도 무장투쟁론과 외교독립론으로 대립했다.

이런 분열과 대립의 결과 독립운동계는 임시정부의 실체는 그대로 두고 개조하자는 '개조파'와, 임정을 없애고 새로운 정부를 만들자는 '창조파'로 쪼개졌다. 개조파는 안창호·김철수·이진산 등이었고 김동삼도 개조파에 속했다. 창조파는 박용만·신숙·신채호 등이었다.

이런 상황에서 각 지역 대표자들이 모여 임정 통합을 모색하기

김동삼: 만주 독립운동의 통합 아이콘

위한 국민대표회의가 안창호의 제의로 열리게 되었다. 서간도에서는 김동삼·김형식·이진산·배천택이 대표로 상하이로 갔다. 김동삼은 서로군정서를, 김대락의 아들 김형식은 한족회를 대표했다. 1923년 1월 3일 상하이에서 개최된 국민대표회의에서 대한통의부 총장이자 서로군정서의 대표자로서 김동삼은 의장에 선출됐다. 부의장은 안창호와 윤해尹海였다.

통합을 외친 의장 김동삼의 노력에도 불구하고 개조파와 창조파는 회의 자체가 어려울 정도로 견해차가 심해 충돌을 거듭했다. 끝내 김동삼은 의장직을 사임하고 만주로 돌아와버렸다. 그런데 상하이와 다르지 않게 만주에서도 분열상이 나타나고 있었다. 가장 중요한 갈등의 원인은 왕정복고를 주장하는 복벽주의復辟主義와 민주체제를 원하는 공화주의의 노선 차이였다. 독립운동 대원들끼리 총질을 하는 유혈 사태를 빚는가 하면 무기와 군자금을 서로 탈취할 정도로 상황은 심각했다.

복벽주의자들은 대한통의부에서 탈퇴해 의군부를 설립했고 2차로 참의부가 떨어져 나갔다. 상하이에서 돌아온 김동삼은 만주에서도 통합을 위해 노력했다. 김동삼은 곤경에 빠진 통의부 조직 재정비에 나서 대표회의 의장을 맡아 하얼빈 이남 40여 개 현을 관할하는 정의부를 출범시켰다. 중앙행정위원장은 이탁에게 맡기고 자신은 외무위원장, 학무위원장 등의 실무책임자로 활동했다.

만주는 서간도의 정의부 참의부와 북간도의 신민부로서 삼부체제가 됐다. 이후 만주에서는 1925년 6월 일본과 중국의 '미쓰야

협정* 체결로 독립운동 탄압이 거세지고 한편으로는 공산주의 세력이 커가면서 이념 대립이 심해졌다. 이에 효율적으로 대응하기 위해 삼부 통합의 필요성이 절실해졌다. 김동삼은 계속해서 삼부 통합을 추진하는 유일민족당 운동을 주도해 나갔다. 신민부 간부들과 만난 자리에서 김동삼은 이렇게 말했다.

"광복의 제일요第一要인 혈전의 숭고한 사명 앞에는 각개의 의견과 고집을 버려야 할 것이며, 독립군이 무장하고 입국하여 광복전을 수행하기 전에 삼부 군부가 합작하지 않으면 안 된다. 합작은 지상명령이다."

김동삼의 피맺힌 설득에도 통합은 결국 실패하고 말았다. 각 부는 자신들이 기반을 갖고 있던 지역에 대한 기득권을 주장했고, 각 부 내부에서도 분열과 갈등이 끊이지 않았다.

김동삼은 정의부의 산파역이었지만 삼부를 해체하고 원점에서 새로 출발하자는 입장이었다. 그러나 간부들이 정통성을 주장하며 통합 조직의 실권을 장악하려 하자 김동삼은 기득권을 모두 버리고 정의부에서 탈퇴했다. 스스로 정의부의 비주류가 된 것이다. 김동삼과 뜻을 같이하는 참의부와 신민부 인사들도 자기 조직에서 탈퇴해 혁신의회를 조직했고 김동삼은 회장에 추대됐다.

그러나 혁신의회는 1년 기한의 과도기 조직이었고 주요 간부들

---

* 조선총독부 경무국장 미쓰야 미야마쓰三矢宮松와 만주의 군벌인 장줘린張作霖 사이에 맺어진 협약으로, 만주 군벌 세력이 독립군 적발과 체포에 협력한다는 내용을 담고 있다. 삼시협정三矢協定이라고도 한다.

이 일제에 체포되면서 해체되고 구성원들은 흩어지고 말았다. 이후에도 김동삼은 김좌진이 북만주에서 조직한 한족총연합회 회장을 맡기도 했고, 조선공산당재건설준비위원회에 발을 디디기도 했다. 김동삼은 공산주의자가 아닌 중도주의·민족주의를 견지했지만 통합과 협력을 위해 신념마저 접은 것이다.

"이런 일정한 자리에서 죽게 되는 것도 과분한 일이다"

김동삼이 눈코 뜰 새 없이 뛰어다니는 동안 가족들은 만주를 떠돌며 힘든 삶을 살았다. 가족들은 삼원포에서 영안현 주가툰, 아성현 평방과 소가하, 채가구로 쫓기듯 이사를 다녔다. 농사는 흉작을 거듭했다. 가뭄도 가뭄이었지만 수온이 낮고 병해충이 심해 수확량이 적었다. 그마저도 마적들에게 빼앗기는 일이 다반사였다.

김동삼이 만주에 망명한 후 30년 가까운 세월 동안 집을 찾은 것은 몇 번에 지나지 않았다. 며느리 이해동은 "시아버지를 세 번 뵈었는데 결혼 2년 후쯤 되었을 때와 첫 손자를 낳았을 때, 일제에 붙잡혀 감금돼 있을 때였다"고 썼다. 1928년 어느 여름날 저녁 김동삼은 채가구에 있던 며느리 집에 불쑥 들러 손자를 보고는 몹시 기뻐했다. 그러면서 장생이라는 이름을 붙여주었다. 이해동이 두번째로 시아버지를 본 날이었다. 그러고는 이른 아침에 길을 떠났다. 아내와 아들이 살던 소가하에는 가지도 않았다.

1931년 10월 4일 밤 김동삼은 하얼빈에 노착했다. 일본군이 실림성을 점령하자 독립운동가 남자현, 사돈인 이해동의 아버지 이원일과 그곳 사정을 살피러 간 것이다. 김동삼은 독립운동 자금을 지원해주던 의사醫師 정진영 집에 묵고 다음날 우씨 성을 가진 사람의 집에서 아침을 먹다가 하얼빈 주재 일본총영사관 경찰에게 체포됐다. 이원일도 같이 붙잡혔다. 이해동에게는 시아버지와 친아버지가 동시에 일제에 체포되는 비극이었다.

'만주벌 호랑이' 일송 김동삼.

항일운동의 거목에게 일제는 악랄한 고문을 서슴지 않았다. 전기고문을 하고 양팔을 등 뒤로 결박해 공중에 매단 뒤 코에 물을 부었다. 단식을 하자 영양주사를 놓으며 고문을 계속했다. 그러나 그는 조금도 굴하지 않았다. 동지들의 이름을 팔지 않았고 참을 수 없는 고통을 민족의 아픔으로 받아들였다. 일제는 아무런 정보도 얻어낼 수 없었다. 일제는 친지와 가족을 동원해 회유하기도 했는데 김동삼은 면회 온 집안 동생 김정식에게 이렇게 말했다.

"나는 아무것도 못하고 육십에 가까운 나이가 되었다. 이제 더 살아서 무슨 소용이 있겠느냐. 나는 나의 결심이 있으니 장황한 말은 하지 마라."

1931년 11월 9일 일제는 김동삼을 국내로 압송하면서 가족에게 김동삼의 면회를 허락했다. 두 아들과 며느리 이해동, 딸이 영사관을 찾았다. 족쇄를 끌고 피골이 상접한 얼굴로 나타난 김동삼을 보자 가족들은 정신없이 울기만 했다.

"왜 울기만 하는 거냐. 시간이 바쁘니 이야기라도 해야지."

10년형을 선고받고 평양형무소를 거쳐 서대문형무소로 옮겨진 김동삼은 1934년 초 건강이 극도로 나빠졌다. 하얼빈에 있다 달려온 맏아들 정묵에게 이런 말을 남겼다.

"이런 일정한 자리에서 죽게 되는 것도 과분한 일이다. 독립군이라면 대개 풀밭이나 산 가운데서 죽는 것이다."

김동삼은 1937년 4월 13일 59세의 나이로 두 아들이 도착하기 하루 전날 싸늘한 감방에서 쓸쓸히 영면했다. 만주 독립운동 최고 지도자의 비통한 최후였다. 그에게 남은 재산은 한 푼도 없었다. 만주로 떠날 때 적지 않은 재산을 처분했고 만주에서도 마지막 재산을 처분해 달라고 고향에 편지를 보내기도 했다. 만해 한용운은 시신을 서울 정릉 심우장으로 옮겨 장례를 치러주었다. 유해는 유언대로 화장해 한강에 뿌려졌다. 한용운은 단 한 번 눈물을 흘렸다는데 선생의 장례 때였다. 한용운은 "일송을 잃은 우리 민족은 큰 불행이고 손실이다"라 말했다고 한다.

후손들도 비극적인 삶을 살았다. 장남 정묵은 중국에서 반동으로 몰려 앓아누웠다가 1950년 4월 사망했다. 김동삼의 마지막을 보지도 못한 부인 박순부는 아들 정묵이 죽은 직후인 10월에 숨을 거두었다. 정묵의 큰딸은 북한에서 폭격으로 사망했고 큰아들, 즉 김동삼의 장손자는 서울에서 대학에 다니다 실종됐다. 셋째아들은 정신이상으로 사망했다.

둘째아들 용묵은 광복 직전 가족과 함께 귀국했는데, 그의 2남 3녀는 미국으로 건너가 살고 있다. 장남 정묵의 부인인 선생의 큰며느리 이해동 여사가 둘째아들 김중생 씨와 1989년 1월 만주로 떠난 지 근 80년 만에 조국 땅을 다시 밟았다. 이 여사는 『만주생활 77년』을 남기고 2003년 세상을 떠났다. 중국에서 교사로 일하고 문화혁명 때 강제노동을 당하기도 했던 김중생 씨는 귀국해서 삼성물산 고문으로 8년 동안 재직했으며 중국 생활을 『험난한 팔십인생 죽음만은 비켜갔다』와 『북만주 반일운동 근거지 취원창』 등의 책을 쓰고 2016년 사망했다.

정부는 1962년 김동삼 선생에게 건국훈장 대통령장을 추서했다. 김동삼의 고향 안동 임하면 내앞마을은 고즈넉한 시골 마을이다. 벼가 누렇게 익은 논이 펼쳐진 마을 어귀에서 경북독립기념관이 바로 눈에 들어온다. 500m쯤 들어가 김동삼의 족숙族叔인 독립운동가 김대락(건국훈장 애족장)의 고택 '백하구려白下舊廬'를 먼저 찾았다. 김대락의 후손인 김시중(1937년생) 씨가 기거하며 집을 돌보고 있었다. 김씨는 "'삼천석 부자'였던 백하 선생이 멀리는 강원도까지 흩어져 있던 많은 토지를 50일 동안 처분했는데 헐값에 팔 수밖에 없었다"고 말했다.

김씨의 안내로 선생의 생가를 방문했다. 초가집이었던 원래 모습과는 달라졌고 마을 주민인 의성 김씨 후손이 거주하고 있었다.

평생 항일투쟁에 몸담다 순국한 독립운동가의 생가라면 복원해서 관리하는 게 좋을 듯했다.

김동삼은 부富와 권위, 가족, 사사로운 감정을 모두 버리고 풍찬노숙風餐露宿하며 항일투쟁에 헌신했다. 무엇보다 이념과 계파를 뛰어넘은 그의 통합 노력은 현시대의 우리가 따라야 할 고귀한 정신이다. 독립운동사를 연구하는 어떤 학자는 생가를 찾았다가 오히려 눈물을 쏟았다고 한다. 김동삼이 만주벌에서 흘렸던 피와 땀에 비하면 우리의 인식과 대접이 너무 소홀하다는 생각이 들었을 것이다.

김경천

1888. 6. 5. ~ 1942. 1. 2.

백마 타고 시베리아를 누빈 전설적 영웅

김경천金擎天은 김좌진, 홍범도에 뒤지지 않는 전설적인 항일 영웅이다. 독립운동가 나경석은 "조선의 유지 청년이 노령*露領에 수천수만이 출입하였으나 김 장군같이 위대한 공적을 성취한 사람은 없다. 노령에서 김광서라는 본명을 알지 못하고 '경천 김 장군'이라면 내외국인이 모르는 이가 없다"고 했다. 김경천이 연해주 독립군 사령관으로서 얼마나 유명했는지 짐작할 수 있는 대목이다.

김경천은 나중에 광복군 총사령관이 되는 지청천과 함께 일본 육사를 졸업하고 일본 현역 장교로 복무하다 만주로 망명해 항일 무장투쟁을 벌인 인물이다. 김경천은 주로 러시아 연해주에서 활동하면서 일본군, 중국 마적단과 싸워 큰 전과를 남겼다. 지금까지 김

---

* 러시아 영토라는 뜻으로 연해주와 시베리아 일대를 이른다.

경천이라는 이름은 거의 파묻혔다가 1982년 일본에서 출간된 『북조선 왕조 성립 비사: 김일성 정전』에 다뤄짐으로써 알려지기 시작했다. 1998년 정부에서 건국훈장 대통령장을 추서했고 국가보훈처가 후손들을 초청함에 따라 그의 수수께끼 같은 삶이 전해지게 되었다. 어떤 학자는 김경천을 가리켜 흰 말을 타고 만주와 시베리아를 누빈 '진짜 김일성'이라고 했다. 그러나 진짜 김일성이라는 주장은 반론도 만만찮아 단정하기는 어렵다.

김경천은 『경천아일록擎天兒日錄』이라는 친필 수기를 남겼다. 빨치산 활동을 하면서 일본과 싸우는 틈틈이 써온 일기 형식의 글인데 옛 소련이 보관하고 있다가 가족에게 돌려주어 공개됐다. 지휘관이 전투 현장에서 쓴 일기는 동서양 전쟁사에서도 드물며, 우리 역사에서는 이순신 장군의 『난중일기』 이후 처음이다.

일기에는 치열했던 일본군, 러시아 백군, 중국 마적과의 전투 상황이 생생하게 담겨 있다. 시베리아를 드나들며 보고 느낀 세태와 인물 묘사, 조국에 사는 가족에 대한 애틋한 그리움 등 인간적인 면모도 일기에서 엿볼 수 있다. 『경천아일록』을 현대어로 번역한 김병학 씨는 "1919년 망명에 성공한 이후부터 3년간의 기록은 항일투쟁사에서 대단히 귀중한 기록이다. 그의 절제된 언어 속에서는 숨길 수 없는 한인 빨치산 전사들의 피와 눈물과 신음소리가 새어나오고 부하에 대한 김경천의 연민과 애정이 절절히 흘러나온다"고 평가했다.

수기는 이렇게 시작한다. "이시영이 보고 싶다. 신동천이 보고 싶다. 신용걸이 보고 싶다. 안무가 보고 싶다. 임병극이 보고 싶다. 김선영이 보고 싶다. 김찬오가 보고 싶다." 독립군 동지들을 열거하는 그의 글 행간에서 따뜻한 마음이 저절로 느껴진다. 곁에 있다가 떠나간 전우를 그리워했던 것이다.*

일본 장교에서 독립군 투사로

김경천은 1888년 6월 5일 함남 북청에서 태어났다. 아버지 김정우는 일본 유학을 다녀와 구한말 군기창장軍器廠長 등으로 일한 고위 인사였다. 1900년 10월 김경천 가족은 서울 사직동으로 이사했고 김경천은 1904년 일본 유학길에 올랐다. 1905년 9월 김경천은 도쿄 육군유년학교 예과에 입학했다. 650명 중 유일한 한국인이었다. 예과를 마치고 일본 육군사관학교에 23기생으로 들어가 1911년 일본 육군 소위로 임관했다.

김경천은 일본으로 유학을 떠나 육사에 들어간 과정을 『경천아일록』에서 대략 이렇게 설명한다. 일본이 러일전쟁에서 이기자 대한제국 정부는 유학생 50명을 선발해 일본에 보내기로 했다. 김경천 자신도 응모해 선발되었는데 처음부터 육사에 갈 생각은 아니

---

* 이시영은 김경천과 비슷한 시기에 만주로 망명해 함께 다니며 정을 쌓은 대구 출신 인물로, 이회영의 동생 이시영과는 다른 사람이다. 신동천은 신흥무관학교에서 함께 교관 생활을 한 대한제국 육군무관학교 출신 독립군 사령관 신팔균의 다른 이름이다. 김경천·신동천·지청천 세 사람은 '남만주 삼천三天'이라 불렸다. 신용걸은 김경천이 총사령관으로 있던 수청의병대 제1중대장이었다. 그는 소대원 21명이 전투에서 전사하자 자결했다.

었다고 한다. 무관인 아버지는 공업을 배우라고 했다. 그의 진로에 큰 영향을 준 것은 도쿄의 서점 주인이 건네준 책『보나파르트 나폴레옹』이었다. 김경천은 나폴레옹을 숭배하여 일본 육사를 선택하게 됐다. 그는 일본 유학은 자신이 군인이 되게 하여 민족을 위해 힘쓰도록 결심하게 했다고 밝혔다.

그러다 육사 재학 중에 나라는 일본으로 넘어갔고 김경천의 심적 갈등은 커졌다. 김경천은 육사 후배들인 지청천·홍사익 등과 울분을 토하며 언젠가는 광복을 위해 싸우자고 맹세했다. 일본 육사 45기인 이형석은 이렇게 회고했다.

조국이 강압적인 합방을 당하고 보니 그 젊은이들의 비분강개야말로 불가형언으로 안절부절이었다는 것을 능히 짐작할 수 있었다. 어떤 사람은 곧 전원이 퇴학하고 돌아가자는가 하면 어떤 사람은 이중교*二重橋 앞에 가서 전원이 자결하여 이 분하고 억울한 마음을 풀어보자고 하였는데 결국은 지청천의 주장에 따라 우리가 이왕 군사훈련을 받으러 온 것이니 배울 것은 끝까지 배운 다음 장차 중위가 되는 날 일제히 군복을 벗어 던지고 조국 광복을 위하여 총궐기하자는 맹세로써 결론을 짓게 되었다.

이렇듯 김경천은 일본 육사에 다니면서도 조선인 동기생들과

---

* 일본 궁성으로 들어가는 입구에 놓인 다리로, 오늘날은 '니주바시'라고 불린다.

함께 일제의 침략에 비분강개하며 장차 무장 항일투쟁에 몸담을 생각을 굳혀나갔다.

김경천은 임관 후 기병학교까지 마친 뒤 일본 육군 기병 중위로 근무하던 중 도쿄 유학생들의 2·8독립선언을 접하며 일본 육군에서 탈출할 마음을 본격적으로 먹게 된다. 그는 병을 핑계로 귀국했는데, 그 후 얼마 지나지 않아 3·1운동이 일어났다. 시위 현장을 보면서 김경천은 피눈물을 금할 수 없었다.

"자동차에 우리 청년 4~5명이 실려 있다. 모두 죄수복을 입었다. 그 근방에 나이가 40가량 되는 부인이… 그 뚫어지고 더러워진 치마로 얼굴을 가리고 통곡하는 것이 보인다. 아, 나도 가슴이 막히면서 두 눈에 눈물이 흐른다."

김경천은 더는 일본 군인으로 살 수 없었다. 총독부는 김경천 등 귀국한 현역 조선인 장교들에게 격일로 사람을 보내 움직임을 살피는 등 감시의 끈을 놓지 않고 있었다. 김경천은 일제의 시선을 돌리기 위해 일부러 방탕한 생활을 했다. 아내 윤정화와 이미 약속된 것이었다. 야간 도박장을 찾아다니고 젊은 커플들이 다니던 유흥클럽에 출입하며 감시를 따돌렸다.

그는 일본 육사 후배 이응준·지청천과 함께 서간도로 가기로 했다. 그러나 이응준은 중간에서 길을 달리했다.(이응준은 나중에 일본군 대좌까지 올랐으며 광복 후에는 초대 대한민국 육군참모총장을 지냈다. 지금은 친일반민족행위자로 분류돼 있다.) 김경천은 1919년 6월 6일 가족에게 알리지도 않고 감시를 피하고자 서울에서 수원으로 거꾸로 내려가 기차를 타고 신의주로 이동해서 압록강을 건넜다. 일본 육사 출신 군인이 망명하자 일제는 충격에 빠져 현상금으로 당시로는 거금인 5만 엔을 내걸었다. 부인을 체포해 남편의 행방을 대라며 고문했지만 부인도 알지 못했으니 알아낼 도리가 없었다.

김경천은 지청천과 함께 중국 안동에서 출발해 하루 20km 넘게 보름 동안 걸어 통전성 유하현 고산지에 있는 신흥무관학교에 도착했다. 두 사람보다 며칠 먼저 '삼천'의 한 사람인 신동천(신팔균)이 도착해 있었다. 정규 군사교육을 받은 세 사람이 교관에 합류함으로써 신흥무관학교는 천군만마를 얻은 셈이었다. 그러나 한편으로 세 사람의 등장으로 학교에는 질시와 갈등이 생겼다고 밝히고 있다. 게다가 마적이 습격해 학생과 교사를 납치해가는 등 학교 운영에 어려움도 많았다고 한다.

시베리아의 백마 탄 '김 장군'

김경천은 교관으로 일하는 도중 이시영의 죽음으로 서간도 삼원포에 있는 자치기관 한족회에 갔다가 새로운 길로 들어선다. 군자금 5만 원이 국내에서 서로군정서에 들어왔는데 김경천은 그 자금으로 무기 구입 임무를 맡게 됐다. 김경천은 1919년 9월 중순 길림으로 가 미국에서 온 박용만을 만난 뒤 하얼빈을 거쳐 이듬해 3월 블라디보스토크에 도착했다.

그런데 그날 12일 소비에트 적군赤軍(1917년 러시아혁명 이후 공산당 정부가 만든 혁명군)과 한인 빨치산부대가 아무르강 하구 니콜

라옙스크의 일본군을 전멸시킨 전투가 있었다. 일본 시베리아 주둔군은 보복으로 1920년 4월 4일 김경천이 머물던 블라디보스토크 신한촌을 포위 공격해 한인 빨치산과 민간인 5000여 명을 학살한 '4월 참변'을 일으켰다. 독립운동가 최재형도 이때 살해됐다. 김경천은 간신히 피신했다가 한인 빨치산 근거지인 수청 지역으로 이동했다. 그곳은 산악지대라 빨치산 활동을 하기에 적합했다.

수청(현 파르티잔스크)은 한인들이 많이 살던 연해주 동북해안 일대를 지칭하는데 외수청·내수청·소자하·도비허의 4구역으로 나뉘었다. 이곳도 일본군과 러시아 백군白軍(러시아혁명에 반대하는 군 세력)에게 점령당했다. 수청의 일본군과 친일 거류민단은 한인들을 체포하고 구타하는 등 몹시 괴롭히고 있었다. 중국 마적도 날뛰었는데 밤낮을 가리지 않고 한인 민가를 습격해 재물을 빼앗고 사람을 납치했다. 일본군이 마적들 뒤에서 그들을 선동하고 무기를 공급하고 있었다.

김경천은 마적을 일본군과 동일시하며 마을의 유력자들과 협의하여 의용군을 모집하고 무기를 구입한 다음 마적 토벌대를 조직했다. 1920년 4월 8일 마적 380여 명이 침입하자 김경천의 토벌대 45명은 소비에트 적군 600명과 연합해 360여 명을 몰살시켰다. 이어 마적을 토벌하는 상비군 격인 창해청년단을 조직, 총지휘관을 맡아 1920년 5월 다우지미 전투에서 마적 300여 명 중 60명만 살려보내는 전과를 올렸다. 마적을 몰살시킨 이 전투로 김경천은 동부 시베리아에서 '김 장군'으로 널리 알려지게 되었다. 마적을 토벌한 김경천은 수청지역에서 군정을 단행해 조선인뿐만 아니라 러시아인, 중국인들까지 다스렸다. 김경천의 증명서를 소지해야 다른 지역으로 이동할 수 있을 정도였다.

마적 잡는 일이 독립운동이냐고 말하는 사람도 있을 수 있다. 그러나 연해주는 한인들의 집단거주지로 독립군의 인적·물적 자원을 확보하는 근거지였으며, 마적은 그곳을 위협하는 주요 세력이었다. 따라서 마적 소탕은 일제와 싸우는 것과 동등하게 중요했다고 할 수 있다. 또한 김경천은 마적하고만 싸운 것은 결코 아니다.

1921년 1월 김경천은 블라디보스토크 임시정부 격인 대한국민의회에 참석하라는 공문을 받았지만 응하지 않았다. 김경천은 "독립을 하자는데 너무도 희생이 없다. 너무도 정치에만 눈이 팔리고 실천력이 적다. 너무도 자칭 영웅이 많다. 너무도 당파가 많다"고 한탄했다. 군인인 그에게는 오직 무장투쟁만이 독립의 길이었고, 자리다툼만 하는 임정은 곱게 보이지 않았다. 『경천아일록』 1921년 3월 21일자에 이렇게 적었다. 공명심에 빠진 독립운동가들을 비판하는 글이다.

무엇을 하든지 정직하지 않고 허명에 만족한다. 독립선언 이래로 더욱 더하다. 상하이정부라는 곳을 자꾸 몰려가는 것 보아도 알겠다. 또 북간도에 36개 단체의 독립군을 지어가지고 들썽거리는 것 보아도 알겠나. 모두 내징이요, 모두 참고관이요 된 거 아니된 거 되다가 못 된 거 모두 사령관이요 총재요 장교란다. 실로 한탄스럽지 않은가.

수청의병대의 모습. 김경천이 사령관이었던 이 부대는 연해주 일대에서 활동하며 일본군과 러시아 백군의 연합군과 싸웠다.

연해주 한인들은 1921년 4월 27일 '연해주한인총회'를 창립하고 총회장에 강국모, 군무부장 겸 사령관에 김경천을 선임했다. 김경천이 사령관을 맡은 이 조직의 군대가 '수청의병대'로 각지에서 모인 한인 빨치산 병력 800여 명으로 구성됐다. 『경천아일록』에는 이를 가리켜 항일 빨치산부대라고 썼다. 수청의병대는 보병과 기병으로 구성됐고 소총과 군마 80두, 기관총 4개, 육혈포(권총)도 가지고 있었다. 당시 신문에서는 김경천이 부하들로부터 존경을 받으며 재질이 영민하고 말을 잘 탄다고 보도했다.

김경천은 트레치푸진에 설립된 사관학교 교장도 맡아 사관 양성에도 힘을 쏟았다. 김경천은 정치에 눈이 팔린 다른 동지들을 비판했듯이 자신은 전장의 포화와 총탄 속에서 목숨 걸고 싸우는 진정한 군인이 되고자 했다. 그러나 싸움을 해도 독립은 멀게만 보였고 독립군들의 피해만 커지고 보급품이 절대적으로 부족했다. 군복이 없어 러시아 적군에게서 지원받을 정도였다. 김경천은 그런 현실을 너무나 안타까워했다.

러시아 적군과 대일 연합전선을 꾸리다

그해 8월 수청의병대는 연해주 적군과 연합해 일본군과 전투를 벌이기 시작했다. 일본군은 러시아 백군과 연합해 의병대와 적군을 공격했다. 당시 일본은 러시아혁명 이후 극동지역이 혼돈에 빠지자 시베리아를 차지할 기회라고 판단해 17만여 명이라는 많은 병력을 배치했다. 일본은 연해주를 점령하려면 러시아 적군을 몰아내야 했고 그런 점에서 백군과 이해가 맞아떨어졌다. 반대로 우리 독립군은 일본군과 싸워야 했기 때문에 적군과 연합할 필요가 있었다. 이에 따라 '독립군+적군 vs 일본군+백군'의 대결 구도가 형성됐다. 김경천은 부하들에게 다음과 같이 연설했다.

"이국땅에서 우리의 철천지원수 일본군을 공격하고 조국의 자유와 독립을 달성하는 것이 우리의 목적입니다. 일본군은 조선을 강점한 것처럼 러시아의 광활한 극동지역을 점유할 목적으로 이곳에 온 것입니다. 때문에 우리들은 러시아 형제들과 합세하여 10만 명의 사무라이 대군을 격멸해야 합니다."

그러나 1921년 11월 수청의병대와 적군은 일본군과 백군에게 중과부적으로 밀려 포위당한 뒤 퇴각하게 됐다. 카르톤 마을에서 적군 대대장은 일본군과 백군 연합군에게 항복하고 말았다. 김경천은 기병을 데리고 이만Iman(현 달네레첸스크) 지역으로 이동했다. 엄동설한에 후퇴하던 그때의 처절한 상황을 김경천은 『동아일보』와의 인터뷰에서 이렇게 설명했다.

"하루에 귀리 죽 몇 그릇을 먹고 발을 벗고 눈이 길같이 쌓인 산속에서 지내니 그 고생이 어떠하였겠소. 겨울에 맨발로 얼음 위를 지나가서 얼음에 발이 베어 발자국마다 피가 고이었소."

이듬해 1월 김경천은 적군 패잔병과 의병대의 혼성부대를 이끌고 이만지역의 백군을 공격했다. 200여 명의 혼성 부대는 700여 명의 백군과 6시간 동안 전투를 벌인 끝에 이만을 정복했다. 이 전투는 시베리아 내전에서 가장 위대한 전투라는 평가를 받는다. 김경천의 부대원은 단 12명이 목숨을 잃었다. 『동아일보』 1923년 7월 29일자 신문은 김경천의 육성을 이렇게 실었다.

나는 백군의 중간 연락을 끊기 위하여 이만에 있는 백군 총공격을 시작하니 제1차로 백군이 수백 명 죽고 대략 여섯 시간 동안 격렬히 싸우는데 백군은 대포를 내리다 질러서 탄환이 우박 쏟아지듯 하였소. 조선 군사가 싸움을 참 잘합디다. 여러 가지 미비로 훈련이 부족하고 기계가 불비하건마는 빠득빠득 악을 쓰고 싸우는데 놓는 밭마다 그 큰 아라사(러시아) 군대가 떨어지지 않을 때가 없었소. 이리하여 아라사 군대가 조선 군사라면 떨게 되었소. 그들의 말이 적군뿐이라면 하잘것없는데 눈 까만 놈들 때문에 결단이라고 하였었소. (…) 탄환이 비 쏟아지듯 하는 속에 말을 타고 서서 지휘하는데 백군들이 대포를 놓다가 번한 불빛에 나를 보고 '꺼레이츠'란 소리를 지르고 달아나는 자가 있었소. 이리하여 이만은 완전히 점령하였으니 (…)

『경천아일록』에는 이렇게 기록돼 있다.

이 전쟁에서 나는 가장 많은 탄환이 빗발치는 가운데서 군대를 지휘하였다. 지금까지 여러 차례 수행한 전쟁 중에서 제일 많이 집중하여 쏟아지는 적탄 한가운데에 있었으며 전후좌우 장졸이 모두 여러 군데 부상을 당했으나 적탄은 나의 머리카락을 한 올도 못 건드렸다. 한인, 러시아인 양쪽 군인들이 내게 위험하다고 말하나 나는 '아직 일본군과 백군과 마적들은 나를 맞힐 탄환을 못 만들었다' 하고 웃었다.

1922년 3월 김경천은 적군과 연합해 약골리가를 공격했다. 백군은 우수리스크 쪽으로 쫓겨났다. 백군이 한반도 쪽으로 퇴각할 듯하자 김경천은 일본군의 경계선을 뚫고 수이푼秋風 지역으로 돌격했다. 김경천은 이때의 상황에 대해 "범의 허리를 밟고 지나가는 듯한 장쾌한 모험이었소"라고 말했다. 김경천이 큰 승리를 거두자 연해주 러시아 혁명군 사령관은 김경천을 포시에트 구역 빨치산 사령관으로 임명했다.

강제이주와 유배 끝에 시베리아에서 지다

1922년 여름 이후 김경천은 무관학교를 설립하고 러시아 육사에서 교관을 초청해 급여를 주며 교육에 공을 들였다. 러시아 적군의 도움을 받아 한반도로 진공하겠다는 게 김경천의 목표였다. 그런데 예상치 못한 일이 벌어졌다. 패퇴를 거듭하던 일본군이 시베리아에서 철수하자 러시아 적군은 1922년 12월 말 동맹군인 빨치산부대에 해산 명령을 내린 것이다. 연해주지역에서 소비에트 권력을 강화하기 위한 것이었다. 김경천에게는 절망적인 소식이었다. 김경천의 부대는 러시아 영토 안에서 러시아의 지원을 받아 활동하던 터라 그 요구에 불응할 수도 없었다.

그런 상황에서 김경천은 계속 독립운동의 길을 찾으려 했다. 1923년 2월 상하이에서 국민대표회의가 열리자 김경천은 일본인 행세를 하며 목숨을 걸고 일본이 지키는 지역을 통과해 참석했다. 그러나 분열상에 실망만 하고 돌아왔다. 그해 4월 무렵 김경천은 블라디보스토크 인근 구로지코에 무관학교 설립을 추진하고, 다음 해 4월에는 한족군인구락부를 조직했다. 또 1926년에는 블라디보스토크에서 윤해 등과 함께 민족당주비회民族黨籌備會를 조직하기도 하는 등 항일 군사활동을 중단하지 않았다. 그러나 러시아의 견제로 활동에 제약이 따랐고 김경천은 실의의 나날을 보냈다. 이후 김경천은 1932년부터 하바롭스크 합동국가보안국 통역으로 일하며 블라디보스토크 고려사범대에서 군사학을 가르치기도 했다.

1935년 무렵 스탈린의 강압정치가 한인들에게도 영향을 미치

스탈린 시기 대숙청에 휘말려 수용소에 들어갔을 때 찍은 김경천의 사진. 그는 결국 고국으로부터 머나먼 유배지에서 생을 마감한다.

기 시작했다. 소련 당국은 일본과 내통할 우려가 있다는 이유로 많은 한인들을 잡아가두고 유배 보냈다. 김경천은 간첩죄로 체포돼 1936년 9월 3년형을 받고 복역하다 1939년 2월 석방됐다. 그 사이 카자흐스탄 카라간다로 강제 이주를 당한 가족과 재회했지만, 그것도 잠시 그해 12월 간첩죄로 유죄 판결을 받아 시베리아로 보내졌다. 김경천이 공산주의자가 아니었던 점이 이유가 됐을 것이다.

김경천은 2년 동안 철도 건설 노역에 동원됐다가 1942년 1월 2일 소련의 북동쪽 끝 코미자치공화국으로 유배돼 심장질환으로 사망했다. 스탈린이 죽은 뒤 김경천은 무죄 선고를 받았고 사후 복권됐다. 김경천은 수용소 근처에 집단으로 묻혀 별도의 묘소조차 없다.

김경천은 2남 4녀를 두었다. 부인과 가족은 조선에서 죽음을 무릅쓰고 블라디보스토크로 밀항해 먼저 망명한 김경천과 합류했으며, 빨치산 사령관 가족으로 고난과 위험이 연속인 생활을 보냈다. 거기에다 강제 이주는 더욱더 큰 고통을 주었다. 가족들은 국영농장에서 힘든 노동에 동원됐고 인민의 적으로 박해를 받았다. 후손들은 현재 러시아와 카자흐스탄 등지에 흩어져 살고 있다. 1998년 막내아들 김기범 씨(1932년생)와 막내딸 김지희 씨(1928년생)가 정부의 초청을 받아 아버지 사후 처음으로 고국을 방문했다. 2015년 8월, 정부는 모스크바에 사는 의학박사인 김경천의 손녀 옐레나 필랸스카야 등 후손 7명의 특별귀화를 허가했다.

김경천은 일본 육사를 졸업하고 일본군 장교라는 미래가 보장된 신분을 버리고 항일 투쟁에 뛰어들었지만, 소련의 강압정치에 희생돼 쓸쓸이 죽어갈 때까지 고난의 길을 걸어야 했다. 일본 육사 출신 중에는 일본군 장교로 광복 때까지 복무하고 정부 수립 후에도 일본군 경력을 인정받아 국군 장군이나 장교가 된 사람들이 적지 않다. 이응준이 그렇고 박정희가 그렇다. 신태영·채병덕·이종찬·김정렬·박원석·이형근·백선엽 등도 일본군 출신으로 대한민국 장교가 됐고, 장군까지 됐다. 이들처럼 식민 통치에 협력하며 일신의 안달을 누릴 수 있던 길을 거부하고 독립운동이라는 가시밭길에 뛰어든 김경천과 지청천, 노백린을 우리는 잊어서는 안 된다.

오동진

1889. 8. 14. ~ 1944. 12. 1.

신출귀몰 만주독립군 사령관

1920년대에 만주에서 압록강을 몰래 건너와 동에 번쩍 서에 번쩍하며 일제의 경찰서와 시설을 파괴하고 일본 경찰과 군인을 처단한 독립군 장군이 있었다. 어떻게나 민첩했는지 별명이 '오천리鳴千里'였다. 오씨 성을 가진 그가 천리를 쏜살같이 오가며 일제의 후방을 교란한다는 뜻에서 붙여진 이름이었다. 일제의 입장에서는 두통거리가 아닐 수 없었다. 이렇게 신출귀몰하며 일본 경찰과 군인들과 맞선 장군이 바로 오동진吳東振이다.

독립운동의 방략은 크게 실력을 키우자는 애국계몽운동, 이승만이 주장했던 외교, 직접 총칼을 들고 일제와 싸운 무력투쟁으로 나눌 수 있다. 방략마다 각각의 역할이 있고 조국의 독립이라는 똑같은 목적이 있었지만 몸을 던지는 무력투쟁이 가장 큰 고난과 역경의 길이었음을 아무도 부인할 수 없을 것이다. 비바람이 몰아치는 산중에서 잠을 청하기도 하고 주먹밥 한 줌으로 허기를 달래며 총알이 빗발치는 가운데 일본 군경과 목숨을 걸고 싸우며 겪은 고통과 시련을 어찌 필설로 설명할 수 있을까. 죽거나 다치거나, 체포되어 고문을 당하는 일은 만주에서 흔히 벌어지는 일이었다. 험난한 무력투쟁의 길을 스스로 선택한 독립군과 지휘관들은 특별한 평가를 받아야 마땅하다.

김동삼·김좌진·양세봉과 더불어 만주 독립운동의 맹장으로 평가받는 오동진을 기억하는 사람은 드물다. 건국훈장 다섯 가지 가운데 1등급인 대한민국장을 받은 독립운동가는 김구·안창호·안중근·윤봉길·이승만 등 모두 30명인데 그 안에 오동진도 포함돼 있다. 독립운동사에서 이들에 필적할 만한 공을 세운 인물로 평가받지만 놀랍게도 세간에 거의 알려지지 않았다. 변변한 연구 논문 한 편 없다.

오동진의 유년 시절은 잘 알려져 있지 않다. 북한 태생이기도 하고 관련 기록이나 자료가 거의 없다. 1889년 평북 의주군 광평면 청수동 659번지에서 태어난 오동진은 생후 반년 만에 생모를 잃고 후모後母 백씨의 손에 자랐다고 한다. 오동진이 태어난 곳은 작은 포구였다. 어릴 때부터 온후하고 정의감이 남다르게 강했으며, 기쁨과 슬픔을 얼굴에 잘 드러내지 않았다고 한다. 오동진은 안창호의 연설을 듣고 크게 감동해 안창호가 세운 평양 대성학교 사범과에 입학했다. 19세에 졸업한 오동진은 고향으로 돌아가 일신학교를 설립해 청소년들을 가르쳤다.

임정 휘하 군사조직에서 활동하다

1919년 3월 기미독립만세운동은 오동진의 인생행로를 바꾸었다. 오동진은 독립선언서를 가지고 고향 마을로 가서 만세운동을 벌였다가 체포령이 내려지자 3월 18일 중국 관전현(현 콴뎬현) 안자구安子溝로 망명했다. 이때부터 평생 온몸을 내던진 오동진의 무장독립투쟁이 시작됐다. 오동진은 윤하진·장덕진·박태열 등을 규합하여 비밀결사인 광제청년단을 조직하는 한편 의용대를 편성해 군자금을 모금했다.

광제청년단을 비롯해 3·1운동을 계기로 1919년 말 국내외에 조직된 우국 청년들의 중소 독립운동단체는 300여 개에 이르렀다. 이에 따라 청년들의 독립운동단체들을 연합한 대한청년단연합회가 1919년 12월 창립됐는데 오동진도 광제청년단을 이끌고 동참했다. 총재는 독립운동가들의 변호를 맡다가 독립운동에 뛰어든 안병찬이었다. 연합회에 참여한 청년단은 59개 단체에 이르렀고 회원은 3만 명을 넘었다고 한다.

상하이 임시정부는 1920년을 독립전쟁의 원년으로 정하고 서·북간도 독립군 단체를 통합해 임정에 복속시키려 했다. 서간도 독립군 단체들은 임정을 지지했지만 통합은 사실상 실패했다. 서간도의 유력한 독립운동단체인 서로군정서와 한족회가 참여에 부정적이었기 때문이다. 다만 대한청년단연합회·민국독립단·의용단 등의 일부 단체들이 통합돼, 임시정부 군무부 산하 서간도 방면 사령부인 광복군사령부를 1920년 8월 1일자로 조직할 수 있었다. 그렇게 연합회에 참여한 오동진도 임정 주도의 광복군사령부로 들어가게 되었다. 오동진은 광복군사령부의 제2영장을 맡았다. 이보다 한 달 앞서 1920년 7월 광복군총영이라는 또 다른 이름의 군사조직이 결성되었는데 사령관이 조맹선(참모장 이탁이 대행), 총영장이 오동진이었다.[*]

임성이 이끄는 군사조직의 중책을 맡게 된 오동진은 무기를 구입하고 무장을 강화해 일제를 응징할 기회를 노리고 있었다. 임시정부에서 장총 240여 정과 탄약을 입수해 무장투쟁을 준비했는데, 마침 기회가 찾아왔다. 미국 의회 동양시찰단인 모리스 의원 등 상원의원 일행이 1920년 8월 14일 서울에 들어온다는 정보를 입수한 것이다. 그들 눈앞에서 일제를 타격하는 파괴 공작을 펼쳐 우리 민족의 독립 의지를 세계에 널리 알리려는 계획을 세웠다. 총영은 결사대원 13명을 3개 대로 나누어 밀파했다. 김영철 등 제1대는 서울, 안경신 등 제2대는 평양, 임용일 등 제3대는 신의주와 선천 방면을 맡았다.

제1대는 서울로 가는 도중 평북 자성군수와 황해도 장연군수를 처단했다. 그러나 종로경찰서와 이완용의 집을 폭파하려던 계획은 대원들이 전원 체포됨으로써 실패로 끝나고 말았다. 여성 독립운동가 안경신이 속한 제2대는 평양의 경찰서 신축 건물을 폭파했으며

---

[*] 학계에서는 조직 체계는 다르지만 오동진을 비롯한 참가 인물들이 겹치는 광복군사령부와 광복군총영을 같은 단체로 보는 견해와 먼저 조직된 광복군총영이 광복군 사령부의 예하 기관이 되었다는 등의 견해가 나뉜다.

오동진: 신출귀몰 만주독립군 사령관

일본 경찰 2명을 죽였다. 일제는 안경신이 숨어 있는 곳을 찾아내 체포했다.(안경신이 임신 중이었으며 평양에 압송될 때는 생후 12일 된 아기를 안고 있었다.) 제3대는 선천경찰서에 폭탄을 던져 파괴했다. 폭탄을 던진 박치의는 사형 판결을 받았다.

놀란 일제는 이 사건을 지휘한 오동진을 체포하느라 혈안이 됐다. 오동진은 체포되지도 않았는데 재판에 회부돼 궐석재판으로 징역 10년형을 받았다. 이 궐석재판은 나중에 오동진이 체포되었을 때 형량에 영향을 미치게 된다.

독립운동에 관계된 인물로 오동진을 모르는 이가 없다

오동진은 만주 독립운동단체들이 이합집산할 때마다 각 단체의 사령관을 맡아 독립군의 무장투쟁을 지휘하고 이끌었다. 1922년 환인현 하구에서 한족회·독립단·광복단·광복군총영 등이 통합돼 대한통군부가 출범하자 오동진은 재무부장에 임명되어 독립운동 자금 모집에 나섰다. 1922년 6월 양기탁의 동삼성東三省 독립운동단체 통합 제안으로 발족한 대한통의부에서도 재무부장·교통부장에 이어 군사위원장이 돼 독립군을 지휘하며 무장투쟁을 벌였다. 오동진이 이끌던 무장 독립군은 국내에 침투해 일제와 싸워 큰 전과를 거두었다. 압록강 일대 삭주·벽동·후창·초산·무산 등의 경찰 주재소와 관공서를 습격했다.

1924년 대한통의부 내부에서 분란이 생겨 의군부가 살라져 나가는 등 분열되자 오동진은 김동삼·지청천 등과 남만주 길림주민회, 의성단 등을 규합해 정의부를 조직하고 군사위원장이 되었다. 그러다 사령장 신팔균이 전사함에 따라 그 자리도 겸임하며 명실상부한 사령관이 됐다.

1925년 10월에는 이탁·김좌진 등과 임시의정원 국무원에 임명됐지만 만주에서의 무장투쟁이 더 중요하다고 판단해 상하이에는 가지 않았다. 1926년에는 길림성에서 고려혁명당을 조직하고 휘하의 군대를 지휘했다.

그러던 어느 날 오동진은 밀정의 덫에 걸려 체포된다. 오동진은 독립군 부하들의 양식 조달을 위해 길림에 농업공사를 만들었는데 운영난으로 그와 부하들은 굶기를 밥 먹듯이 했다. 이를 본 옛 동지 김종원이 오동진에게 "삼성三成 금광주인 최창학이 선생을 만나 뵙고 싶어 한다"고 거짓말을 했다. 이 말을 믿은 오동진은 1927년 12월 16일 장춘長春(현 창춘시) 시내 약속 장소에 나갔는데, 이것은 일제가 파놓은 함정이었다. 김종원은 이미 일제의 앞잡이가 돼 있었다. 결국 오동진은 잠복해 있던 신의주경찰서 고등계 형사인 김덕기*에게 붙잡혔다.

오동진은 만주 독립운동계에서 없어서는 안 될 중요한 인재이

---

* 김덕기는 노덕술, 하판락과 함께 조선인 3대 악질 형사로 꼽히며, 16년 동안 일제 경찰로 일하는 동안 수많은 독립군과 애국지사들을 잡아들였다. 그가 검거해 송치한 독립군이 1000명이 넘었고 그중 20%가 사형 또는 무기징역 형을 받았다. 김덕기는 1949년 2월 8일 경춘선 마석역 앞에서 반민특위에 체포돼 서대문형무소에 수감됐다. 대부분의 혐의를 부인했지만 반민족 행위자로서는 처음으로 사형을 선고받았고, 반민특위 해체로 감형된 뒤 6·25전쟁 중에 횡사한 것으로 전해진다.

자 거물이었다. 독립군으로서는 유능한 장군을 그대로 잃을 수 없었다. 정의부는 사령관을 빼내기 위해 작전을 짰는데 일제에게도 정보가 들어가 신의주경찰서 유치장에 무장경관을 세워놓는 등 철저하게 지켰다. 그럼에도 1928년 4월 정의부 군사부 제10중대 결사대원인 최여련과 최봉조 2명이 오동진을 구하려 경찰서로 잠입을 시도했지만 경찰에 포위돼 붙잡혔다. 독립군들의 탈취 시도에 코웃음을 쳤다는 신의주경찰서장을 끝내 응징하지 못하고 오동진을 구하려는 작전은 성공하지 못했다.

만주와 한반도에서 오동진이 벌인 투쟁은 너무나 방대해 조사하는 데 긴 시간이 걸렸다. 오동진의 활동만큼 일제가 붙인 죄목은 방대했고 수사·재판 기록은 쌓아두었을 때 높이가 $5m$가 넘었다고 한다. 오동진은 만주 독립운동 단체로서는 가장 컸던 대한통군부·대한통의부·정의부의 주요 지휘관이나 사령관으로 8년 동안 무장투쟁을 벌여왔기 때문이다. 그의 투쟁사는 3·1운동 이후의 만주 독립운동사와 같다고 할 수 있는 셈이다. 만주 무장투쟁에서 오동진의 위상을 엿볼 수 있는 『매일신보』 1928년 1월 9일자 기사가 있다.

조선 독립운동에 관계된 인물로서 오동진을 모르는 이가 없는 만큼 모든 사건에 거의 전부가 관련되었음은 사실이며 (…) 그의 부하는 수를 헤아릴 수 없을 만큼 많아 대략 삼천 이상에 달하며 군자금 모집액도 이백만여 원을 계산하리라더라.

재판이 열린 신의주 지방법원 법정에는 오동진의 모습을 보려는 방청객들이 쇄도했다. 오동진은 그들 앞에서 큰 소리로 "독립만세"라고 외치거나 노래를 불렀다. 또 "하느님의 명령"이라면서 재판을 거부했다. 오동진의 광적인 행동은 일부러 미친 척함으로써 일제와 일인日人의 재판에 저항한 것으로 볼 수 있다. 일본인 의사는 오동진에게 '형무소 정신

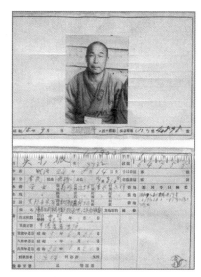

오동진이 마포형무소에 수감돼 있던 1939년에 작성된 수형카드.

병'이라는 기이한 병명까지 붙였다. 하지만 오동진은 정신을 차려서는 "내가 무슨 잘못한 일이 있기에 징역살이를 하며 또한 설혹 잘못한 일이 있다 하더라도 나는 조선 사람이니까 너희 일본놈의 재판을 받을 필요가 없다"고 말했다고 한다.

왜 우리는 그를 잊어버렸나

옥중에서 오동진은 일제에 저항해 여러 번 단식투쟁을 했다. 오동진은 광인狂人 행세를 하고 1929년 11월부터 33일이나 단식을 하는 등 재판에 협조하지 않았다. 당시 감옥의 전옥典獄(교도소의 우두머리)은 "30일 이상의 금식은 세계적인 기록이다. 나는 그의 신앙

심에 경의를 표하고 그의 건강을 해치지 않도록 의사로 하여금 건강을 조사하게 하는데 정신은 더욱 또렷하였으며 기도하는 데 방해되지 않도록 그의 감방 근처에서는 큰 소리로 이야기도 하지 못하도록 간수들에게 주의시킨다"고 말했다고 한다. 찾아간 기자들에게 한 말이니 미화한 것이겠지만 일종의 경외감을 가지고 있었던 건 사실로 보인다.

서울 마포형무소에서 한 단식 기간은 무려 48일로 세계에서 유일한 사례라고 한다. 악랄한 일본인 형무소장도 그런 오동진에게는 예를 갖추고 인사를 했으며 '카미사마神'라고 부르기도 했다. 독립운동가 이규창(이회영의 아들)은 회고록에서 마포형무소(경성감옥)에서 같이 수감생활을 한 오동진에 대해 이렇게 썼다.

그분을 상면하니 저런 분이 어찌 왜놈의 군인과 맞서 선두 지휘를 하시며 혈전을 하셨나 할 정도로 외모가 잘생기셨고 그 풍채가 관후유덕하시며 인자한 풍기가 주위 사람에게 호감을 주실 뿐 아니라 인정이 철철 넘쳐흐른다. 그분이 무기형을 받고 마포로 수감된 후 왜놈에게 요구 조건을 제시하나 불허하므로 단식투쟁을 선포하고 단식에 돌입하였다. 처음 15일간은 물도 한 잔 안 먹었다. 소장이 병동에다 수감하고 왜놈 간수에게 감시를 하게 하고 조선 사람은 얼씬도 못 하게 하고 매일 변기를 검사하였다. 물 한 모금도 안 먹었으니 소변인들 나올리가 없었다.

오동진은 아내는 물론 어떤 사람이 찾아와도 면회를 거절했다. 부인과 아들은 옥 밖에서 통곡을 하고는 돌아갔다고 한다. 면회를 거절하며 오동진은 이렇게 말했다. "한번 몸을 나라에 바쳤으니 나 개인의 집안일을 돌보고 걱정하고 그리워할 수는 없다."

1931년 12월 14일 오동진은 정신감정 등의 이유로 서대문형무소로 비밀리에 이송됐다. 1932년 3월 9일에 구형대로 무기징역을 선고받았고 2심 선고도 무기징역이었다. 오동진은 상고를 포기했으며 장기수를 수용하던 마포형무소로 이감됐다가 1944년 정신질환자들을 수용하던 공주형무소로 다시 옮겨졌다. 그해 12월 1일 오동진은 17년이 넘는 세월의 모진 옥고를 견디지 못하고 광복을 1년도 채 남겨 놓지 않고 옥중에서 순국했다. 나이 55세였다.

오동진이 숨을 거둔 땅 충남 공주의 공산성 주차장 한쪽에 오동진의 추모비가 덩그렇게 서 있다. 서울 동작동 국립현충원 무후선열제단(후손이 없는 이들을 모신 제단)에는 순국선열 중 유해를 찾지 못한 130분의 위패가 봉안돼 있는데 그중 오동진의 위패도 있다. 오동진의 묘소는 북한 애국열사릉에 있는데, 공주형무소에서 순국한 오동진의 유해가 왜 북한으로 옮겨졌는지는 확

충남 공주 공산성 주차장에 있는 오동진의 추모비. 오동진에 대한 거의 유일한 기념물이다.

인되지 않는다. 오동진은 아들 하나를 두었는데 12살의 어린 나이에 만주에서 극장 화재사고로 사망한 것으로 알려져 있으며, 부인의 행적도 알 길이 없다. 만주 일대 독립운동의 거두였던 오동진은 그렇게 잊혀져갔다.

일제의 통계에 기록돼 있길, 오동진은 1927년까지 부하 1만 4149명을 지휘하면서 일제관공서를 143회 습격하고, 일제 관리 149명과 밀정 765명을 살상했다. 그 정도의 성과는 항일무장투쟁사에서 드물다. 오동진은 최고 등급의 훈장을 받았지만 활약상은 덜 알려졌고 연구도 미흡하다. 양세봉처럼 북한 출신인데다 재판과 수형생활 과정에서 실제 미치광이처럼 보이는 행동을 했고 북한이 애국열사릉에 안장하고 받든다는 이유 때문은 아닌지, 미루어 짐작할 뿐이다.

‖ 안희제

1885. 8. 4. ~ 1943. 8. 3.

독립운동 자금 젖줄 역할한 기업가

부산 용두산공원에 가면 무심코 지나치는 동상이 하나 서 있는데 독립운동가 백산 안희제安熙濟의 동상이다. 독립운동사에서 큰업적을 남겼으면서도 일반인들에게 생소한 안희제는 누구보다 다양한 방략으로 평생 독립운동에 몸을 바친 인물이다. 백산의 방략은 크게 교육·기업·언론·농업이민·종교 등으로 나눌 수 있다. 그중에서도 가장 높게 평가되는 것은 상하이 임시정부가 막 탄생했을 무렵부터 백산무역을 경영하면서 '독립운동 자금의 젖줄' 역할을 했다는 점이다.

백산무역의 자금이 상하이로 전달됐다는 직접적인 증거는 많이남아 있지 않다. 자금 전달은 매우 은밀하게 해야 했고, 보안을 지키려 기록을 남기지 않았기 때문이다. 그럼에도 안희제의 임정 지원은 의심의 여지없는 사실로 인정된다.

물증은 없지만 확실한 증언
이 있다. 광복 후 임정 주석으로
귀국한 백범 김구가 경주 최부
잣집의 최준에게 독립운동 자
금을 확실하게 받았다고 말한
것이다. 최준은 백산상회의 주
주, 백산무역의 사장으로 안희
제와 함께 기업을 경영한 사람
이다. 백범이 최준을 경교장으
로 초청해 그가 받은 독립운동
자금 장부를 보여주었을 때 최

백산 안희제 초상화.

준이 장부를 보고 안희제의 묘소를 향해 엎드려 통곡했다고 한다.
최준이 출자한 돈이 한 푼도 어김없이 임정에 전달됐음을 확인했
기 때문이다. 또한 막대한 돈이 투자된 백산상회와 백산무역이 특
별한 영업활동을 한 것도 없이 자금난에 시달렸고 결국에는 해산
할 수밖에 없었던 것은 자금이 임정으로 흘러들어갔기 때문으로
볼 수 있다.

무장투쟁이나 국제 외교 활동처럼 눈에 띄는 일도 아니고, 철저
히 비밀리에 행해진 일이었지만, 그 뒤에서 자금을 지원하고 활동
을 도운 이들의 업적도 우리가 간과해선 안 된다.

독립운동도 돈이 있어야 할 수 있다

안희제는 1885년 9월 12일 충절의 고장 경남 의령군 부림면 입산마을(설뫼마을)에서 태어났다. 의병장 '홍의장군' 곽재우의 생가가 지척에 있는 곳이다. 백산 가문의 선조 안기종도 왜병과 싸운 의병장이었다. 입산마을은 낙동강 지류인 유곡천이 마을 앞에 흐르는 비옥한 땅으로 백산의 집안은 대대로 이어지는 부자였다. 안향安珦의 후손인 탐진 안씨가 조선 중기부터 이 마을에 정착했으며 안희제의 생가인 '백산고가白山古家'가 아직도 남아 있다.

"새는 한가로움을 좋아해 외진 골짜기를 찾고 해는 치우치기를 싫어해 중천에 떠 두루 비치도다."

한학에도 뛰어났던 안희제가 유년 시절 지은 시다. 안희제는 20세에 을사늑약 소식을 듣고는 구국의 일념을 품고서 부모의 반대를 무릅쓰고 달이 밝은 날 밤 몰래 상경했다. 그는 보성전문학교에 입학했다가 1년 후 양정의숙으로 옮겨 1910년 졸업했다.

1909년 10월 안희제는 남형우·김동삼·서상일 등과 함께 국권 회복을 위한 비밀결사체인 대동청년당을 결성했다. 단장은 남형우였고 백산이 부단장이었다. 이들은 조직적 항일 활동을 하지는 않고 경술국치 이후 다양한 분야로 나아가 개별적으로 활동했다. 무장투쟁, 임시정부, 의열투쟁, 학교 설립과 독립운동 지원 등이 주 내용다.

안희제가 선택한 길은 무력 저항보다는 실력 양성, 계몽운동, 그리고 독립운동 자금 지원이었다. 양정의숙을 졸업하기도 전인

안희제: 독립운동 자금 젖줄 역할한 기업가

백산상회가 있던 건물. 사진은 1970년대 촬영된 것으로, 현재는 이 건물을 허물고 그 자리에 백산기념관이 들어섰다.

1909년 백산은 먼저 부산 구포에 구명학교(구포초등학교 전신)를 세워 교장을 맡고, 의령에는 의신학교를, 입산마을에 창남학교를 설립했다. 나라가 일제에 넘어가자 안희제는 26세 때인 1911년부터 3년 동안 러시아와 만주를 돌아보며 안창호·이갑·신채호·김동삼·이동휘 등 독립운동가들과 교류했다. 여행을 통해 안희제는 조국의 독립을 위해 자신이 할 일을 다시 한 번 되새겼다.

"국민을 교육하는 일이 급선무인데 우리가 가난해서는 어렵습니다. 부산을 일본인 손에 넘겨줘서야 되겠습니까." 귀국한 안희제는 부산으로 가서 이렇게 호소해 1914년 9월 백산상회를 창립했다. 백산상회는 곡물·면포·해산물을 위탁 판매하는 개인기업이었는데 3년 후 합자회사로 전환했다. 뜻있는 자산가들을 영입해 독립운동 자금을 조달하겠다는 목적을 실현하기 위해서였다. 경남 양산의 대지주 윤현태와 경주 최부자로 유명한 최준 등 영남 자산가들로부터 거액의 협력을 받았고, 자본금 14만 원 중 백산은 3만5000원을 불입했다. 고향 논 2000마지기(40만 평, 132만m^2)를 팔아 이 자금을 마련했는데, 지금 가치로 따지면 수십억 원은 족히 되는 돈이었다. 하지만 백산상회는 점차 자본 잠식 상태에 이른다. 경영을 잘못해서가 아니라 애초에 기업활동에 목적을 두지 않고 독립운동 자금 조달 기지로서의 역할에 충실했기 때문이었다.

중국 상하이에서 임시정부 수립 움직임이 일 무렵인 1919년 초 백산상회는 백산무역주식회사로 확대 개편됐다. 영남지역의 유력한 청년 자산가 40명이 참여해 100만 원의 자본금을 확보했다. 주주들의 출자금 내부분은 임시정부 운영자금으로 보내진 것으로 보인다. 윤현태의 동생 윤현진은 상하이로 건너가 임정 재무차장을 맡았다. 보성전문학교 출신으로 대동청년당 초대 단장이었던 남형우도 상하이로 가서 임정 법무차장, 법무총장, 교통총장에 번갈아 선임돼 국내와의 연락 업무와 군자금 모집 활동을 했다. 이들의 상하이행은 백산상회의 임정 자금 지원과 관련된다. 백산무역은 국내외 20여 곳에 지점과 연락사무소를 두었는데, 독립운동 연락기지이자 자금 전달 경로 및 임정의 『독립신문』 배포 통로로 기능했다. 백산무역은 겉만 기업이었다. 김규식이 파리평화회의에 독립청원서를 제출할 때도 백산은 그 경비를 제공했다.

백산무역을 경영하는 한편으로 안희제는 1919년 11월 자산가들의 지원을 받아 후학 양성을 위한 기미육영회를 결성했다. 나중에 국회의원과 사회부 장관을 지낸 전진한, 초대 문교부장관 안호상, 북한 조평통 위원장을 지낸 국어학자 이극로, 국방부 장관을 지낸 신성모 등이 육영회 돈으로 독일과 영국에서 유학했다.

기업 활동에서 언론 활동으로

일제는 안희제나 백산무역이 독립운동을 돕는다는 사실을 짐작하고 있었다. 그러나 증거를 찾을 수 없었다. 주는 쪽이나 받는 쪽이나 비밀 유지가 생명이었기에 빌미가 될 만한 무엇도 남기지 않았기 때문이다. 일제는 사무실을 수색하고 의심 가는 사람을 연행해 고문하는가 하면 장부도 검열했지만 단서를 잡지 못했다. 백신상회는 독립운동 자금 송부를 장부상 거래나 결손으로 꾸며 추적을 따돌렸다. 안희제 역시 자신의 정체를 철저히 숨겼다. 일본인 여관에 묵었으며 금테 안경을 쓰고 일본식 복장을 하며 자신을 위장했다. 언론인 우승규는 이렇게 증언한다.

"안희제 선생은 부산에서 백산상회를 경영했고 나의 형 우응규는 만주 봉천에서 동래상회라는 정미소를 차리고 있었다. 그러나 백산상회와 동래상회는 말이 장사요, 또 외관으로만 간판을 걸었을 뿐, 이면을 보면 독립운동의 아지트로 큰 역할을 하던 연락조직체였다. 안동현에서 영국인이 경영하던 이륭양행怡隆洋行*을 중계점으로 하고 부산에서 안동현의 봉천을 연결하는 삼위일체의 결합체가 곧 이들 세 그룹이었다. 독립운동의 자금을 상하이 임시정부로 내보낼 때에는 백산 선생이 주동이 되어 이륭양행과 동래상회를 통해서 전달하는 방법을 썼다. 이 기록이 독립운동사에서 빠진 것

---

* 아일랜드인 조지 쇼가 1919년 5월 중국 단둥에 설립한 무역선박회사로, 독립군 명지 들의 국내 탈출과 잠입 등을 도왔다. 임시정부 교통국도 이 회사 건물 2층에 비밀리에 사무소를 설치했다.

이 못내 한스럽다."

1921년부터 전후 경제 불황으로 백산무역의 경영 수지는 더욱 나빠졌다. 영업도 부진했고 독립운동 자금을 계속 공급했기 때문이기도 했다. 자금난이 심해졌고 주주들 간에 마찰까지 생겼다. 설립자이면서도 뒤로 물러서 있던 안희제는 1925년 10월 임시주총에서 사장을 맡았다. 그러나 경영 수지는 개선되지 않았고 1928년 1월 백산무역은 결국 파산하고 말았다.

백산무역의 파산으로 안희제가 새롭게 모색한 독립운동의 길은 언론이었다. 백산무역을 경영하면서 이미 1920년 4월『동아일보』발기인으로 창간에 참여한 경력이 있었다. 안희제는 1928년 6월 당시 주요 일간지의 하나였던『중외일보』를 인수했다.『시대일보』의 후신인『중외일보』는 이상협이라는 신문 제작의 귀재가 발행인이었는데, 필화 사건으로 일제의 탄압을 받고 있었다. 안희제가『중외일보』를 인수한 직후 일제는 정간 조치를 내렸다.

42일 만에 정간이 해제되자 1929년 9월 안희제는『중외일보』사장으로 취임해 임원진을 새로 구성하고 신문의 부흥을 꾀했다. 임원진 중에는 독립운동가 최윤동·임유동도 있었다. 백산은 100만 부 무료 배포, 조석간 4면씩 하루 8면 발행이라는, 당시로서는 획기적이면서도 모험적인 영업 정책을 단행했다.

정간의 경험에도 불구하고『중외일보』는 일제에 대한 비판을 계속했고 1929년에 17회, 1930년에 31회 신문을 압수당했다. 당시 조선공산당 사건이나 광주학생운동이 일어나면서 일제의 언론 통제는 점점 심해지고 있었다. "일본에서는 사법관이 민권과 인권을 존중하면서 조선에서는 경찰과 검찰 모두 관념적 혐의가 있으면 즉시 검거, 인치, 구인 등의 수단으로 사법권을 남발하고 있다", "신의주고보 학생들이 일인 선생을 배척하는 운동으로 분규가 시작됐는데 학교 당국이 돌연 학생 10여 명의 퇴학을 명했다" 등의 기사를 일제가 가만히 놓아둘 리 없었다. 도쿄 대지진 피해를 소개하면서 사설을 통해 희생된 조선인을 추모했을 때도 압수당했다.

그러는 사이 경영은 날로 어려워졌다. 백산의 도전적 경영도 원인이 됐겠지만 툭하면 일제에 신문을 빼앗기거나 휴간을 당해 정상적인 발행을 할 수 없었던 것도 이유였을 것이다. 백산은 사채까지 써가며 신문을 살리려 했지만 결국 1931년 6월 19일자를 마지막으로 종간하고 말았다.

조국 땅을 지키며 민중과 더불어 합법적인 조직과 방법으로 독립을 꾀하겠다던 백산의 계획은 뜻대로 실현되지 않았다. 남은 것은 좌절밖에 없었다. 백산은 지인들에게 눈물을 흘리며 말했다.

"조국은 감옥이다. 자유 천지에 나가서 활개를 펴고 조국 광복을 기어코 달성하는 데 죽는 날까지 싸워보겠노라."

만주에서 새로운 미래를 꿈꿨지만…

안희제가 선택한 땅은 만주였다. 발해의 고도古都인 만주 목단강성 영안현 동경성(현 헤이룽장성 닝안시 둥징청진)에서 발해농장을 건설하겠다는 계획을 세웠다. 그곳은 발해의 옛 수도가 있던 땅이

중국 헤이룽장성(흑룡강성) 둥징청진에 있는 발해농장의 최근 모습. 지금도 안희제가 개척했을 당시의 농지와 수로가 그대로 유지되고 있고 농장 사무실도 거의 원형 그대로 남아 있다.

기도 했다. 거기서 황무지를 일궈 빈농의 자립을 돕고 독립운동기지를 건설하겠다는 것이 그의 원대한 꿈이었다. 이를 위해 고안한 제도가 자작농창제自作農創制였다. 농민에게 분배한 토지에서 생산한 곡물의 절반을 받아 다른 농지를 개간하고 수로를 개설한 뒤 다시 토지를 농민에게 나눠줘 자작농으로 만드는 방식이었다.

김태원이라는 인물이 안희제의 경제적 협력자가 됐다. 그는 경북 봉화 금광에서 노다지를 캐내 일약 거부가 된 인물로 안희제와 가까웠다. 안희제는 가산을 정리해 1931년부터 김태원과 함께 동경성에서 토지를 사들여 조선에서 농민 300여 가구를 이주시켰다. 이듬해부터는 목단강(현 무단강) 상류 일부를 석축으로 막고 수로를 내 황량한 땅을 개간했다. 이렇게 해서 1935년까지 수로가 16km에 이르고 직경이 4km가 넘는 농장을 개척했다. 동경성 중심에는 발해보통학교를 세워 자신이 교장을 맡았다. 백산은 드넓은 만주 벌판

안희제: 독립운동 자금 젖줄 역할한 기업가

에 수백만 명의 농민을 이주시키겠다는 큰 꿈을 꾸었다.

발해농장은 표면적으로는 농장이었으나 실제로는 국외 독립운동기지이기도 했다. 여러 차례 증자받은 돈은 농장경영 자금 외에는 모두 독립운동 자금으로 몰래 보냈다. 국내에서 망명하거나 도피해 각지에 흩어져 있던 독립운동가들은 동경성으로 모여들었고 이들과 비밀연락망을 구축했다. 중국 마석, 만주의 항일 독립군들과 유대 관계를 맺고 무장투쟁을 준비했다.

한편으로 안희제는 청년기에 귀의했던 민족종교인 대종교大倧敎에 심취했다. 대종교는 단군 신앙을 바탕으로 한 종교로 항일투쟁에 적극적이었다. 1918년 무오독립선언서에 서명한 39명은 대부분 대종교도였다. 대종교는 1920년대 초 만주 30여 곳에 시교당을 설립하고 박달학원 등 학교와 북로군정서 같은 독립운동단체를 운영하며 계몽운동과 독립운동을 활발히 펼치고 있었다. 안희제는 발해농장에서 대종교로 정신적 결집을 이루어 독립운동 세력을 규합하려 했다. 그는 대종교 지도자이며 대한독립군단 총재인 서일徐一의 유족들을 데려와 발해농장에서 돌보고 사위 최관을 지배인으로 선임했다.

농장 규모가 커지고 세력이 나날이 확산되자 위협을 느낀 일제는 안희제를 붙잡을 기회만 노렸다. '대륙 첩보의 귀신'으로 불린 첩보헌병 난베가 그를 끈질기게 추적하고 있었다. 그러다 1942년 조선어학회 사건이 터지면서, 조선어사전편찬회에 발기인으로 참여한 안희제에게도 불똥이 튀었다. 일제는 조선어학회의 이극로가 대종교 3세 교주 윤세복에게 보낸 「널리 펴는 말」을 「조선독립선언서」로, 글 가운데 '일어서라'를 '봉기하자'로 조작했다.

1942년 11월 29일 일경은 만주 일대와 국내에서 대대적인 검거 활동을 벌여 윤세복과 안희제 등 대종교 간부 21명을 치안유지법 위반으로 검거했다. 이른바 '임오교변壬吾敎變'이다.

냉 지료자 고향인 입산마을에 내려와 있던 안희제는 복단강성 경무청으로 포박되어 끌려갔다. 58세의 백산에게 일제는 9개월 동안이나 악독한 고문을 했다. 몸은 만신창이가 됐고 위장병과 이질까지 겹쳐 식음을 전폐하자 일제는 그제야 안희제를 풀어주었다.

"일제의 패망을 확신하니 유한遺恨이 없다. 동포의 고난을 네 고난으로 알고 살아가거라. 가사家事든 국사國事든 오직 자력自力을 중심으로 해야 한다." 피가 눌어붙은 죄수복을 입고 반송장이 돼 풀려난 안희제는 장남 상록에게 미소를 지으며 이렇게 말했다. 몇 시간 후인 1943년 9월 12일 새벽 2시, 안희제는 숨을 거두었다. 염원하던 광복 두 해 전이었다. 1년에 가까운 취조와 고문에 안희제를 포함한 10명이 순국했는데 대종교에서는 이들을 '임오십현' '순교십현'이라고 부른다.

사건 배후에는 밀고자가 있었는데, 안희제는 숨을 거두기 전 그를 용서하라고 유언했다. 광복 후 후손들은 밀고자를 찾아냈지만, 유언을 따라 응징하지 않았다고 한다.

광복회 부산지부장을 지낸 안희제의 장손자 안경하(1939년생) 선생을 만나 안희제의 일생에 대해 들었다. 안경하 선생의 어머니,

즉 안희제의 며느리는 왕산 허위의 형인 방산 허훈 집안의 자손과 결혼했다고 한다. 안 선생은 "할아버지는 가족조차 무슨 일을 하는 줄도 모를 정도로 독립운동을 비밀리에 했다"고 말했다. 발해농장에 다녀온 적 있는 그는 "지금도 개척자의 4~5세가 농장에 살고 있고 후손들은 할아버지 이름을 기억하고 있었다"고 전했다.

안희제의 고향인 경남 의령에 있는 묘소 비석에는 이렇게 씌어 있다. "민족사상의 고취자요, 민족교육의 선각자요, 민족자본의 육성자이며, 민족 언론의 선각자이신 백산 안희제 선생이 여기 잠들어 계신다."

안희제는 학교 설립과 임시정부 자금 지원, 언론사 운영, 만주 농장 개척 등 간접적인 독립운동과 실력양성 운동을 벌였다. 그가 한 일 같은 후원·계몽 활동은 잘 드러나지 않아 평가 작업이 늦어졌고 업적에 비해 낮은 평가를 받았다. 그나마 안희제는 1962년 건국훈장 독립장을 받았지만, 음지에서 비밀리에 독립운동을 도운 탓에 지금까지도 확인되지 않은 숨은 독립운동가가 더 있을 것이다. 그들을 찾아내 양지에 드러내려는 노력을 멈춰서는 안 된다.

이은숙
1889. 8. 8. ~ 1979. 12. 11.

위대한 독립운동가 뒤의 위대한 부인

1920년대 초 심산心山 김창숙이 중국 베이징에서 우당友堂 이회영 집에 찾아갔더니 그의 얼굴이 매우 초췌해 보였다. 심산이 "공원에 나가서 바람이나 쐬자"고 했더니 우당은 거절했다. 우당의 아들 규학이 말했다.

"이틀 동안 밥을 짓지 못하였고 의복도 모두 전당포에 잡혔습니다. 아버지께서 문 밖에 나서지 않으려는 것은 입고 나갈 옷이 없기 때문입니다."

요즘 가치로 600억 원대의 전 재산을 독립운동에 바친 우당은 죽는 날까지 빈곤과 싸우며 고통 속에 살았다. 그런 우당이 독립운동에 전념할 수 있도록 뒤에서 평생 보살핀 사람이 부인 이은숙 여사다.

빈곤과 방랑을 함께하며 독립운동가들을 뒷바라지한 여성들이 없었다면 독립운동도 어려웠을 것이다. 독립운동가들은 가정을 돌볼 겨를이 없었기에 가족을 이끌고 생계를 이어가는 역할은 고스란히 부인이나 어머니, 며느리 등 집안 여성들의 몫이었다. 많은 독립운동가들은 가족 전체를 데리고 만주나 상하이로 가 독립운동에 투신했는데, 가족의 고생은 이만저만이 아니었다. 독립운동가들이 가정에 머물며 돈을 버는 경제활동을 거의 할 수 없었으니, 일본 측의 감시와 탄압도 심했으니 말이다. 그래서 만주에서는 땅을 빌리거나 황무지를 개간해 힘들게 농사를 지어 가족을 먹여 살려야 했고, 상하이나 베이징 같은 도시에서는 어떻게 해서든 식량을 변통해 굶어 죽지 않아야 했는데, 그 모두가 여성의 책임이었다.

임시정부의 어머니로 불리는 김구 선생의 어머니 곽낙원郭樂園 여사는 아들이 있는 상하이로 가서 독립운동가들을 뒷바라지하며 살았다. 곽 여사의 생일이 다가오자 임정 사람들이 어려운 형편에 돈을 모아 생일상을 차리려 했다. 그러자 곽 여사는 김구 선생을 꾸짖고 그 돈을 달라 하여 권총 두 자루를 마련해 내놓았다. 그러면서 이렇게 말했다고 한다. "밥 몇 술 뜨니 배가 부르냐? 왜놈 한 명이라도 더 죽여라."

'임정의 안주인'이라 불리는 정정화鄭靖和 여사는 시아버지(김가진)와 남편(김의한)을 따라 상하이로 가서 그 자신도 한국과 중국을 오가며 독립운동 자금을 조달하는 독립운동을 하며, 한편으로 임정 요인들의 생활과 식사를 책임졌다. 그랬던 정 여사는 광복 후 김구 선생이 암살당하는 모습을 지켜보고 남편이 강제 납북당하는 고통을 받는 것도 모자라 친일 경찰에게 뺨을 맞는 모욕을 겪어야 했다. 여사는 한 많은 인생 역정을 담은 회고록『장강일기』를 남겼다.

3대가 독립운동을 한 가문의 며느리이자 부인으로서 시할아버지 석주 이상룡, 시아버지 이준형, 남편 이병화를 따라 만주에 가서 갖은 고생을 하며 그들을 돕고 가족을 돌본 허은許銀 여사의 만주 생활은『아직도 내 귀엔 서간도 바람 소리가』라는 구술 회고록에 생생하게 담겨 있다.

땅에는 울로초 또는 울로덩이라고 하는 풀들이 멧방석만큼이나 잔뜩 엉켜 있었다. 뿌리는 둥근 상 같은데 단단히 엉켜 있어서 그걸 캐내기가 그렇게 힘들었다. 또 그 위로는 버드나무가 자라고 있어서 땅속으로는 뿌리들이 서로 뒤죽박죽이었다. 그것들을 쳐 내고 땅을 고르게 해서 물을 대어 논을 만드는 것이다. 연장도 없고 일을 해 본 적도 없는 사람들에겐 여간 고생스러운 것이 아니었다.

허 여사의 회고록에는 일이라고는 모르던 양반 가문 사람들이 처음 만주에 가서 땅을 개간하던 모습이 이렇게 그려져 있다. 개간과 소작으로는 식량이 모자라 회의차 내왕하는 독립운동가들의 식사를 하루하루 마련하는 일도 녹록치 않았고, 쉴 수가 없어 부뚜막에서 쓰러지기도 했다.

1911년 만주로 가서 척박한 땅, 풍토병, 마적과 싸우며 고난의 세월을 견디고 1989년 귀국한 '만주의 호랑이' 김동삼 선생의 며느

리인 이해동李海東 여사도 있다. 이 여사의 파란만장한 만주 생활은
『만주생활 77년』이라는 회고록에 남았다.

하루에도 몇 번이고 죽을 마음밖에 없었다. 그렇다고 나이 많은 시
어머니와 어린 자식들을 두고 목숨을 끊을 수가 없어 바가지를 들고
동냥에 나섰다. 허기진 몸으로 이집 저집 돌아다니며 동냥을 하다가
정신을 잃고 쓰러진 것이 한두 번이 아니었다. 하지만, 밤이 올까 봐 제
일 겁이 났다. 추운 겨울 서북풍은 살을 에는 날씨인데 이불 한 채 없이
밤을 새우자니 배고픈 고생보다 더 무서웠다.

만주에서 일가의 생계를 돌보다

이회영의 부인 이은숙李恩淑 여사의 망명 생활도 다르지 않았다.
조국에서 전 재산을 정리하고 가져간 돈은 모두 독립운동에 쓰고
끼니를 거를 지경이 되었으니, 안주인으로서는 몸고생보다 마음고
생이 더 심했다. 이은숙은 중국과 한국에서 우당과 함께한 고난과
역경을 자서전 『서간도 시종기』에 기록해뒀다.

이은숙은 1889년 8월 8일 충남 공주에서 고려의 충신 이색의
후손인 이진규의 외동딸로 태어났다. 달성 서씨와 사별한 우당과
1908년 10월 상동예배당에서 혼례를 치렀다. 백사白沙 이항복의
10대손인 우당은 노비를 풀어주고, 과부가 된 여동생들을 개가시
키며, 마흔 넘은 나이의 결혼식도 신식으로 치를 만큼 열린 사고의
소유자였다.

우당 6형제는 일제에 나라를 빼앗긴 그해 1910년 12월 30일 모든 재산을 처분해 압록강을 건넜다. 조국과 민족을 위해 선택한 고행의 시작이었다. 이은숙과 출가한 딸까지 일족이 마차 10여 대를 타고 만주 벌판을 달려 도착한 곳은 유하현 추지가였다. 우당 형제들은 먼저 동포들의 정착과 농업을 지도하기 위한 경학사를 조직했다. 1911년 5월에는 광복군 양성의 본산인 신흥무관학교를 세웠다.

학교를 세우고 운영하느라 몇 해 만에 그 많은 재산도 바닥이 드러났고 곤궁한 생활이 시작됐다. 이은숙은 『서간도 시종기』에 그때의 어려움을 이렇게 적었다.

농사는 강냉이와 좁쌀, 두태(콩·팥)고 쌀은 2, 3백 리나 나가 사 오는데 제사에나 진미를 짓는다. 어찌 쌀이 귀한지 아이들이 이름 짓기를 '좋다밥'이라고 하더라.

독립운동의 터전을 다져 놓은 다음 우당은 1913년 조선으로 잠입했다. 자금 마련 말고도 우당은 고종 망명 계획을 세우고 있었다. 만주에 남은 식구는 열셋이나 되었는데 양식은 강냉이밖에 없었다.

"강냉이를 따서 3주가 되면 그걸 연자에 갈면 겨 나가고 쌀이 두 말도 못 되니 며칠이나 먹으리오."

설상가상 마적떼의 습격도 잦았다. 이은숙도 왼쪽 어깨에 총탄을 맞았지만 죽을 고비를 넘기고 겨우 살아남았다.

우당 이회영의 부인인 이은숙 여사. 그동안 이회영 6형제에 대해선 많이 알려져왔지만, 그 뒤에서 희생한 여성들은 잘 알려지지 못했다.

그러던 중 1915년에 우당이 조선에서 체포되었다는 소식이 전해졌다. 이은숙은 전전긍긍 잠을 이루지 못했다. 그러면서도 혼자 몸으로 대식구의 생계를 보살피는 일은 계속해야 했다. 와중에 홍역으로 우당의 형 이석영의 큰아들이 사망하고 이은숙까지 같은 병으로 죽을 고생을 하다가 간신히 목숨을 건지는 이중고, 삼중고를 당했다.(우당은 그해 연말에 방면되었다.)

우당이 돌아오지 않자 1917년 이은숙은 아들, 딸을 데리고 국내로 들어왔다. 그것도 잠시, 고종이 승하하자 우당은 중국 베이징으로 두번째 망명길에 올랐다. 이은숙도 곧이어 아이들을 데리고 따라갔다. 그리하여 고난의 베이징 생활이 시작됐다.

우당의 집은 독립운동 본부이자 사랑방이었다. 애국지사들이 수시로 드나들고 좁은 집에 함께 지냈다. 어려운 살림의 책임은 이은숙에게 있었다. 적게는 10명 많게는 40여 명이 우당 집에서 먹고 자고 했으니 감당하기 어려웠다. 집세가 싼 집을 찾아 이사한 것도 1년에 수십 번이었다. 그러면서도 독립운동가 남편을 극진히 보필

했다.

1~2년은 동지들이 보내주는 돈으로 그럭저럭 견뎠지만, 그 후 지원이 끊겨 먹을 양식이 없었다. 신분을 숨기고 지내야 하는 처지 였기에 돈을 벌 수도 없었다. 이은숙은 『서간도 시종기』에 이렇게 썼다. "하루 잘해야 일중식日中食이나 하고 그렇지 않으면 절화絶火 (밥을 짓지 못함)하기를 한 달이면 반이 넘으니 생불여사로다." 만석 꾼이 적수공권赤手空拳으로 기아를 겪게 된 것이다. 이은숙은 굶주 리는 남편을 보고는 창자가 끊어지는 듯 마음이 아팠다.

우당은 그즈음 아나키즘(무정부주의)에 심취해 이을규 형제, 백 정기·정화암 등과 먹으며 굶으며 함께 생활했다. 단재 신채호 등 독립운동가들도 여전히 드나들었다. 무일푼 신세에 손님 대접을 해 야 하니 안주인으로서는 손님들 볼 면목이 없었다.

짜도미라는 쌀은 사람이 먹는 곡식을 모두 한데 섞어 파는 것을 말 하는 것으로 이것은 가장 하층민이나 사다 먹는 것으로 이것은 가장 하층민이 사다 먹는 것으로 되어 있는데 그것도 수가 좋아야 먹게 되 는지라 사기가 힘들며 그도 없으면 강냉이를 사다가 죽을 멀겋게 쑤어 그것으로 연명하니 내 식구는 오히려 걱정이 안 되나 노인과 사랑에 계신 선생님들에게 너무도 미안하여 죽을 쑤는 때면 상을 가지고 나갈 수가 없게 얼굴이 화끈 달아오르는 때가 여러 번이더라.

사정을 잘 아는 정화암 등은 약간의 돈을 주면서 "선생님 진지는 쌀을 사다 해 드리고 우리는 짜도미 밥도 좋으니 그것을 먹겠소"라고 말했다.

그러던 중에 김달하 사건이 터졌다. 그는 애국지사인 양 행동하며 여러 독립운동가들과 가깝게 지냈는데, 사실 밀정이었다는 것이 드러나 항일 비밀결사인 다물단이 그를 처단했다. 그런데 사정을 모르던 이은숙이 그의 장례식에 조문을 갔고, 김창숙과 신채호는 이에 우당이 김달하와 한패라고 생각하며 절교 편지를 보냈다. 그러자 이은숙은 칼을 품고 그들을 찾아가 사실이 아니라고 항의했다. 남편을 위해서라면 목숨까지 버리겠다는 결기였다. 그 결과 오해는 풀렸다. 한편 김달하의 처단에 우당의 딸 규숙도 연루돼 근 1년 동안 중국 공안국에 구금당하기도 했다. 그 와중에 아들 규학의 딸 둘과 우당의 아들이 성홍열로 사망하는 비극도 있었다.

말 그대로 굶기를 밥 먹듯 하는 극한의 빈곤은 해결될 기미가 보이지 않았다. 우당과 아들, 딸을 베이징에 남겨두고 이은숙은 궁여지책으로 돈을 마련하고자 귀국했다. 1925년 여름이었고 임신한 몸이었다. 그러나 그 길이 우당과 영영 이별하는 길이 될 줄은 몰랐다. 이은숙은 귀국하자마자 다소간의 돈을 변통해 우당에게 보내주었다. 출산한 작은아들 규동을 품에 안고 친척집을 떠돌며 베이징 가족의 생계부터 먼저 생각했다.

우당은 만주와 톈진에서 활동을 계속했지만, 1926년 나석주 의사의 동양척식주식회사 폭탄 투척 사건으로 일제의 경계와 감시가 심해지자 돈 한 푼 없이 걸어서 상하이로 갔다. 환갑이 지난 나이였다. 우당은 어찌할 도리가 없어 두 딸 규숙과 현숙을 빈민구제원으로 보내야 했다. 우당의 편지를 받고 국내에서 그 소식을 들은 이은숙은 혼절하고 말았다. 설상가상 우당은 상하이로 가는 도중 도적을 만나 행장까지 다 잃는 변을 당해 다시 톈진으로 돌아왔다.

우당은 딸 규숙의 옷까지 팔아 연명했지만, 끼니를 거르기는 다반사였다. 국내에 있던 이은숙도 사정을 모를 리 없었다. 고무공장에 취직해 다니고 삯바느질과, 심지어 사대부 집안 딸의 몸으로 유곽집 삯빨래를 하며 자기 입에도 풀칠하기 어려운 상황에서 돈을 구하는 대로 우당에게 보냈다.

일감을 얻어 빨래를 해서 잘 만져 옷을 지어 주면 여자 저고리 하나에 30전, 치마는 10전씩 하고 (…) 한 달 수입이란 겨우 20원가량 되그도 받으면 그시로 부쳤다. 매달 한 번씩은 무슨 돈이라는 건 말 아니하고 보내 드리는데 우당장께서는 무슨 돈인 줄도 모르시면서 받아 쓰시니….

굶으면서도 활동을 멈추지 않던 우당은 만주로 다시 가서 지하공작망을 조직하고자 했다. 여러 사람이 말렸지만 듣지 않았다. 다롄에서 배를 타고 가려다 해상에서 일경에게 붙잡혔다. 일본영사관 감옥에서 우당은 심한 고문을 받은 끝에 사망했다. 65세 노인의 몸이었다. 일제는 자살이라고 했지만 12일간의 혹독한 심문을 받은 끝의 명백한 고문사였다. 딸 규숙이 우당의 신체를 봤는데 눈을 뜨

이은숙: 위대한 독립운동가 뒤의 위대한 부인

고 있었고 안면에 선혈이 낭자했으며 중국식 의복에도 피가 많이
묻어 있었다고 한다.

독립운동가의 부인으로 산다는 것

일생의 몸을 광복운동에 바치시고 사남이 낳시 못하는 핀고꽁싱을
무릅쓰고 다만 일편단심으로 '우리 조국, 우리 민족' 하시고 지내시다
가 반도 강산의 무궁화꽃 속에서 새 나라를 건설치 못하시고 중도에서
원통 억색히 운명이 되시니 슬프도다.

비통한 심정을 이은숙은 축문에서 이렇게 썼다. 이은숙의 고통
은 거기서 끝나지 않았다. 아버지의 뒤를 이어 독립운동을 하던 아
들 규창이 일본 경찰에 체포된 것이다. 징역 13년형을 선고받고 마
포형무소에서 투옥된 이규창을 이인숙은 하숙을 치거나 삯바느질
을 해가며 옥바라지했다. 이규창은 광복을 보고서야 풀려날 수 있
었다.

이은숙은 여생을 서울에서 지내다 1979년 12월 11일 90세를
일기로 작고했다. 정부는 이회영에게 1962년 건국훈장 독립장을,
이은숙에게는 지난해 건국훈장 애족장을 추서했다. 긴 세월 가족
과 주변을 건사하며 뒤에서 희생해온 것을 생각하면 뒤늦었다고
할 수 있다. 이은숙을 연구해온 김귀옥 교수는 "이은숙은 '부재하는
남편'을 대신하여 자기 개척적인 모성으로서 자식을 키우고 생활을

이은숙 여사의 가족 사진. 앞줄 가운데 조바위를 쓴 사람이 이 여사다. 앞줄 맨 왼쪽은 이은숙과 이회영 사이의 아들인 이규학 씨. 뒷줄 오른쪽에서 두번째는 이규학의 아들이며, 국회의원을 지내고 현재 우당기념관 관장으로 있는 이종찬 씨이다. 이 관장의 육군사관학교 졸업식 때 찍은 사진이다.

책임지며, 적극적으로 남편의 민족운동을 지원하는 역할을 수행하는 면모를 보였다"고 평가한다.

이회영은 사별한 첫번째 부인과의 사이에 두 아들 규룡과 규학을, 이은숙과의 사이에 규창·규동·규숙·현숙을 낳았는데 규룡은 출계분가했고 현숙은 광복 직후 사망했다. 규학의 아들이 11~14대 국회의원과 국가정보원장을 지낸 이종찬이고, 규동의 아들이 이종걸 전 의원이다. 이종찬은 지금 우당기념관 관장으로 있다.

우당기념관이 있는 서울 종로구 신교동은 우당의 선조 이항복이 살았던 서울 배화여고 뒤 필운대와 지척에 있다. 이종찬 관장은 조부 이회영과 형제들, 이은숙 여사의 뜻을 기리는 선양 사업을 펴고 있다. 그 일환으로 2019년 말 우당상·영석상을 제정해 제1회 수상자로 김성수 성공회 주교와 풀무원을 정해 시상했다. 영석穎石은 독립운동 자금의 대부분을 댄 우당의 형 이석영의 호다. 본래 이석영은 영의정 이유원에게 양자로 가 재산을 다 물려받았는데,『매천야록』에 따르면 이유원은 경기 양주에서 서울까지 남의 땅을 밟지 않고 올 수 있을 정도로 땅이 많았다고 한다. 그 땅을 처분하여 만주로 간 것이다. 이종찬 관장을 만나 우당과 이은숙 여사의 삶을 물어보았다.

  -우당은 어떤 인물인가.

 "우당의 삶 자체가 기성에 대한 저항이었다. 성리학에 저항해서 양명학을 했고 과거시험을 안 보고 신학문을 공부했으며 독립운동을 하면서 아나키스트 운동을 했다. 시대 조류와 타협하는 법이 없었다."

  -이은숙 할머니는 어떻게 기억하는가.

 "영특하고 의식이 있는 분이셨다. 갓 낳은 젖먹이 고모(이규숙)를 안고 망명을 가 극한 상황을 견디고 살았다. 마적 떼에 습격당하는 등의 변을 겪으면서도 남편이 하는 모든 것을 뒷바라지했다. 베이징에서 '새우젓 보내라', '어리굴젓 보내라'는 등의 암호 편지를 보내곤 했는데 그대로 다 해냈다."

  -6형제의 삶은 어땠는가.

 "중국 상하이에 있던 둘째 석영은 윤봉길 사건 이후 고립돼 있다 굶어 죽었다. 어머니(조계진) 말씀이 당시 아버지(우당의 전처 소생인 이규학)는 전차매표원으로 근근이 살며 40원을 받으면 10원씩 석영을 위해 내놓았다고 한다. 그것이 끊겨 죽은 것이다. 첫째 건영은 맏형으로서 선영을 돌보아야 한다는 책임감에 1924년 귀국했다. 신흥무관학교장을 지낸 셋째 철영은 병사했고, 여섯째 호영은 일가족이 몰살당했다. 마적 떼의 짓 아니면 배후가 일제일 것이다."(이회영은 넷째며, 다섯째가 6형제 중 유일하게 광복 때까지 살아남고 초대 부통령이 된 이시영이다.)

　-아버지 이규학도 건국훈장 애족장을 받은 독립운동가인데.

　"아버지는 신흥무관학교를 졸업하고 김달하를 처단한 다물단원이었다. 어머니는 대원군의 외손녀로, 외가는 중국에 가서도 남은 재산으로 우당 뒷바라지를 했다.(이 전 의원의 외조부 조정구는 일제의 자작 수여를 거부하고 베이징으로 망명해 있었다.) 외숙이 우당과 가까운 동지적 관계였다. 딸 둘을 병으로 잃는 등 어머니의 고생이 극심해 국내로 들어왔다가 다시 상하이로 가서 아버지와 살았다. 나도 거기서 태어났다. 일제에 붙잡혀 고문을 몹시 당해 청력을 잃고 폐인이 되다시피 했다. 어머니 삶을 정정화 여사의 『장강일기』처럼 정리할 생각을 하고 있다."

김마리아

1892. 6. 18. ~ 1944. 3. 13.

굴복을 몰랐던 저항의 화신

"나는 대한독립과 결혼했습니다."

김마리아는 누가 결혼 이야기를 꺼내면 이렇게 대답했다. 3·1 운동 하면 먼저 유관순을 떠올리겠지만 불굴의 독립운동가 김마리아도 있다. 평생 고문 후유증에 시달리며 오직 조국의 독립만을 고대했던 여성. 2·8독립선언에 참여하고 독립선언서를 숨겨 들여와 3·1운동을 주도하다 붙잡혀 고문을 받아 몸이 만신창이가 되고, 상처가 아물기도 전에 대한민국애국부인회를 조직해 여성 독립운동을 이끌다가 또 체포돼 고문을 당하고, 이어진 상하이 망명과 미국 유학 생활 9년… 비극의 역사를 온몸으로 헤쳐간 험난한 인생 역정이었다. 안창호는 김마리아와 같은 여성 10명만 더 있었다면 조선은 독립했을 것이라 말했다고 한다. 그만큼 김마리아의 독립에 대한 의지는 대단했으며, 그렇기에 일제의 고문도 그녀를 꺾을 수 없었다.

"너희들은 왜 죄 없는 사람을 핍박하느냐."

3·1운동으로 잡혀가서 취조관이 묻는 질문에 김마리아는 이렇게 되받아쳤다. 화가 난 일경은 마리아를 고문하기 시작했다. 가죽 채찍과 대나무 봉을 휘두르고, 양팔을 엇갈리게 결박해 천장에 매단 뒤 팽이처럼 돌리며 때렸다. 옷을 벗기고 쇠살궈로 가슴을 찌르고 불로 지졌다. 살이 터지고 온몸이 피로 물들었다.

근대 제국주의 국가 중에서도 일제의 식민지 통치는 가장 비인간적이고 잔혹했다. 독일이 독가스로 유대인들을 집단 살육하는 만행을 저질렀다지만 인간의 영혼을 멍들게 하는 가혹한 신체 고문에서는 일제와 비교할 바가 아니다. 박은식 선생이 『한국독립운동지혈사韓國獨立運動之血史』에 쓴 일제 고문 방식의 첫머리를 보자.

옷을 벗기고 두 손이 등 위에서 겹치게 한다. 그리고는 두 개의 엄지손가락을 묶어 천정에 걸어 사람을 공중에 매달아 놓는다. 3~4분이 지나면 몸이 늘어져 두 발이 땅에 닿게 되며, 심지어는 대소변을 보게 된다.

이는 하나의 예에 불과하다. 특히 여성 성폭력을 서슴지 않아, 다른 사람 앞에서 신체를 노출하는 것조차 꺼리던 당시 여성의 정신을 짓밟았다. 유관순 등 항일 투쟁을 했던 여성들은 대부분 성고문을 당했다. 그래도 여성 독립운동가들은 굴복하지 않고 더 거세

김마리아: 굴복을 몰랐던 저항의 화신

게 항거했다. 고문에 대한 트라우마가 생겼을 법도 하지만 풀려나더라도 또 항일운동에 가담하며 저항정신을 잃지 않았다. 김마리아도 그런 투사였다. 악랄한 고문을 당하고 후유증에 신음하면서도 죽을 때까지 항일 의지를 굽히지 않았다.

여성들의 독립운동을 이끈 김마리아

김마리아는 1892년 7월 11일 황해도 장연군 대구면 송천리에서 태어났다. 본관은 광산이다. 18세기 말 현조부 김창주가 조정 정치에 염증을 느껴 고향 장연으로 낙향하고는 버려진 땅을 개간해 대지주가 됐다고 한다. 3세에 아버지를 여의고 12세 때 어머니마저 세상을 떠났다. 마리아는 숙부와 고모 등의 보살핌을 받으며 어린 시절을 보냈다.

1906년 6월 서울 연동여학교(후에 정신여학교로 개명)에 입학했다. 김마리아의 작은언니 미렴과 오현관·오현주 자매 등은 기숙사 같은 방에서 누룽지를 함께 먹으며 공부했다고 해서 '누룽지방 형제'로 불렸다. 그러나 나중에 오씨 자매와는 악연으로 바뀌고 만다.

1910년 6월 학교를 졸업한 김마리아는 모교 교단에 서다가 1년간 일본 히로시마고등여학교에 유학을 다녀왔다. 1913년부터 다시 학생들을 가르친 마리아는 실력 있고 뜨거운 조국애를 가진 교사로 존경을 받았다. 마리아의 동기동창이며 모교에서 함께 교사로 일한 유사성은 이렇게 회고한 바 있다. "공부에도 생활에도 그처럼 열심일 수 없었어요. 밤에도 잠을 자지 않고 기도실에 들어가 조국

1925년 무렵 도산 안창호와 찍은 사진. 왼쪽부터 김마리아, 안창호, 차경신(2·8독립선언에 김마리아와 함께 여학생 대표로 뽑히고 교육운동에 힘쓴 독립운동가).

의 장래를 위해 눈물 흘리는 것을 몇 번이나 보았습니다. 나와 같이 있으면 항상 하는 얘기가 조국의 독립이었어요."

성신석 지수였던 교장 루이스의 권유에 따라 다시 일본으로 유학을 떠난 마리아는 1915년 5월 도쿄여자학원에 입학했다.

마리아가 두 번에 걸쳐 일본에 유학한 목적은 조국 독립을 위한 실력 양성이었다. 마리아의 성적은 일본어를 빼고는 모두 우수했다. 그러면서 도쿄여자유학생친목회 회장을 맡아 활동력과 지도력을 발휘했다. 1919년 졸업을 한 달쯤 남겨두었을 때 도쿄에서는 민족자결론의 영향으로 독립선언의 기운이 무르익고 있었다. 2·8독립선언을 준비하던 1919년 1월 모임에서 황에스터는 열변을 토했다.

"국가의 대사를 남자들만이 하겠다는 것입니까. 수레바퀴는 한쪽만으로는 달리지 못합니다."

김마리아도 황에스터와 같은 생각이었다. 2·8독립선언서에 서명한 사람은 남학생 11명이었지만, 선언 당일 도쿄 조선기독교청년회관에는 김마리아와 황에스터 등 여학생들도 참석했다. "최후의 일인까지 자유를 위하는 열혈을 유流할지니…" 유학생 대표가 독립선언서를 낭독하자 일본 경찰이 습격해 회관은 아수라장이 됐다. 마리아는 학교로 돌아왔다가 들이닥친 경찰에게 체포됐지만 다행히 풀려났다.

그때 국내에서는 고종 독살설이 나돌았고 모교 학생들이 동맹휴학에 들어가자 루이스 교장이 김마리아에게 귀국해서 도와달라고 요청했다. 도쿄 유학생들은 이미 감시 대상이었다. 마리아는 일본 여인으로 변장하고 2·8독립선언서를 미농지에 베껴 기모노에 매는 커다란 띠 속에 숨겨 국내로 들어왔다. 자신을 아낀 교장이긴 했지만 학생들을 진정시켜 달라는 루이스의 요청을 마리아는 받아들이지 않았다. 오히려 가까운 지인들과 각계 인사들을 찾아가 거족적 독립운동을 위한 계획을 치밀하게 세워야 한다고 말했다.(독립선언서를 인쇄한 보성사 사장 이종일과 그런 취지로 대화한 내용이 남아 있다.) 마리아는 독립운동 자금을 마련하고 여자 독립운동 단체를 조직하는 일이 시급하다고 생각했다. 그래서 황해도로 운동자금을 모으러 갔다가 마리아는 3·1운동 소식을 듣게 된다.

"어제는 조선의 독립운동이 시작된 날입니다. 남학생들이 크게 운동하고 있으므로 우리 여학생들도 바라만 보고 있을 수는 없습니다. 여학생들도 운동을 하지 않으면 안 됩니다."

마리아는 3월 2일 이화학당 기숙사 박인덕의 방에 황에스터, 나혜석 등 11명이 모인 자리에서 이렇게 말했다. 마리아는 항구적인 독립운동을 위해 항일 비밀단체를 조직하자고 제안했다. 당시로서는 아무도 생각하지 못한 일이었다. 고종 국장일 다음날인 4일, 간사로 선정된 김마리아·황에스터·박인덕·나혜석 네 사람이 다시 모여 단체 조직을 논의하고, 3월 5일 시위는 학생들이 개별적으로 참여하는 것이 좋겠다는 쪽으로 의견을 모았다.

배신과 고문과 망명

그런데 어떻게 알았는지 경찰이 6일 정신여학교에 들이닥쳤다. 그들은 학교 안을 뒤져 마리아를 찾아내 포승줄로 묶었다. 항일 단체 조직을 주도했다는 혐의였다. 마리아는 꼿꼿한 자세를 잃지 않고 경찰의 차에 올랐다.

김마리아가 끌려간 곳은 왜성대라고 불리는 남산 아래 총독부 경무총감부였다. 왜성대는 시위 주모자 등 핵심 인물을 조사하는 곳으로 한 번 들어가면 폐인이 되거나 살아나오기 힘든 곳으로 악명이 높았다. 김마리아는 관련된 사람들을 일체 모른다고 했다. 답변을 거부할 때마다 고문은 더 심해졌고 젖가슴과 음부를 주무르는 등의 야만적인 성희롱을 서슴지 않았다.

김마리아의 몸은 코와 귀에 고름이 고이는 등 살아 있는 게 기적일 만큼 중태였다.(고문 후유증으로 마리아는 메스토이병에 걸려 평생 두통과 신경쇠약증에 시달리게 된다.) 마리아는 20일 만에 지옥 같은 서대문형무소로 옮겨졌다. 몸을 눕히기도 어려운 작은 감방 한쪽에는 변기와 오물을 푸는 국자가 놓여 있었다. 모포에는 빈대와 이가 우글거렸다. 콩밥은 밥알을 찾기 어려웠고 모래가 씹혔다. 배추 조각이 둥둥 뜨는 국은 그냥 소금국이었다. 한여름이 되어 목이 타들어

김마리아: 굴복을 몰랐던 저항의 화신

가는데도 마실 물을 주지 않았다.

7월 24일 마리아는 증거 부족으로 석방됐다. 그 사이 숙부 김필순(건국훈장 애족장)이 이역만리에서 일본인 의사가 준 우유를 마시고 숨졌다. 틀림없는 독살이었다. 김필순은 세브란스의학교 1회 졸업생 7인 중 한 사람으로 구한말 독립지사들과 교분을 쌓으며 구국 활동에 뛰어든 독립운동가였다. 신민회에 가입해 활동하다 이른바 105인 사건*이 터져 일제의 추적을 받자 중국으로 망명, 만주에서 독립운동가와 한인 진료에 헌신하고 몽골 치치하얼에 이상촌 건설을 추진하고 있던 터였다.

그럼에도 김마리아는 굴하지 않고 또 다른 길을 모색했다. 석방된 지 석 달도 안 돼 1919년 10월 19일 뜻을 같이하는 여성 16명을 모아 대한민국애국부인회를 결성했다. 고문으로 몸은 피폐해지고 정신적 트라우마가 생겼을 만도 한데, 놀라운 의지를 보여준 김마리아에게 동지들은 존경을 표시하며 뜻을 따랐다. 김마리아는 이렇게 말했다. "부녀들도 남자들처럼 혁혁한 독립운동을 해야 합니다. 각 도에 지부를 설치하고 널리 회원을 모집하여 전국 부녀들이 독립을 위해 진력함이 어떠합니까."

김마리아는 회장이 되고 시도 지부장을 뽑는 한편 결사부를 만들어 직접 독립전쟁에 참여하고자 했다. 한 달 만에 회원이 2000여

---

* 조선총독부가 독립운동을 탄압하기 위하여 데라우치 총독의 암살미수사건을 조작한 사건. 600여 명이 검거되고, 105명이 유죄 판결을 받았다. 그 때문에 독립운동조직이었던 신민회가 해체되었다.

명으로 늘어나고 현재 가치로 수억 원인 6000원을 상하이 임시정
부에 보냈다.

그러던 11월 어느 날 '누룽지방 형제' 오현주가 불쑥 찾아왔다.
오현주의 안내로 임정 밀사를 자칭하는 사람을 만났는데 그는 부
인회의 활동을 캐물었다. 10여 일 후 김마리아가 수업을 하고 있을
때 종로경찰서 경찰들이 들이닥쳤다. 김마리아는 수갑이 채워져 연
행됐다.

오현주의 배신이었다. 그 밀사는, 사실은 경북경찰국 소속 경찰
이었다. 김마리아는 붙잡힌 동지들에게 "어떤 고통을 당해도 비밀
을 알려주지 말자"고 당부했다. 간부들은 포승줄에 묶여 서울역으
로 끌려갔다. 군중은 "여성독립단이여, 용기를 내시오. 대한독립만
세!"라고 외쳤다. 대구로 붙잡혀 간 간부는 52명이었다.

반년 전 고문의 상처가 낫기도 전에 또다시 고문이 자행됐다. 심
문에 순순히 응하지 않는 회장 김마리아에게서 전모를 캐내려는
일경의 가혹 행위는 혹독했다. 장작개비를 두 무릎 사이에, 쪼개진
대나무를 두 팔 사이에 끼우고 몸을 빨래 짜듯이 비틀어 댔다. 마리
아는 신음도 내지 않고 고통을 견뎌냈다. 그러자 고무호스를 코에
끼우고 물을 넣었다. 마리아의 얼굴과 입에서 핏물이 흘러내렸다.
연이은 성적性的 고문으로 마리아는 극한의 상황에 내몰렸다.

훗날 마리아에게 청혼한 남자들이 몇 명 있었다. 마리아가 대한
독립과 이미 결혼했다는 말은 마리아의 독립에 대한 의지의 표현
이기도 했지만, 마리아는 이미 몸이 많이 상해 있었다고 한다. 독립

김마리아: 굴복을 몰랐던 저항의 화신

운동가 지운遲耘 김철수는 "경찰서에서 음부에다 화침질을 했네. 그냥 혼절을 했어. 마리아가"라고 전한 바 있다. 김마리아가 청혼을 받아들이지 않은 것은 성고문 후유증 때문이라는 것이다. 김마리아는 이 사실을 김철수에게 털어놓고 눈물을 흘렸다고 한다.

경북경찰국에서 가혹한 고문을 받고 취조를 당한 뒤 대구검사국에 송치된 마리아는 심장이 멎는 듯 놀랐다. 3·1만세운동 때 서울에서 자신을 심문한 가와무라 검사가 대구로 자진 전근을 해온 것이었다.

"생년월일은?"

"서력 1892년 6월 18일이오."

"피고는 어째서 대일본제국의 연호를 쓰지 않는가."

"나는 일본 연호를 배운 적도 없고 알고 싶지도 않다."

가와무라 검사는 '일본의 국적國賊'이라며 징역 5년을 구형했고, 1심은 징역 3년을 선고했다. 고문에 고문이 더해져 마리아는 몸이 통통 부었고 정신이상 증세마저 보였다. 코와 귀는 화농이 심해 신열이 높아 산송장이나 마찬가지였다. 일제는 마지못해 병보석을 허가했다.

마리아는 중국 망명을 결심했다. 몰래 병원에서 빠져나와 임시정부 인사 등 여러 사람의 도움으로 배를 타고 서해를 건너 1921년 7월 21일 중국 땅을 밟았다. 몇 달 동안 치료를 받고 몸은 조금 회복됐다. 이후 김마리아는 1922년 상하이 임시정부의 입법기관인 임시의정원 황해도 의원에 임명됐고, 대한여자청년회를 조직하는 등 항일 의지를 버리지 않았다.

그러나 당시 상하이 임시정부는 독립운동의 방략을 놓고 분열돼 갈등이 심했다. 1년에 가까운 통합 시도는 실패로 끝나고 말았다. 실망스러운 상황에서 마리아는 미국 유학을 선택하고, 1923년 7월 12일 샌프란시스코에 도착했다. 건강은 계속 나빠 병석에 눕는 날이 많았다. 혈혈단신 마리아의 유학 생활은 몹시도 고달팠다. 점원, 행상, 보모 등을 전전하며 학비를 벌었다.

고문 후유증으로 쓰러지다

유학 생활을 하면서도 마리아의 조국과 동포 사랑은 뜨겁기만 했다. 1924년 12월 미국에서 고국에서 언니들에게 보낸 편지에 이렇게 썼다.

"깊은 겨울. 찬 바람, 깊은 눈 속에서 헐벗고 굶주려 울고 떠는 동포의 참혹한 현상이 눈앞에 보입니다. (…) 맛있는 음식을 대하며, 부드러운 의복을 입고, 화려한 자연과 인조적 경개를 구경하며, 푹신푹신한 침석에 누울 때마다 현재의 경우를 즐기기보다 멀리 본국과 서북 간도와 원동에 계신 동포 형제들의 모습이 먼저 눈에 선하며, 남들이 자는 밤에 뜨거운 눈물 베개를 적심도 수가 없습니다."

학업에 매진하면서도 마리아는 뉴욕에서 황에스터 등 옛 동지를 규합해 1928년 1월 항일 여성단체인 '근화회槿花會'를 조직하고 회장으로 선임됐다. 재미 한인의 애국정신을 고취하고, 출판·강연

등으로 악독한 일제의 식민지 정책을 세계에 널리 알리는 동시에 상하이 임시정부에 독립운동 자금을 보내는 것이 목적이었다.

마리아는 힘들게 미주리주 파크대학을 졸업하고 시카고대학 연구학생을 거쳐 뉴욕 컬럼비아대학 사범대학원에 진학, 1929년 석사 학위까지 취득했다.

어느 날 뜻밖에도 마리아는 뉴욕에 자신을 심문한 가와무라 검사가 와 있음을 알게 되었다. "도망간 김마리아, 어디까지라도 가서 체포한다"는 가와무라의 인터뷰 기사까지 일본 신문에 실린 적 있었지만, 김마리아는 지독한 운명이라는 생각에 호텔로 찾아가서 그를 만났다.

그런데 그의 반응은 예상 밖이었다. "직업을 떠난 자연인 가와무라로서는 마리아에게 동정과 죄책감을 금할 길 없습니다." 이렇게 말하며 자신의 부인이 마리아의 동창생이라고 털어놓는 가와무라의 말에 마리아는 또 한 번 놀랐다. 사과도 아닌 사과를 받아들인 마리아가 귀국하고 싶다고 하자 가와무라는 법적 시효가 10년이라 괜찮을 것이라고 설명해주었다.

1932년 7월 마리아는 11년의 외국 생활을 정리하고 고국 땅을 밟았다. 그렇지만 일제는 마리아의 일거수일투족을 감시하고 협박하면서 거주지와 직업을 제한했다. 마리아는 이듬해 원산의 마르타 월슨 여자신학원 교수로 부임했다. 감시 속에서 자신의 뜻을 제대로 펼칠 수는 없었지만 학생들을 가르치는 일에 온힘을 다 쏟았다. 여름방학이 되면 학생들을 이끌고 농촌으로 가서 계몽활동을 벌였

함경남도 원산의 마르타윌슨 여자신학원 교수로 재직할 때. 앞줄 맨 왼쪽이 김마리아.

다. 낮에는 아이들을 보살폈고 밤에는 강연으로 농촌 사람들에게 나라를 사랑하라는 말로 애국심을 고취시켰다. 강연 중에 형사들은 마리아의 발언에 경고를 보내거나 강연을 제지하려 했다.

　마리아는 한편으로 1934년부터 여전도회 회장을 맡아 종교활동에도 열성적으로 임했다. 김마리아가 여전도회를 이끌 당시는 일제가 황국신민화 정책으로 신사참배와 창씨개명을 강요하고 민족말살정책을 펼 때였다. 감리교와 장로교 총회는 신사참배를 수용했지만, 장로교 여전도회는 1941년 전국연합대회에서 신사참배 거부를 선언했다. 일제의 탄압이 심해졌지만 공식 모임을 자제하거나 부득불 모임을 하더라도 예배만 보거나 안건만 간단히 처리하는 전략으로 신사참배를 회피했다. 김마리아가 교수로 있던 마르타윌

김마리아: 굴복을 몰랐던 저항의 화신

슨 여자신학원 학생들도 모두 신사참배에 불응했다. 학생들은 참배를 거부하다 끌려가 옷이 터지도록 두들겨 맞기도 했다. 결국, 신학원은 1943년 폐교당하고 말았다. 고문 후유증이 짓누르는 가운데 마리아의 가슴은 또 한 번 무너졌다.

김마리아는 1943년 12월 화장실에서 쓰러졌다. 마리아는 미국 유학 생활을 함께해 친동생 같았던 김명선 박사가 원장으로 있는 평양기독병원에 입원했다. 병상에 있으면서도 김마리아는 경찰의 감시를 받으며 외로이 지내야 했다. 그러다 1944년 3월 13일 죽음을 두려워하지 않고 일제와 맞섰던 52년 인생을 마감했다. 언니 미렴은 유골을 대동강에 뿌렸다. 김마리아에게는 1962년 건국훈장 독립장이 추서되었다.

김마리아 열사의 모교 정신여학교는 정신여중고로 바뀌어 1978년 서울 송파구 잠실동으로 이전했다. 종로구 연지동에는 옛 교사校舍와 수령 550여 년의 교목校木 회화나무가 그대로 남아 있다. 회화나무 옆에 김마리아의 흉상이 세워졌고 탐방로가 조성됐다.

잠실종합운동장 옆 정신여중고 교정에 들어서면 또 다른 흉상과 '김마리아관'(대강당)이 눈에 들어온다. 한평생 외롭게 살다간 열사의 유품은 치마저고리와 수저 한 벌이 전부다. 그런데 치마저고리를 자세히 보면 오른쪽 섶 길이가 짧다. 최성이 교장은 고문으로 열사의 한쪽 가슴이 없어져 양녀 배학복이 한쪽 섶을 짧게 해서 손수 만들어 드린 한복이라고 설명했다.

김마리아 가계에는 숙부 김필순 외에도 현실에 안주하지 않고 항일운동과 교육사업에 몸 바친 이들이 많다. 큰숙부인 김용순(김윤오)은 백범 김구, 도산 안창호와 막역한 사이였는데, 서울로 이주해 서우학회라는 애국계몽단체의 발기인으로 참여해 서북학회로 발전시켰다. 고모 김순애(건국훈장 독립장)는 중국으로 망명, 대한애국부인회를 조직하고 한인여자청년동맹 간부로도 일한 독립운동가다. 그의 남편은 파리강화회의에 민족대표로 파견된 유명한 독립운동가 김규식(건국훈장 대한민국장)이다.

결혼을 하지 않은 김마리아에게 직계 후손은 없지만, 신학문을 배우겠다며 가출해 무작정 마르타윌슨 여자신학원을 찾아온 배학복을 수양딸로 맞아들였다. 또 1937년 어느 날 누군가 문밖에 버리고 간 남자아이를 양자로 삼아 태국이라는 이름을 지어주고 키웠다. 그러나 김마리아가 죽고 태국이도 어느 목사에게 맡겨졌다가 행방불명이 됐다.

김마리아는 어떤 탄압과 압박에도 결코 굴복하지 않는 불굴의 저항정신을 보여주었다. 언설로 표현하기 힘든 잔인한 고문을 당하고도 끝까지 저항할 수 있는 이는 드물다. 김마리아와 늘 함께 활동했고 바로 옆에서 지켜보았던 황에스터는 이렇게 말했다.

"김마리아 선생을 누가 따를 수가 있겠습니까. (…) 일제에게 검거될 때에도 또한 감옥생활 중에서도 김마리아 선생님은 참 지도자라기보다 명실공히 영도자였습니다. 신앙 면에서도 투철했고 개인적인 인격 면으로도 으뜸이시었고, 애국활동에서도 그 분을 따를 사람이 한국 역사상 사실 없을 정도가 아니겠습니까."

▌주세죽

1901. 6. 2. ~ 1953. ?

사회주의 독립운동 주도한 비극의 '맑스걸'

1920년대와 1930년대엔 시대를 이끌어간 신여성들이 있었다. 외모와 행동으로는 '모던걸'이었고 정신적·사상적으로는 '맑스걸'이었다.

그들은 신문물의 세례를 받아 한복을 벗어던지고 양장 차림에 단발머리를 했으며, 대개 유학을 다녀왔다. 또한 3·1운동 이후 유입된 사회주의 사상이 유행처럼 번지며 남녀를 불문하고 지식인들 사이에 퍼졌던 것이다. "마르크스 신도가 아니면 시대의 낙오자라는 불미한 칭호를 얻는다"고 한 파리 유학생이 말했듯이 사회주의는 시대적 조류가 되었다. 사회주의를 좇는 남자는 '맑스보이', 여자는 '맑스걸'이라 불렸다. 저명한 변호사 허헌[*]의 딸인 허정숙과 박헌

---

* 일제 시기 노동자·빈민층을 위한 변호 활동을 주로 했으며, 신간회 창립에도 관여했다. 광복 후에는 북한 정권에 참여해 최고인민회의 의장을 맡았다.

영의 아내인 주세죽은 여성 사회주의 운동을 주도한 대표적인 맑스걸이었다.

주세죽은 누구인가. '남로당 총책 박헌영의 부인' '코뮤니스트' '조선 최고의 미인' '3·1만세운동과 6·10만세운동에 참여한 항일 투사' '여성해방운동가' 이런 대단한 수식어 달린 주세죽의 일생은 파란만장하고 비극적이다. 본인 스스로도 공산주의 운동가라 언명했으며, 또 북한의 고위직이었던 박헌영의 부인이라는 이유 때문에 주세죽에 대한 언급은 금기시돼오다 2000년대 들어서야 재조명을 받기 시작했다.

주세죽은 함경남도 함흥에서 태어났다. 호적상으로는 1901년생이다. 중농 집안에서 태어난 주세죽은 영생여학교 고등과에 다녔고 피아노 실력이 출중했다고 한다. 1919년 3월 3일 함흥 장날, 만세 시위가 일어났고 주세죽도 다른 학생들과 함께 시위에 참가했다가 일본 경찰에게 붙잡혔다. 모멸적인 성적 고문을 포함한 모진 고문을 받으며 한 달 동안 갇혀 있다가 출소했다.

풀려난 주세죽은 함흥 시내 병원에서 간호보조원으로 일하다 중국 상하이 유학을 결심했다. 그곳에는 한 살 아래 친구 허정숙(감옥에서 알게 된 사이)이 먼저 가서 자리를 잡고 있었다.

유학의 목적은 피아노 공부였지만 상하이에서 주세죽은 사회주의 운동가로 운명이 바뀌게 된다. 허정숙의 소개로 박헌영을 만난 것이 계기였다. 박헌영·김단야 등은 주세죽이 오기 한 달 전인 1921년 3월 상하이에서 고려공산청년단을 결성해 조선공산주의

1920년대 트로이카로 불렸던 사회주의 계열 여성 항일운동가 고명자, 주세죽, 허정숙.(왼쪽부터)

운동의 깃발을 올려 놓은 터였다. 주세죽은 책임비서를 맡고 있던 박헌영을 만나 금세 사랑에 빠졌다. 주세죽은 박헌영을 호號인 이정而丁이라고 불렀다. 이정은 쇠스랑而과 망치丁라는 뜻이다.

주세죽도 고려공산청년단에 가입해 기관지 『올타』를 편집하는 등 사회주의 활동을 벌였다. 주세죽, 허정숙, 그리고 김단야의 동거녀 고명자를 당시 언론은 '여성 트로이카'라고 불렀다. 그녀들의 파트너인 박헌영, 김단야, 임원근은 남자 삼총사였다.

조국에서 독립운동과 사회주의 운동을 벌이겠다는 생각으로 박헌영과 허정숙의 남편인 임원근, 그리고 김단야는 각각 중국을 떠나 조선 땅으로 향했다. 그러나 귀국 정보를 알아낸 경찰에 체포되고 말았다. 주세죽은 박헌영의 체포 소식을 듣고 뒤따라 1922년 3월 귀국했다. 붙잡힌 세 사람은 각각 징역 1년6개월 형을 받고 평양형무소에 수감됐다. 상하이에서 이미 결혼한 주세죽과 박헌영은 박헌영의 출옥 직후 그의 고향인 충남 예산에서 정식으로 결혼식을 올렸다. 두 사람은 사회주의 사상 동지이자 부부가 됐다.

당대의 '얼짱'이 아닌, 당대의 '운동가' 주세죽

당시 세간에서는 주세죽을 당대 최고의 미인이라고 했다. 박헌영의 친구인 소설가 심훈은 대리석으로 깎은 얼굴이라고 했고, 주세죽을 모델로 『동방의 애인』이라는 소설도 썼다.

당시에도 그렇지만, 지금도 주세죽에 대해서 그녀의 외모에 대한 이야기가 많이 회자된다. 그렇지만 그런 관심은 주세죽이 자신의 생각과 이념에 따라 여성 사회주의운동과 여성해방운동에 뛰어든 한 사람의 운동가였다는 사실을 가리기도 한다.

주세죽은 허정숙·정종명 등과 함께 1924년 5월 서울 천도교회관에서 여성 노동자들의 인권 향상을 위한 조직인 조선여성동우회를 창립했다. 조선여성동우회는 우리나라 최초의 여성사회주의운동 단체로 사회주의적 여성해방론을 주창했다. '부인의 해방은 결국 경제적 독립이다. 그러나 자본주의적 경제조직 아래에서 경제적 독립은 절대 불가능하다. 그러므로 부인해방운동은 자본주의 경제조직을 사회주의 경제조직으로 변혁하는 운동이 되어야 한다'는 것이 주장의 핵심이었다. 조선여성동우회는 창립 당시에는 회원이 18명이었지만 2년 후에는 80여 명으로 불어났다. 직업별로는 학생, 의사, 간호원, 교원, 기자, 직공 순으로 많았다.

주세죽과 허정숙은 조선여성동우회의 핵심 인물이었다. 주세죽은 고무공장, 비단공장, 정미소를 찾아다니며 강연회와 토론회를 열었다. 식민지 지배 체제에서 조선인 여공 임금은 일본인 남자의 4분의 1밖에 되지 않을 만큼 착취를 당했다. 봉건적 성차별과 식민지적 민족 착취에 더해 조선 여성은 삼중고를 겪은 것이다.

"인천의 노동부인婦人이 다른 곳보다 한층 더 참경에 있다 함은 전하논 말로 들은 바요 동정의 눈물을 뿌린 적이 있습니다마는…." 1924년 6월 주세죽은 인천노동총연맹 여성상무간사로 선임되어 인천으로 갔다가 기자의 취재에 이렇게 말문을 열었다. 정미소가 많은 인천에서는 이미 임금 인상을 요구하는 여성들의 파업이 잇따르던 중이었다. 인천에는 열악한 환경에서 일하는 여성 노동자가 2500여 명이 있었다. 주세죽은 그런 여성들의 투쟁에 동조했다.

1925년 1월 주세죽은 허정숙과 조봉암의 부인 김조이金祚伊 등과 경성여자청년동맹을 결성했다. 공장 방문대를 조직하고 노동부인 위안음악회를 개최했으며 '국제무산無産부인데이'(3월 8일로, 지금은 '세계 여성의 날'로 불린다) 기념식을 개최하는 등 계급주의적 색채를 강화했다.

1920년대에 독립운동계는 민족주의 계열과 사회주의 계열로 갈라져 있었는데, 힘을 합쳐야 한다는 인식이 커지면서 두 진영을 통합하는 신간회新幹會가 조직되었다. 여성운동계도 통합운동의 결과로 같은 해 두 진영이 힘을 합친 근우회槿友會가 출범했다. 주세죽과 허정숙은 근우회의 주축 회원이었다. 여성문제 토론회와 야학을 열고, 여공 파업 현장을 찾아 진상을 조사하며 여성 사회운동과 노동운동에서 선구적인 역할을 했다.

주세죽과 허정숙은 반봉건·여성해방의 뜻으로 단발머리를 해 센세이션을 일으키기도 했다. 기생 강향란이 실연의 아픔을 극복하고 "나도 사람이며 남자와 똑같이 살아갈 당당한 사람이다"라고 선언하며, 근대 여성으로서는 처음으로 단발을 하고 여성운동에 뛰어든 것이 1922년이었다. 지금이야 아무것도 아닌 일이지만, 당시는 여자가 단발을 한다는 건 천지개벽할 일이었다. 온 사회가 떠들썩하며 격렬한 논쟁이 벌어졌지만, 조소와 희롱이 대부분이었다. 강향린은 다니던 배화학교에서도 퇴학당해야 했다.

1925년 8월 조선여성동우회가 결성된 직후 주세죽은 이런 분위기에서 허정숙·김조이와 함께 직접 단발을 하고 다른 여성들에게 단발을 권유했다. 이에 어느 신문에서 "여성으로서의 아름다움과 조선의 훌륭한 풍속을 더럽히는 소행"이라며 비난하자 동우회원들이 신문사를 찾아가 항의하는 소동을 벌이기도 했다. 주세죽 등은 "가치관을 전복시키고 신사회를 건설하려는 의지의 한 표현"이라며 이론적으로 반박했다.

이별과 재혼, 그리고 체포와 유배

형기를 마치고 출옥한 박헌영과 임원근, 김단야는 몸을 추스를 새도 없이 조선공산당 조직에 나섰다. 1925년 4월 17일 서울의 유명 중국음식점 아서원에서 내로라하는 공산주의 활동가들이 모여 조직을 정식으로 출범시켰다. 다음날 박헌영의 집에서 조선공산당 창당을 추동할 조직인 고려공산청년회도 창립했다. 박헌영이 고려공청 책임비서를 맡았고, 주세죽은 중앙위원회 후보위원이 되었다.

그런데 그해 11월 술자리에서 생긴 우발적인 일로 조선공산당

조직이 탄로나는 사고가 벌어졌다. 김단야만 겨우 피신했고 주세죽은 남편 박헌영과 함께 훈정동 집에서 체포됐다. 임원근·허정숙 부부도 검거됐다. 박헌영은 야만적인 고문을 당하면서도 주요 조직원들을 불지 않았다. 특히 주세죽이 끼어 있는 중앙위원회 후보위원 7명은 끝까지 보호했다. 후보위원은 조직이 와해됐을 때 재건을 맡을 주요 인물이었던 것이다. 주세죽은 증거 부속으로 한 날 만에 풀려났다.

순종의 국장일인 1926년 6월 10일, 주세죽은 6·10만세운동 주도자 중의 한 사람으로 붙잡혔다. 이른바 '제2차 공산당 검거 사건'이다. 피고인이 무려 101명이나 되는 일제강점기 3대 사건의 하나였다. 그러나 이번에도 일제는 주세죽이 만세운동을 기획한 사실을 밝혀내지 못했다. 옥중에서 배후 조종자로 몰려 고문을 당한 박헌영이 입을 굳게 닫은 덕이었다.

하지만 박헌영은 동지 4명이 감옥에서 사망한 사실을 법정에서 폭로했다가 가혹한 고문을 받고 정신이상 증상을 보였다. 온몸이 상처투성이였고 두 번이나 자살을 기도했다. 독방에 갇혀 자신이 배설한 변을 먹기도 했다.(박헌영의 이런 엽기적인 행동은 감옥에서 빠져나오기 위한 위장술이었다는 말도 있다.) 어쨌든 1927년 11월 22일 박헌영은 병보석으로 석방됐다. 주세죽은 박헌영을 데리고 서울의 정신병원, 박헌영의 고향 예산, 안변의 석왕사, 주을온천 등을 다니며 요양했다. 이때 주세죽은 첫 아이를 임신했다.

둘은 주세죽의 고향 함흥으로 갔다. 조선 땅을 탈출하기 위해서였다. 아이도 탈출할 기회를 만들기 위해 엄혹한 상황임에도 가졌다고 한다. 경찰은 주세죽 부부를 함흥에서도 따라다니며 감시했는데 만삭의 봄으로 산기가 있으니까 자연히 경계를 늦추었다는 것이다. 주세죽은 양수가 막 터질 때 야음을 틈타 박헌영과 작은 배에 몸을 실었다. 그

어린 딸 박비비안나를 안고 사진을 찍은 주세죽과 박헌영.

렇게 블라디보스토크 땅을 밟은 때는 1928년 8월 어느 날이었다. 주세죽은 도착하자마자 딸을 낳았다. 이름을 자신의 그림자라는 뜻에서 '영影'이라고 붙였다. 신문들은 두 사람의 탈출을 대서특필했다. 블라디보스토크 벤치에서 둘이 찍은 사진이 남아 있다.

그해 11월 두 사람은 시베리아 횡단철도로 모스크바에 도착했다. 그곳에는 김단야가 먼저 가 있었다. 김단야는 국제레닌학교를 졸업하고 코민테른(공산주의 인터내셔널) 조선담당관으로 일하고 있었다. 주세죽은 동방노력자공산대학에, 박헌영은 김단야가 다닌 국제레닌학교에 입학했다. 박헌영은 주세죽에게 '코레예바'라는 러시아식 이름을 지어줬다. 고려의 여성이라는 뜻이다.

대학을 졸업하고 주세죽과 박헌영은 1932년 초 중국 상하이로

갔다. 상하이는 그동안 배운 혁명의 이론을 실천하기 위해 조선으로 가는 경유지였다. 딸 영은 '비비안나'라는 새 이름을 지어 주고 모스크바 국제유아원에 맡겼다.

상하이에서 주세죽은 박헌영과 조선공산당 활동을 지원하고 기관지를 국내로 들여보내는 일을 했다. 이듬해 7월 박헌영은 상하이에서 동지와 접선하러 가다 체포되고 말았지만, 그 사이 주세죽과 김단야는 도망쳤다. 김단야는 훗날 자신이 붙잡히지 않은 것은 박헌영이 도와줬기 때문이라고 했다. 박헌영이 추격을 엉뚱한 곳으로 유도해 시간을 끌어줬다는 것이다.

주세죽은 김단야와 1934년 1월 모스크바로 돌아가서 재혼하게 된다. 박헌영이 감옥에서 고문으로 죽었거나 다시는 돌아오지 못할 것으로 생각했던 것이다. 그러나 두 사람의 결합이 알려지자 국내에서는 비난 여론이 들끓었다. 이미 1929년경부터 주세죽과 김단야가 만나왔으며 박헌영은 이를 알고 주세죽과 헤어졌다는 소문도 퍼졌고, 김단야가 박헌영의 생존 사실을 알면서도 주세죽에게 알리지 않았다는 이야기도 있었다.

어쨌든 주세죽과 김단야의 결혼생활은 오래가지 못했다. 스탈린의 대숙청 바람이 불어닥치며 조금이라도 의심의 소지가 있는 사람은 모조리 잡혀갔다. 1937년 소련은 일제의 스파이라는 혐의를 씌워 김단야를 체포했다. 파벌이 다른 이성태란 사람의 모함이었다. 1929년 김단야가 조선공산당조직준비위원회를 설성하기 위해 국내로 잠입했다 돌아온 적이 있었는데, 그 후 공산당조직준비위 지도부는 모두 검거됐다. 김단야만 빠져나온 셈이었다. 이 일도 김단야가 일제의 밀정으로 의심을 받는 계기가 됐다.

주세죽도 두 달 동안 불려다니며 조사를 받았다. 이듬해 2월 13일 김단야는 검거 석 달 만에 사형이 집행됐다. 외국인노동자 출판부 한국과科 교정원으로 일하던 주세죽은 5년 유배형을 받았다. '제1급 범죄자의 아내로서 사회적 위험분자'라는 죄목이었다. 김단야와의 사이에 낳은 생후 3개월 된 아들 김비탈리가 있었지만, 아이는 곧 사망하고 말았다.

1938년 5월 주세죽은 유배지 카자흐스탄으로 떠났다. 그곳에서 피혁공장 개찰원도 하고, 카르마크치 구역 협동농장에서 일하기도 했다. 유형자에게 제공된 숙소는 아무리 문을 꼭꼭 닫아도 모래바람이 들어올 정도로 열악했다. 5년 유배형을 마친 뒤에도 소련은 주세죽이 딸 비비안나가 있는 모스크바로 돌아가는 것을 허락하지 않았다.

1946년 1월 어느 날 주세죽은 신문 『프라우다』 기사를 보고 박헌영의 소식을 알게 되었다. "1946년 1월 2일 극동아시아의 남조선에서 조선공산당 박헌영 책임비서는 당 중앙위원회를 열고 모스크바 3상회의는 세계 민주주의 발전에 한걸음 진보한 것이며…."

박헌영은 김단야가 죽고 주세죽이 유배지로 떠난 후인 1939년에 출옥했었다. 주세죽이 김단야와 결혼했다는 소식도 들었지만 별다른 반응을 보이지 않았다고 한다. 주세죽은 박헌영의 소식을 듣고 당시 18세이던 비비안나에게 박헌영이 아버지임을 알렸다.

1946년 7월 박헌영은 조선공산당 책임비서 자격으로 모스크바를 방문했다. 비비안나는 그때 소련에서 유명한 무용수가 되어 있었는데, 박헌영은 딸과 10여 년 만에 해후하게 됐다. 그러나 주세죽을 만날 생각은 없었다. 나중에 주세죽은 비비안나에게 물었다.

"아빠가 날 찾지 않았니?"

"아무 말씀도 안 하셨어요."

유배형이 끝나고 조국이 광복을 맞은 직후 주세죽은 스탈린에게 조선으로 돌아갈 수 있게 해달라고 청원했지만 받아들여지지 않았다. 그러나 소련 정부는 1946년 7월부터 크질오르다에 있는 봉제작업장에서 일할 수 있도록 해주고 연금도 풀어주었다. 시기적으로 볼 때 박헌영이 소련 당국에 부탁했을 가능성이 컸다.(크질오르다는 사할린에서 활동하던 홍범도 장군이 강제 이주를 당해 죽을 때까지 활동한 곳이기도 했다.)

이념의 무덤에서 독립운동가를 꺼낸다는 것

박헌영은 1949년 8월 김일성의 축하를 받으며 비서 윤레나와 재혼했다. 비비안나는 1949년 평양으로 가서 잠시 머무르며 아버지 박헌영도 만나고 무용가 최승희에게 한국 무용을 배우기도 했다고 한다. 하지만 박헌영은 주세죽에 대해서는 한마디도 묻지 않았다. 박헌영은 비비안나에게 북한에서 같이 살자고 했지만 비비안나는 소련으로 돌아갔다.

1953년 주세죽은 모스크바행 기차를 타고 먼 길을 떠났다 도착하고는 숨을 거두었다. 딸 비비안나는 지방으로 공연을 갔기 때문에 어머니의 마지막을 보지 못했고 사위인 러시아 화가 빅토르 마르코프가 임종을 지켰다. 한국에서 전쟁이 끝난 직후인 1953년, 나이 52세였다. 시신은 모스크바 시내 다닐로프 공동묘지에 묻혔다. 1989년, 오랜 세월이 지나 소련 당국은 주세죽과 김단야를 사면했다.

주세죽 주변의 인물들도 굴곡진 인생을 살았다. 주세죽의 첫 남편이자 동지였던 박헌영은 3년 후 김일성에 의해 처형당했다. 주세죽과 트로이카로 불렸던 다른 두 명 중 허정숙은 북한 문화선전상, 최고인민회의 부의장, 남북적십자회담 대표 등을 지내고 1991년 89세로 사망했다. 고명자는 일제의 고문으로 강요에 의한 전향을 했다가 친일적인 글을 쓰기도 했고, 6·25전쟁 중에 사망했다.

한·러 수교 후 1991년 박비비안나(박영)는 남편 마르코프와 함께 한국을 방문했다. 비극적이었던 부모의 최후 때문에 비비안나는 공산주의를 혐오하며 살았고 공산당 입당도 거부했다고 한다. 비비안나는 한국을 방문했을 때 박헌영의 고향 충남 예산에서 흙을 가져가 모스크바에 있는 주세죽의 묘비에 뿌려줬다. 비비안나는 이렇게 말했다. "그래도 무덤이라도 있는 어머니는 아버지보다 행복한 편입니다."

정부는 2007년 3·1만세운동과 6·10만세운동에 참가한 공을 인정해 주세죽에게 건국훈장 애족장을, 김단야에게는 독립장을 추서했다. 박헌영에 대해서도 훈장 수여 논의는 있었지만, 북한에서

주세죽: 사회주의 독립운동 주도한 비극의 '맑스걸'

고위직을 역임한 것 때문에 이뤄지진 않았다. 주세죽의 훈장은 모스크바 주러 한국대사관에서 비비안나가 대신 받았다. 비비안나는 "평생 독립운동에 이바지한 어머니에게 뒤늦게나마 훈장을 줘서 감사하다"며 눈물을 흘렸다. 비비안나는 무용수와 대학교수로 활동하다 2013년 사망했다.

북한과의 대결 구도가 심하던 시절엔 사회주의 계열 독립운동가들에 대해 공훈 인정은커녕 언급 자체가 금기시되곤 했다. 독립에 대한 염원은 좌우가 다르지 않았지만, 평가는 상반되었던 셈이다. 냉전이 종식되고, 한국 사회도 민주화되면서 차츰 그들의 업적이 발굴되고 인정되었다. 대표적인 인물은 1995년에 건국훈장 대통령장을 받은 이동휘다. 중국 태행산에서 일본군과 싸우다 사망한 윤세주(건국훈장 독립장)와 진광화(건국훈장 애국장)도 인정을 받았다. 2005년에는 몽양 여운형(건국훈장 대한민국장)과 님 웨일스 『아리랑』의 실제 주인공 김산(본명 장지락. 건국훈장 애국장) 등 사회주의 계열 54명에게 건국훈장이 추서되는 등 2007년까지 다수의 사회주의 계열 독립운동가들이 훈장을 받았다.

그러나 이들을 바라보는 모든 국민의 시선이 따뜻하지는 않다. 그들의 공훈 인정을 둘러싼 논쟁은 끝나지 않았고 아직도 복권되지 못한 사회주의 계열 독립운동가들이 많다. 반대하는 쪽은 "'빨갱이'에게 무슨 훈장이냐"고 아직도 공격한다. 이념의 무덤에서 독립유공자를 꺼내는 일은 쉬운 일이 아니다. 그러는 사이에 그들은 우리의 기억에서 점점 사라지고 있다.

윤형숙

1900. 9. 13. ~ 1950. 9. 28.

한 팔 잘리고도 태극기 집어든 의지

평범한 사람이 신체에 가해지는 극한의 고통을 어떻게 견딜 수 있을까. 독립운동가나 항일투사들 중에는 일제의 무자비한 탄압이나 잔인한 고문에도 굴하지 않고 꿋꿋이 투쟁을 이어간 이들이 많다. 그들에게는 일반 사람들에게는 없는 특별한 정신력이나 유전자라도 있는 것일까.

그중에서도 손꼽힐 만큼 초인적인 저항정신을 보여준 인물이 있다. 광주 수피아여고 2학년에 다닐 때 광주 3·1만세운동에 참가했다가 한쪽 팔이 절단돼 선혈이 쏟아지는 중에도 다른 팔로 떨어진 태극기를 주워들고 만세를 더 크게 외친 윤형숙尹亨淑 열사. 흔히 그녀를 '남도南道의 유관순'이라 부른다.

타오르는 들불처럼 전국으로 만세운동이 번졌던 1919년 3월 광주에서도 민중과 학생들이 시위에 나섰다. 호남지역의 3·1만세운동은 학생들이 주도적인 역할을 했고 그중에서도 여학교 학생들이 선봉에 섰다. 대표적으로 광주 수피아여학교(현 수피아여고), 전주 기전여학교, 목포 정명여학교로 모두 미국 남장로교 선교사들이 설립한 기독교계 여학교다. 기독교계 학교는 서구 민주주의와 자유·평등사상을 학생들에게 가르치고 민족의식을 고취시켰다. 그런 배경에서 특히 기독교계 학교의 학생들이 3·1운동에 적극적으로 나섰다.

학생들은 태극기를 만들고 선언서를 배포했으며 시위에서도 맨 앞에서 군중을 이끄는 주도적인 역할을 했다. 3·1만세운동 이후에도 기독교계 학교 중심으로 독립운동은 계속되었다. 수피아여학교에서는 반일회·백청단 등의 조직을 중심으로 항일의식을 키워나갔고, 정명여학교 학생들은 1921년 목포만세사건을 일으켰다. 3·1만세운동의 저항정신은 1929년 광주학생운동으로 이어졌으며, 그때도 세 여학교 학생들은 시위의 중심에 있었다.

팔이 잘려도 태극기를 놓지 않고

윤형숙 열사는 1900년 9월 13일 전남 여수 화양면 창무리에서 태어났다. 열사의 아버지 윤치운은 첫 부인과 사별하고 박씨 부인을 맞아들여 두 딸을 얻었는데 큰딸이 윤형숙이다. 그러나 생모도 일찍 여의고 일곱 살 무렵 새어머니를 맞았다. 코피를 자주 쏟았던 탓에 열사는 어릴 적에 '혈녀血女'라는 이름으로 불렸다. 비래의 운명을 예고하는 듯한 이름이었다.

어떤 이유에선지 확실하지는 않지만 윤치운은 먼 친척 윤성만 (전북 남원 동북교회 장로)에게 자매를 보냈고, 여기서 윤형숙은 기독교와 접했다. 윤성만은 윤형숙을 보살피다 1913년 남장로교 순천 선교부 프레스톤(변요한) 선교사에게 보냈고 선교사의 도움으로 열사는 은성학교(현 매산중학) 보통과정을 마쳤다.

18세 되던 해에 열사는 광주 최초의 여성 중등교육기관이며 미국 남장로회 계열 미션스쿨인 수피아여학교에 진학했다. 열사는 '반일회班日會'라는 이름의 학예회에도 적극적으로 참여하며 항일 의지를 키웠다. 반일회는 사실은 일본에 반대한다는 반일反日의 뜻을 담아 지었는데 일제가 시비를 걸어와 '반일회班一會'로 바꾸었다고 한다.

3·1운동이 일어났을 때 윤형숙은 같은 학교 교사와 친구들과 함께 참여했다. 수피아여고 교정에는 그날 시위에 참가했다가 재판을 받고 옥고를 치른 교사와 학생 23인의 넋을 기리기 위한 3·1운동기념탑이 세워져 있는데, 기념탑에 새겨진 23인의 이름 가운데 '윤혈여'라는 이름을 발견할 수 있다.

광주의 만세운동은 서울에서 3·1운동이 발발하기 전부터 움트고 있었다. 일본 도쿄에서 공부하던 유학생 정광호가 귀국해 도쿄 유학생들의 2·8독립선언을 광주지역 청년들에게 알렸다. 3·1운동 주도 인물들의 특명을 받고 2월 말 서울에서 내려온 김필수 목사는 최흥종(국민훈장 애족장)과 김철(국민훈장 애족장)을 만나 거사 계획을 논의했다. 최흥종과 김철은 광주지역 거사 책임을 맡기로 했다.

윤형숙 열사의 생전 모습.

그러나 두 사람은 서울로 올라가 만세운동에 참가했고 최흥종이 만세를 부르다 종로경찰서에 연행되는 바람에 김철은 혼자 3월 6일 광주로 내려와 시위를 준비했다. 주동 인물들은 3월 10일로 날짜를 정하고 그 사이 며칠 동안 각 학교 학생들과 시민들에게 거사 소식을 전달했다.

수피아여학교는 독립운동가 김마리아와 김마리아의 언니 김함라, 작은고모 김필례가 교사로 재직한 학교로 반일의식이 강했던 학교였다. 또 애국심이 남달랐던 박애순(건국훈장 애족장) 교사가 재직하고 있었다. 박 교사는 고종황제의 승하 소식과 일제에 빼앗긴 나라 안팎의 사정을 학생들에게 들려주며 민족의식을 고취시키고 있던 터였다. 박 교사는 야무지고 똑똑한 2학년 학생이던 윤형숙을 각별하게 아꼈다. 박 교사는 김철과 김강으로부터 독립선언문 50여 통을 받아 학생들에게 취지를 설명했다.

박 교사의 말에 학생들은 조금도 망설임 없이 참여하겠다 대답하고는 시위 준비에 들어갔다. 윤형숙도 물론 함께했다. 학생들은 기숙사인 수피아홀 지하에서 밤새 고종 황제 장례식 날 입었던 치

마를 뜯어 태극기를 만들었다. 격문도 만들고 독립선언서도 준비
해 만세운동에 나설 시각을 기다렸다. 드디어 10일 오후. 광주천 부
동교不動橋 아래 작은 장터에 인파가 모여들기 시작했다. 수피아여
학교와 숭일학교 등 학생들이 중심이었고 일반 시민들까지 가세해
오후 3시가 되자 군중은 1000명을 넘어섰다. 농민도 많았고 안마
사, 신발 가게 주인, 이발사, 목수, 대장장이 등 시장통에서 일하던
상인들과 점원들도 소식을 듣고 모여들었다. 군중은 태극기와 독립
선언서를 받아들고 외치기 시작했다.

"대한독립만세!"

"왜놈들은 물러가라."

윤형숙은 시위 행렬의 맨 앞에서 만세를 불렀다. 시위대는 장터
를 돌아 서문통을 거쳐 우편국 앞으로 행진했다. 본정통(충장로)을
지나 북문 밖(현 충장로 4가)에 이르렀을 때 누문리 쪽에서도 농업학
교 학생과 시민 등 수백 명이 합세하여 함께 만세를 부르며 행진했
다. 이때까지만 해도 일본 헌병과 경찰은 군중의 기세에 눌려 선뜻
시위를 방해하지 못했다.

그러나 시위대가 다시 뒤돌아 본정통을 지나 경찰서 앞으로 접
근하자 헌병들은 실탄 사격을 하고 검을 휘두르며 무자비하게 진
압하기 시작했다. 김철 등의 주동자들은 이때 체포됐다. 윤형숙은
격노한 군중과 함께 경찰서 마당으로 돌진하면서 연행자 석방을
요구하고 만세를 불렀다.

그 순간 일본 헌병이 윤 열사의 왼팔 상단부를 군도軍刀로 내리

쳤다. 잘려나간 왼팔이 붉은 피를 뿌리며 땅에 떨어졌고 남은 팔에서도 선혈이 흘러내렸다. 그러나 다섯 손가락은 태극기를 꼭 붙잡고 있었다. 열사는 초인과도 같은 정신력으로 오른팔로 땅에 떨어진 태극기를 주워들고 흔들며 더욱 격렬하게 "대한독립만세!" 하고 외쳤다. 그런 다음 곧 실신했다.

이 광경을 목격한 군중은 더욱 격렬하게 항거했다. 일제는 총검을 휘둘렀고 경찰서 앞마당은 피로 벌겋게 물들었다. 그 자리에서 100여 명이 구금되었다. 광주지역의 만세 시위는 10일로 끝나지 않고 11일에도 이어져 23명이 구속됐고, 큰 장날인 13일에도 장꾼들을 포함한 군중집회가 열려 20명이 체포됐다.

"나는 조선의 혈녀다"

한쪽 팔을 잘리고도 다른 손으로 태극기를 집어 든 열사의 모습에 일본 군경도 놀라지 않을 수 없었다. 광주 상황을 보고받은 조선 2대 총독 하세가와 요시미치는 '전라남도 방면의 정황'이란 제목의 급전急電을 육군성에 보냈다. '광주에서 예수교가 주동한 군중 폭동이 일어났으며 이 중 조선인 1명이 다치어 경찰이 해산시켰음.' 부상한 조선인 1명은 물론 윤형숙 열사다.

팔 하나를 잃고도 곧장 다른 손으로 태극기를 집어 들었다는 게 비현실적으로 들릴지도 모르겠다. 하지만 그건 과장의 표현이 아니다. 윤 열사의 극한적 정신력은 여러 사람의 증언으로 남아 있다.

"여수 봉산예배당에서 전도사님을 자주 뵈었습니다. 교회 안 다니는 친구들이 '외팔이'라고 놀렸어요. 어느 날 전도사님이 팔 잘린 이야기를 해주셨어요. (…) 손에서 태극기가 떨어지자 순간적으로 오른쪽 팔을 뻗어 주우려 했답니다."

고 김충만 국립여수수산대 교수는 생전에 그렇게 말했다. 고 김처녀(전 여수제일교회 전도회장)의 증언도 영상으로 보관돼 있다. 김처녀는 전주신학교에 다니던 19살 때 기숙사 사감이었던 열사를 만난 인연이 있다.

윤형숙 열사는 제대로 치료를 받지도 못한 채 심문을 받았고 성치 않은 몸이었음에도 일경의 문초에 당당함을 잃지 않았다.

"나는 조선의 혈녀다."

"너를 조종한 배후가 누구냐?"며 압박하는 일경에 윤형숙은 이렇게 되받았다. 일경은 열사를 가혹하게 고문했으며, 그 때문에 오른쪽 눈이 멀었다. 팔이 잘린 열사는 재판정에도 나가지 못했고 궐석재판으로 4개월형에다 4년 연금형을 더한 판결을 받았다.

광주의 만세운동과 관련돼 구속된 사람은 103명에 이르고 각각 징역 3년~4개월을 선고받았다. 시위를 기획하고 주도한 김철(본명 김복현)은 재판 과정에서도 "이번 운동의 책임자는 나다. 내 지시에 따른 학생들은 그냥 내보내라. 그리고 내 이름은 김철金鐵이다. 쇠는 불에 달구고 두들길수록 더욱 단단해진다. 얼마든지 해보라"고 '관대한 처분' 운운하던 일본인 재판관의 입을 다물게 했다.

사실 여기서 우리가 기억해야 할 사람은 더 있다. 대표적으로 만세운동에서 일경에게 맞아 심한 타박상을 입었는데, 회복하지 못하고 대구감옥에서 옥사한 숭일학교 학생 송광춘도 그중 한 명이다. 옥사자를 포함해 60명은 건국훈장 5등급인 애족장 등을 받았지만 다른 43명은 아직 독립유공자로 서훈을 받지 못하고 있다.

형을 마친 열사는 함경남도 원산 마르다신학교에 입학했지만 고문 후유증이 심해 공부를 계속할 수 없었다. 열사는 요양차 전북 전주로 내려가 전주예수병원에서 치료를 받는 한편 전주신학교 사감으로 일했다. 고창군의 한 교회 부속 유치원 교사로 아이들을 가르치기도 했고, 야학을 열어 문맹 여성들에게 글을 깨우쳐주기도 했다.

그러나 건강은 점점 나빠졌고 열사는 1939년 고향 여수로 내려갔다. 왼쪽 눈의 시력마저 거의 잃었지만 열사는 봉산학원 교사로 교편을 잡는 한편, 야학을 열어 글을 모르는 마을 청년들을 가르치는 데도 열정을 쏟았다. 여수중앙교회와 제일교회, 봉산교회의 전도사로도 활동했다.

윤형숙의 이야기가 뒤늦게 알려진 이유

'외팔이 선생'으로 불리며 가르치는 일에 몰두하던 윤형숙은 무사히 광복을 맞이했다. 그러나 열사는 민족의 또 다른 비극인 6·25전쟁을 넘기지 못했다. 열사는 평소 공산주의에 반대하며 반공운동에 열심이었는데, 1950년 여수까지 내려온 북한군은 이 사실을 어떻게 알았는지 열사의 집으로 쳐들어와서는 친척을 잡아다 행방을 대라며 윽박질렀다.

열사는 조카사위가 살던 여수 남면 금오도 심포리 지인의 집으로 피신했다가 뒤를 쫓은 내무서원에게 붙잡혔다. 열사는 조카며느리에게 이렇게 유언처럼 말했다고 한다. "출옥했더니 누군가 나의 잘린 팔을 광주 무등산 자락에 묻었다고 했네. 내가 죽거든 꼭 함께 묻었으면 좋겠네."

서울이 수복된 9월 28일, 여수의 북한군은 퇴각하기 직전 여수 둔덕동 과수원에서 열사를 총살했다. 일제의 탄압에 맞서 싸우다 광복을 찾은 뒤 같은 민족의 총에 죽은 것이다. 열사의 나이 50세였다. 원수를 사랑하라는 가르침을 몸으로 실천한 『사랑의 원자탄』의 주인공 손양원 목사도 이때 함께 총살당했다.

열사는 결혼하지 않아 직계 후손은 없고 조카 윤치홍(1940년생) 씨가 열사의 고향인 전남 여천에 거주하고 있다. 윤씨는 독립유공자발굴위원장 직함을 갖고 열사를 비롯한 독립유공자 추모 사업과 발굴활동을 펴고 있다. 윤씨의 할아버지 윤자환(대통령 표창) 선생도 3·1 만세운동 때 독립선언서를 배포하다 체포돼 6개월 동안 옥고를 치른 바 있다.

사실 윤형숙 열사의 학적부와 판결문에는 어릴 적 이름인 '윤혈녀'로 적혀 있어서 공적을 인정받을 수 없었다. '윤혈녀'와 '윤형숙'이 동일인임이 확인되지 않은 것이다. 윤치홍 씨는 10여 년 동안 기록 발굴에 매달려 여러 자료를 뒤지고 증인들을 접촉한 끝에 윤혈녀와 호적상의 윤형숙이 동일인임을 어렵사리 확인했다. 그래서 2004년에야 정부는 열사에게 건국포장을 추서했다. 건국포장은 훈

전남 여수 이순신공원 내 여수항일독립운동기념탑 옆에 있는 부조물. 1919년 3월 10일 광주 만세운동 현장을 묘사하고 있다. 일본군의 칼에 왼팔이 잘린 윤형숙 열사의 모습(점선 원 안)이 보인다.

장보다 격이 낮다. 아마도 열사의 징역형 월수月數가 4개월이라 훈격을 낮게 준 듯하다. 그러나 열사가 보여준 처절한 저항정신을 생각하면 훈격에 대한 아쉬움이 없을 수 없다.

윤치홍 씨와 택시를 함께 타고 30여 분쯤 가니 확장공사 중인 도로 옆 비탈에 열사의 묘소가 있었다. 바로 옆에 작은 공장이 있고 잡초가 드문드문 자란 쓸쓸한 모습이었다.

묘비에는 '고 순교자윤형숙전도사지묘故殉教者尹亨淑傳道師之墓' 라고만 씌어 있다. 윤치홍 씨는 이 비석에 얽힌 사연을 들려주었다. 열사가 총살당했다는 비보를 전해 들은 고향 친지들은 20리 길을 걸어 학살 현장을 찾아갔다. 어둠 속에서 한쪽 팔이 없는 시신을 수습해 그날 밤 고향 뒷산에 가매장했다. 이듬해 4월 교회 사람들이 묘비를 만들어 고향 마을로 가져왔으나 마을 사람들은 받아주지 않았다. 항일운동에 몸 바친 열사에게 독립운동가를 빼고 단순히 종교적 의미로 '순교한 전도사'라고 이름 붙이는 것을 못마땅하게 생각했기 때문이다. 비석은 방치돼 소 고삐를 매는 데 사용됐다고 한다. 그렇게 10년이 흐른 뒤 가까운 친지들과 마을 유지들이 모여 묘를 이장하고 뒤늦게 조촐한 묘비 제막식을 열어 열사의 영혼을 달래 주었다. 제막식 찬사에서는 "당신의 충령忠靈을 천추千秋에 길이 전하게 될 것이며 당신의 거룩하신 충절을 값없이 하지는 못할 것입니다"라고 썼다. 팔을 함께 묻어 달라고 했던 유언은 팔무덤을 찾을 길이 없어 들어주지 못했다.

열사에게도 한때 사랑을 고백하고 청혼한 남자가 있었다. 그러나 끝내 거절했다고 한다. 젊음은 일제에, 생의 마지막은 북한군에게 희생된 열사의 일생은 민족 비극의 축소판이었다. 2013년 새로 만든 추모비에는 이런 글귀가 씌어 있다.

왜적에게 빼앗긴 나라 되찾기 위하여 왼팔과 오른쪽 눈도 잃었노라. 일본은 망하고 해방되었으나 남북·좌우익으로 갈려 인민군의 총에 간다마는 나의 조국 대한민국이여 영원하라.

박차정

1910. 5. 7. ~ 1944. 5. 27.

조선의용대의 여성 리더

사랑이여 / 그대를 위해서라면 / 내 목숨마저 바치리 / 그러나 사랑
이여 / 조국의 자유를 위해서라면 / 내 그대마저 바치리
　—헝가리 시인 페퇴피 산도르의 시

의열단장 김원봉은 고국이 해방되자 이역만리 중국 땅에서 숨
진 아내 박차정朴次貞의 유골을 가슴에 안고 귀국했다. 김원봉은 피
묻은 박차정의 속적삼을 친정 식구들에게 전하고 비통한 심정으로
고향인 경남 밀양 부북면 제대리 뒷산에 유골을 묻었다. 박차정은
중국에서 고난을 함께하며 투쟁한 동지이자 반려자였다.

천궁에서 내다보는 한 조각의 반월이 / 고요히 대지 위에 비칠 때 /
(…) / 옛 기억이 마음의 향로에서 흘러넘쳐서 / 비애의 눈물이 떨어짐

니다.

　여성 독립운동가 박차정이 18살 때 부산 동래 일신여학교(현 동
래여고) 교지에 발표한 시 「개구리 소리」의 일부다. 박차정은 어릴
적 남다른 글 솜씨를 자랑했던 문학소녀였다. 여류 문인 나혜석이
박차정에게 등단에 도전해보라고 권했다고도 한다. 그러나 소설가
를 꿈꾸었던 박차정은 망국의 현실을 더 무겁게 여겨 항일투쟁에
뛰어들고 중국으로 건너가 의열단장 김원봉과 결혼해 일본군과 싸
우다 순국하게 된다.

　박차정의 집안은 항일의식으로 똘똘 뭉친 집안이었다. 박차정
은 1910년 5월 9일 부산 동래구 복천동에서 3남 2녀 중 넷째로 태
어났다. 아버지 박용한은 보성전문학교를 졸업하고 순종 때 탁지
부(재정을 담당하던 부서) 주사를 지낸 측량기사였다. 개화한 지식인
으로서 편히 지낼 수도 있었지만 그는 일제가 나라를 빼앗은 후인
1918년, 9살 난 어린 딸 박차정을 남겨두고 무단정치에 비분강개
하여 유서를 남기고 자결했다. 숙부 박일형은 3·1운동에 참가했다
가 징역 3월에 집행유예 2년을 선고받은 동래지역의 청년운동가였
다.

　어머니 김맹연도 평범한 가문 출신이 아니었다. 조선의용군을
이끌고 일본과 싸운 공산주의계 독립운동가이자 한글학자로 초대
북한 김일성대학 총장을 지낸 김두봉과 사촌지간이며, 김원봉과 의
기투합한 독립운동가이자 광복 후 국회부의장을 지낸 김두전(김약

수)과는 육촌간이다. 김맹연은 남편이 자결하자 다섯 남매를 훌륭히 키워냈는데 대부분 독립운동의 길로 들어섰다. 큰오빠 박문희(건국훈장 애족장)는 의열단원이자 의열단원 모집 책임자였고, 작은오빠 박문호(건국훈장 애국장)도 신간회원으로 활동하다 의열단에 입단했다가 체포돼 1934년 미혼으로 옥사했다. 박차정 집안 전체가 독립운동을 한 셈이다.

독립운동에 뛰어든 문학소녀

박차정이 다닌 일신여학교는 부산지역 3·1운동을 이끌고 교사와 학생들이 옥고를 치른, 항일운동에 앞장선 학교였다. 집안과 학교 분위기의 영향을 받아 박차정도 자연스럽게 민족의식과 항일정신을 키워갔을 것이다. 박차정이 일신여학교 교우지에 발표한 단편소설 「철야」의 한 대목에서 박차정의 의식을 엿볼 수 있다.

내가 이왕 죽을 바에야 어머니 유언과 같이 힘써 싸워볼 것이지 세기로 내려오는 압박의 흑암을 헤쳐버리며 악마의 얼굴에서 거짓의 탈을 벗기고 서슴없이 전 세계의 폭군들을 향해 싸워보자. 그러하여 모든 것을 파괴시키고 광명한 신사회를 조직할 때까지….

글 내용은 민족의 현실을 말하는 듯하다. 박차정은 1924년 조선소년동맹 동래지부에 가입하면서 항일운동에 첫발을 내디뎠다. 항일여성운동 단체인 근우회 동래지회에서도 학생 신분으로 활동한 것으로 추정된다.

1926년 박차정이 16살일 때 순종 황제의 장례식에 맞추어 6·10 만세운동이 일어나고 학생들은 동맹휴학을 하며 저항했다. 이때 박차정은 일신여학교의 동맹휴학을 주도했다. 경찰의 감시를 피하기 위해 9살짜리 막내동생의 손을 잡고 돌아다니며 비밀리에 학생들에게 연락하는 일을 했다. 결국 그 일이 탄로나 감옥에 갇힌 적도 있다.

일신여학교를 졸업한 박차정은 서울로 올라와 본격적으로 활동을 시작했다. 근우회 중앙집행위원회 상무위원으로 선출되어 선전조직과 출판부의 책임을 맡았다. 박차정은 1929년 광주학생운동의 연장으로 서울에서 벌어진 여학생 시위에 이어 1930년 1월의 서울 여학생 2차 시위를 주도했다. 정종명·허정숙 등도 함께 검거된 이른바 '근우회 사건'이다. 특히 2차 시위는 박차정이 직접 제의하고 기획한 것이었다.

검거된 박차정은 혹독한 고문에도 비밀을 발설하지 않았고 그럴수록 고문은 심해져 몸은 거의 반신불수가 되었다. 일제도 보석으로 풀어주지 않을 수 없을 정도였다. 그런 몸으로 풀려나고서도 바로 부산 조선방직의 파업에 관여했다고 한다.

병석에 누워 있던 박차정을 중국으로 부른 사람은 의열단에 몸담고 있던 둘째오빠 박문호였다. 박문호는 당시 김원봉이 이끌던 조선공산당재건동맹의 중앙위원이었다. 박차정은 중국으로 건너가 의열단에 합류했고 재건동맹의 중앙위원 7인에 이름을 올렸다.

박차정: 조선의용대의 여성 리더

박차정·김원봉 부부. 박차정도 김원봉과 함께 투쟁한 동지였지만, 그간 주목받지는 못해왔다.

1930년 3~4월쯤의 일이었다. 국내 시위 주도와 계몽운동을 넘어 여성의 몸으로 이국땅에서 총을 들고 싸우는 무장투쟁에 뛰어든 것이다.

이때는 의열단장 김원봉이 레닌주의 정치학교를 개교할 무렵이다. 박차정은 레닌주의 정치학교 운영에 깊이 헌신하는 등 투쟁성과 혁명성을 높이 인정받았다. 동시에 김원봉과의 인연도 시작된다. 학창시절부터 등단을 권유받을 만큼 문학에 조예가 깊었던 박차정과 톨스토이와 투르게네프 등의 러시아 문학을 좋아했던 김원봉은 서로 가까워졌다. 독립투쟁과 문학이라는 공통의 목표와 관심사는 사랑으로 승화됐다. 두 사람은 1931년 3월 결혼했다.

약산若山 김원봉은 박상진이 이끈 대한광복회의 활동을 지켜보며, 암살만으로는 독립을 성취할 수 없고 강력한 군사력을 갖춰야 한다고 생각했던 인물이다. 그는 다수 민중이 참여한 3·1운동에서 힘을 얻었지만 비폭력주의에는 찬성할 수 없었다. 그리하여 1919년 11월 9일, 중국 길림성 농부의 집에 10명이 모여 밤샘 토론 끝에 김원봉을 의백義伯(단장)으로 하는 의열단이 결성되기에 이른다. 그

후 의열단은 5~6년 동안 수백 건의 무장투쟁을 이어갔다.

그러나 자금이 바닥나 활동도 주춤해지자 김원봉은 황푸군관학교[*] 4기생으로 입학, 국민혁명군 초급장교로 임관했다. 그 후 김원봉은 공산주의 이념을 잠시 받아들이고 1930년 레닌주의 정치학교를 설립했다. 앞서 봤듯 박차정과도 만나 결혼을 한 것도 이 시기다.

김원봉과 함께한 투쟁의 삶

1932년 10월 김원봉이 장세스의 지원으로 조선혁명간부학교 (이육사는 이 학교 1기 졸업생이었다)를 개설해 투사들을 양성했을 때, 박차정도 이 학교 교관으로 학생들을 가르치고 임철애·임철순 등의 가명을 쓰며 본격적인 활동에 나섰다. 교관으로서는 혁명정신과 민족의식 고취 등 정신교육을 담당한 것으로 알려지고 있다. 그러면서 연락 업무도 맡았던 것으로 보인다. 또한, 문필력을 살려 교가도 작사한 것으로 전해진다.

1930년대 들어 일본의 침략이 격화되자 국내외 항일세력의 통합 필요성이 대두되고 있었다. 김원봉은 대동단결을 위한 단일정당운동을 주도해 나갔다. 1935년 7월 5일 의열단을 비롯해 조선혁명당·한국독립당·신한독립당 등 9개 단체가 참여한 민족혁명당이

---

[*] 중국 국민당이 군벌 세력과 제국주의 군대와 싸우기 위한 혁명군 양성을 위해 세운 군사학교로, 한인들도 이곳에서 군사기술을 배웠다. 장세스가 초대 교장이었고, 저우언라이도 교관을 맡았다. 1924년에 설립돼 6기에 걸쳐 약 7000명의 졸업생을 배출했는데, 그중 한인은 200명가량이다.

박차정 : 조선의용대의 여성 리더

출범했다. 김원봉은 서기장을 맡아 당권을 장악했다.

이렇게 민족혁명당이 발족하자, 박차정은 1936년 7월 부녀부 주임의 직함을 가지고 지청천의 부인 이성실과 함께 민족혁명당 산하에 당원 가족을 중심으로 남경조선부녀회를 만들어 항일투쟁을 독려했다. 이 단체의 창립선언문에서 반제국주의 투쟁과 여성해방의 관계에 대한 박차정의 생각을 엿볼 수 있다.

"우리 조선 부녀를 현재 봉건적 노예 제도하에 속박하고 있는 것도 일본 제국주의이며 또 우리들을 민족적으로 박해하고 있는 것도 일본 제국주의이다. 우리들이 일본 제국주의를 타도하지 않고서는 우리 부녀는 봉건제도의 속박, 식민지적 박해로부터 해방되지 못한다." 말하자면 조선 여성들을 속박하고 차별하는 것은 일제이므로 부녀들이 단결해 일제를 물리쳐야 한다는 것이다. 이런 인식을 바탕으로 박차정은 부녀회를 조직해 민족혁명당원 부인들의 단합과 훈련에 앞장섰다.(그러나 민족혁명당에 김구는 불참했고, 지청천파는 당 운영을 독선적으로 한다며 당을 떠났다. 결국, 1930년대 후반 중국에서의 독립운동은 민족주의를 표방한 김구의 우파와 진보적 민족주의 성향을 보이던 김원봉의 중도좌파로 양분됐다.)

1937년 중일전쟁이 발발하자 김원봉은 민족혁명당을 모태로 중도좌파 세력을 결집해 조선민족전선연맹을 창립했다. 여기서 박차정은 글 솜씨를 발휘해 기관지 『조선민족전선』에서 활약한다. 일제는 반드시 멸망할 것이니 일본 민중에게 혁명을 일으키라고 촉구하는 「경고 일본의 혁명대중」, 여공의 노동 현실 등 일제의 식민지 착취를 고발하고 투쟁을 촉구하는 「조선부녀와 부녀운동」 등이 전해지고 있다. 그런 한편 한커우漢口(지금의 후베이성 우한시 일부에 해당)에서 개최된 만국부녀대회에 한국 대표로 참석해 우리 민족의 처지를 세계에 알리고 중국국민협회에 파견되어 대일 무선방송을 하기도 했다.

중국과 일본의 전쟁 상황이 급박하게 돌아가자 김원봉은 국민당 정부 군사위원회에 건의해 1938년 10월 10일 항일 무장부대인 조선의용대를 창설했다.(조선의용대의 주요 활동은 대적 선전공작, 포로 교육, 정보 수집 등이었다. 중국군에 예속됐지만 우리 독립군이 중국 정부의 공인을 받아 작전을 펼쳤다는 의의가 있다.) 박차정은 의용대 부녀복무단장을 맡았다. 부녀복무단은 전선으로 나가 의용대원들에게 필요한 물품과 가족 소식을 전하며 사기 진작 임무를 수행했다. 또 의용대원들과 함께 일본군에게 전단을 뿌리거나 표어를 내걸어 선전활동을 펼쳤다. 박차정은 전장에서도 확성기를 들고 일본군 병사들에게 반전反戰 염전厭戰 정서를 심어주는 선전활동을 했는데, 그러다 1939년 2월 양쯔강 남부 장시성 쿤룬관에서 벌어진 전투에서 총탄에 맞아 크게 다치고 말았다.

그러나 차츰 조선의용대에서는 선전활동에 치중된 임무에 대한 불만이 커져갔다. 거기에다 1939년 1월 국민당 정부가 대일 항전은 소극적으로 하면서 반공노선을 강화하자, 공산주의 계열과 젊은 대원들의 화북(베이징을 포함하는 중국 북부지역)행 요구가 거세졌다. 화북은 일본군의 후방이었으며 그곳엔 중국 공산당의 본거지인 옌

안延安(연안)이 있었다. 잇따라 주력부대와 공산주의 계열 인사들이 옌안으로 이동하자 김원봉의 지도력은 약화될 수밖에 없었다. 화북행이냐, 국민당 정부와 우리 임시정부가 있던 충칭 잔류냐의 갈림길에서 김원봉이 선택한 것은 잔류였다. 김원봉이 화북으로 가지 않은 이유에 대해 중국군사위원회 부부장 저우언라이가 김원봉을 불신해 화북행을 거절했다는 주장도 있다. 충칭에 남아 있는 의용대 가족을 버릴 수 없었다는 김원봉의 인간적인 측면으로 이해되기도 한다.

유골이 되어 그리던 고향에 돌아왔지만…

충칭에 잔류한 김원봉은 임정에 참여했다. 1942년 얼마 남지 않은 조선의용대는 광복군에 통합됐고, 김원봉은 광복군 부사령관 겸 제1지대장에 취임했다. 이즈음 박차정은 관절염 등 부상 후유증이 심해져 건강이 악화됐고 대외 활동을 거의 할 수 없었다. 병상에서 박차정은 자신의 목표와 이상을 달성하지 못했음을 한탄하며 시와 소설을 여러 편 썼다고 한다. 그러나 작품이 전해지지는 않는다. 1944년 5월 27일 충칭에서, 병마에 시달리던 박차정은 파란만장한 생을 마감하고 만다. 34세의 젊은 나이였다.

김원봉은 광복을 맞아 조국을 떠난 지 거의 30년 만에 공동묘지에 묻어두었던 아내의 유골을 들고 귀국했다. 그러나 더 가혹한 시련이 기다리고 있었다. 민주주의민족전선(공동의장) 등에 참여하며 좌우 합작을 통한 통일정부 수립을 지향하는 그는 이미 우파에게는 타도 대상인 좌파로 분류되어 테러와 암살 위협을 끊임없이 받았다. 좌파마저도 좌우 통합파에 선 그를 배척했다.

노조 파업을 조종했다는 이유로 김원봉을 체포하라는 명령을 내린 사람은 미 군정 수도경찰청장 장택상이라고 한다. 미 군정에 체포됐을 때 고문을 하고 수모를 준 경찰이 다름 아닌 친일 앞잡이 노덕술이었다. 김원봉은 풀려난 뒤 너무나 분해서 사흘 동안 통곡했다. 그러면서 이렇게 한탄했다고 한다. "내가 조국 해방을 위해 중국에서 왜놈과 싸울 때도 한 번도 이런 수모를 당한 일이 없는데 해방된 조국에서 악질 친일파 경찰 손에 의해 수갑을 차다니, 이럴 수가 있소?"

김원봉이 월북한 데는 바로 이런 이유도 있었던 것이다. 그러나 북한에서도 김원봉은 편한 삶을 누리지 못했다. 한때 북한 검열상과 노동상이란 고위직에 오르고 김일성의 훈장을 받았지만 1958년 숙청당하고 말았다. 중국 장제스의 사주를 받은 간첩이라는 이유였다. 무엇보다 김원봉은 본질적으로는 공산주의자가 아니었기에 제거당했을 것이다.

김원봉이 묻은 박차정의 묘는 지금도 밀양 그 자리에 있다. 차를 타고 가서 밀양 제대리에서 내려 농가를 지나 야산으로 들어가서 수풀을 헤치고 올라가니 띄엄띄엄 조성된 무덤들이 모습을 드러냈다. 원래는 공동묘지였다는데 나무와 덤불로 뒤덮여 있었다. 100m 쯤 비탈길을 걸어서 올라가니 박차정의 묘소가 나타났다. 마른 솔잎이 봉분을 뒤덮는 바람에 풀이 자라지 않아 무덤은 한여름인데

경남 밀양 제대리 야산에 있는 박차정의 묘소. 무덤 옆에 참배 온 학생들이 꽂아 놓은 나무판자에는 "총을 들고 일제와 담대하게 싸웠던…"이라는 글이 적혀 있다.

도 메말라 있었다. 피를 흘리며 일본군과 싸우다 숨진 여성 독립운
동가의 묘소로서는 너무도 초라했다. '약산 김원봉 장군의 처, 박차
정 여사의 묘'란 비문만이 묘주墓主가 누구인지 알려준다. 박차정과
김원봉 사이에는 자식이 없어, 박차정을 기억해줄 이는 남아 있지
않은 듯했다.

묘소에서 멀리 바라보니 너른 들녘이 보이고 밀양강이 굽이쳐
흐른다. 밀양강 바로 북쪽, 해천 옆에 남편 김원봉의 생가 터가 있
다. 김원봉 생가의 바로 이웃에는 중국 태행산 전투에서 40만 일본
군의 공격에 맞서다 장렬하게 전사한 독립운동가이며 김원봉의 친
구인 윤세주의 생가 터도 있다. 그 위쪽 부북면 신작로에는 해방 후
귀국해 고향을 방문한 김원봉을 환영하는 인파가 발 디딜 틈이 없
이 들어찼었다고 한다. 그 이후 김원봉이 받게 된 처우를 생각하면

우리가 버린 독립운동가들

쓸쓸한 기분을 지울 수 없다.

1995년 정부는 박차정에게 건국훈장 독립장을 추서했다. '빨갱이'로 낙인찍힌 김원봉의 배우자란 딱지는 박차정의 공훈을 인정받는 데 오랫동안 장애물이 됐다. 얄궂게도 박차정은 중국에서 순국했기 때문에 공훈을 인정받을 수 있었던 셈이다. 살아남아 북한 정권에 참여한 김원봉은 아직까지 인정받지 못하고 있으니 말이다.

박차정의 생가는 부산 동래구 칠산동에 있다. 동래고등학교 담벼락을 타고 걷다 허름한 가옥들이 있는 골목 안으로 들어가면 생가가 나온다. 지금은 옛날 모습대로 깔끔하게 복원돼 있다. 가지런한 기와 한옥인데 방 안에는 박차정이 걸었던 길을 보여주는 사진들이 전시돼 있다. 관리인이 상주하고 있지만 관람객은 거의 없는 듯했다.

김원봉과 마찬가지로 박차정도 사회주의 활동을 했지만 근본적으로는 사회주의자나 공산주의자가 아니었다. 일본 제국주의에 대항해 민족해방운동을 벌이면서 필요에 따라 사회주의적 이념을 수용한 진보적 민족주의자였다. 게다가 박차정에게는 남녀평등에 입각한 여성해방을 주장하고, 부녀 대중의 투쟁을 선도한 실천가이자 이론가의 면모도 있다. 그에게 더 많은 관심이 주어지길 바라는 게 지나친 바람은 아닐 것이다.

박차정: 조선의용대의 여성 리더

김승학

1881. 7. 12. ~ 1964. 12. 17.

박은식을 이은 독립운동사가

기록이 없으면 역사도 없다. 역사시대의 삶은 글로 남겨두었기에 수천 년이 지난 지금에도 어제의 일인 듯 들여다볼 수 있다. 이집트·황하·메소포타미아·인더스 등 고대문명도 그렇다. 독립운동에 대한 구전口傳은 있어도 기록이 없다면 처절했던 투쟁의 의미는 반감되고 말 것이다. 김구의 『백범일지』나 김경천의 『경천야일록』 등 자필 수기나 회고록이 몇몇 남아 있지만, 급박한 상황에서 일제와 싸우던 독립운동가들이 투쟁 기록을 쓰고 보관하기란 여간 힘든 일이 아니었다. 도리어 비밀을 지키고자 모든 자료와 문서를 바로바로 없애버렸다.

독립운동을 하면서 한편으로 기록과 책으로 남긴 독립운동가들은 특히 높이 받들어야 하는 이유다. 대표적으로 잘 알려진 사람이 백암白巖 박은식 선생이다. 박은식의 『한국독립운동지혈사』가 없었더라면 과연 위대한 저항과 잔혹한 탄압이 후손들에게 생생하게 전달될 수 있었을까. 박은식의 정신을 이어받아 독립운동사 저술에 평생을 바친 인물이 있다. 바로 희산希山 김승학金承學 선생이다. 선생은 만주 독립운동단체인 대한독립단에서 특파 임무를 수행했으며, 『독립신문』 사장과 참의부 참의장을 지낸 독립운동가이면서 독립운동사 저술가다.

김승학과 박은식의 첫번째 인연은 한성사범학교였다. 박은식은 1900년에 교사로 취임해 역사와 유학을 가르쳤고 김승학은 1904년 10월에 입학해 13개월 동안 다녔다. 다만, 김승학이 직접 박은식에게 가르침을 받았다는 기록은 없다. 그 뒤 선생은 임정에 참여했을 때 박은식을 만났으며 그 뒤 독립운동사 저술에 관심을 두게 됐다. 1921년 5월 김승학은 임시정부 기관지 『독립신문』을 복간하고 사장으로 취임했는데 박은식은 주필이었다.(김승학이 1924년 사임한 뒤 박은식이 사장이 됐다.)

그 사이 김승학은 1922년 9월 대종교에 입교했는데 먼저 신도가 된 박은식은 당시 전리*典理를 맡으면서 『동명성왕실기』 등 한국 고대사를 저술했다. 김승학은 대종교 2대 도사교(대종교 최고지도자) 김교헌의 저술인 민족사서 『신단민사神檀民史』를 편수 겸 발행자로 펴냈다. 또한 김승학은 박은식이 『한국통사』와 『독립운동지혈사』를 간행할 때 사료 수집을 도왔다. 그러면서 두 사람은 광복이 되면

---

* 대종교의 행정을 처리하는 최고기관은 총본사인데, 총본사에는 전리·전강·전범이라는 삼전三典이 있어 직무를 분담한다.

김승학: 박은식을 이은 독립운동사가

한국독립사를 편찬하자고 굳게 약속했다고 한다.

내 일찍 조국 광복을 위한 운동 대열에 참여하여 상하이에서 『독립
신문』을 주관할 때 백암 박은식 동지가 편저한 『한국통사』라는 '나라
를 잃은 눈물의 기록'과 『독립운동지혈사』라는 '나라를 찾으려는 피의
기록'을 간행할 때 그 사료 모집에 미력이나마 협조하면서 차회次回는
'한국독립사'라는 '나라를 찾은 웃음의 역사'를 편찬하고자 굳은 맹약
을 하였었다.(김승학, 『한국독립사』 서문)

백암은 1925년 사망했고, 독립운동사 저술은 고스란히 김승학
의 어깨에 달리게 됐다. 틈틈이 모아온 독립운동 사료를 목숨보다
소중하게 보관한 것은 스승과도 같은 박은식의 유지를 받들고 약
속을 지키겠다는 마음 때문이었다.

위협과 모욕을 수없이 퍼붓다가 필경에는 온갖 악독한 형벌을 행
한다. 나를 꿇어 앉힌 후에 직경 삼촌三寸쯤 되는 통나무를 다리 사이
에 끼우고 양단에 두 놈이 올라서서 통나무를 디디면 형문刑問 다리가
부러질 듯 기절하게 되는데, 나는 끝까지 아무 말도 않고 당하였다. 그
때의 상처가 지금은 백각白脚이 되고 만다. 이것은 나의 기념품이다.

1929년 2월 만주에서 일본 경찰에 붙잡힌 김승학 선생이 신의
주경찰서로 이송되어 고문을 받던 상황을 기록한 『망명객행적록』

'독립운동자동인회' 발기 총회에 참석한 독립운동가들과 김승학 선생(맨 앞줄 오른쪽 네번째).

부분이다. 『망명객행적록』은 1958년에 쓴 선생의 짧은 자서전이 자 회고록이다. 위의 회고는 "왜경에게 체포된 후 수각手脚(팔다리) 이 절골되는 수십 차례 악형이 주로 이 사료 수색 때문이었다"라고 『한국독립사』 서문에 썼던 바로 그 부분과 같다. 광복이 되면 독립 운동사를 편찬하겠다는 굳은 결심으로 선생은 일제의 잔악한 고문 도 견뎌낸 것이다.

학문에서 무장투쟁으로

선생은 1881년 7월 12일 평북 의주군 비현면 마산동에서 찢어 지게 가난한 소작농의 아들로 태어났다. 어머니가 이웃집 방아를 찧어주고 삯으로 등겨를 받아와 먹었다고 한다. "등겨에 백태白太 (흰콩)를 약간 섞은 것은 상미上味라 하여 우리 형제를 먹이고 부모님은 순전한 등겨만을 자시었다. 아침은 겨밥, 저녁은 송피 범벅, 이런 생활을 매일 계속하였다."

배움에 대한 열의가 강했던 선생은 가난한 살림에도 7년 동안 서당에 다니며 한학을 익혔다. 1899년 선생은 명망 있던 유학자 조병준(건국훈장 독립장)의 문하생이 됐다. 조병준은 명성황후 시해 후 의병을 일으켰다가 체포되어 2년 동안 옥고를 치렀다. 조병준은 1900년에 "우리는 섬 오랑캐 왜노倭奴와 400년 동안 원수인데 을미년에 우리 국모 명성황후를 참시慘弑하였으니, 우리 선비로서는 거의하여 왜노를 토벌하는 것이 당연한 의무다"라고 말한 바 있다. 선생은 스승의 이런 우국충절에 감동해 서간도 지역을 다섯 달 동안 답사하며 독립운동을 꿈꾸었다. 김승학과 조병준은 나중에 만주에서 함께 독립운동을 하게 된다.

빈한한 생활 속에서 학업을 이어가던 선생은 1904년 한문박사과 시험에 응시했는데 시험 부정으로 탈락하고 말았다. 이에 학무국장을 찾아가 항의했다가 타협책으로 관립 한성사범학교 입학을 제의받아 1년 남짓 신학문을 공부했다. 1907년 일제가 고종을 강제 퇴위시키자 선생은 서울 종로에서 배일排日 강연을 하다 체포돼 석 달 동안 구금당하기도 했다. 그 후 고향으로 돌아와 극명학교 등에서 근무했다. 선생은 1909년 초 순종과 이토 히로부미가 서북 지방을 순행巡行할 때 일장기 게양을 거부하고 찢다가 경찰에 끌려가 고문을 받은 적이 있었는데, 그해 10월 안중근이 이토 히로부미를 사살하자 경찰들은 김승학이 안중근과 무슨 관계가 있을 것이라

의심하고서 매일같이 찾아와 안중근과의 관계를 캐물을 뿐만 아니라 "김승학과 같은 불온분자에게 교육을 받으면 순량한 자제들까지 불량자가 된다"며 이간질을 했다.

선생은 더는 고국에서 있을 수 없다고 판단하고 중국 망명을 결신했다. 1910년 경술국치 직후 선생은 만주로 건너갔다. 김탁이라는 이름으로 중국에 입적한 뒤 봉천성 관립 강무당에 입학, 군사교육을 받고 의병단에 가담해 6년 동안 활동했다. 국내에서 3·1운동이 발발하자 의병단 등 만주의 단체들은 대한독립단을 결성했는데 선생은 재무부장이 되었다.

선생의 첫 임무는 국내에 잠입해 독립운동 자금을 모으고 대한독립단 지단支團을 조직하는 것이었다. 선생은 평안남북도 일대를 다니며 친지, 동창, 지인들을 설득해 지단과 연통제 기관을 만들었다. 첩보를 접한 일경은 집요하게 추적했고, 선생은 배추씨 장수와 좁쌀 장수로 가장해 그때마다 따돌리며 활동을 계속했다. 목숨을 건 활동 덕분에 1920년 1월까지 평안남북도 일대 52곳에 하부 조직을 만들고 독립운동 자금도 수만 원을 모았다. 수만 원은 지금 가치로 10억 원이 넘는다고 볼 수 있다.

그 무렵 서간도에서는 독립운동단체 통합운동이 벌어졌는데, 상하이 임시정부에 가서 통합기관의 명칭을 받고 무기를 구입해오는 임무를 선생이 맡게 되었다. 상하이로 간 선생은 먼저 안창호와 몇 차례 만나고 숙의한 끝에 남만주 광복군을 임시정부 직할 광복군사령부로 인가받고 군정국장 겸 군기국장에 임명됐다.

김승학: 박은식을 이은 독립운동사가

다음으로 마우저 총과 루저 권총 240정, 탄환을 비밀리에 구입해 철궤 4짝에 포장한 뒤 누에고치 거래로 위장해 압록강변 안동현에 도착했다. 그러나 일본 경찰이 정보를 듣고 대기 중이었다. 독립군을 도와주던 이륭양행 주인 아일랜드인 조지 쇼의 도움으로 무기는 내렸지만, 선생은 야음을 틈타 상륙하다 경찰견까지 동원한 일제의 추적을 받게 됐다. 옥수수밭에 사흘이나 숨고 맨발로 산골짜기를 헤매며 천신만고 끝에 귀환, 임무를 완수할 수 있었다.

"이 무기는 국내 동포들이 주는 것이니 제군들은 무기를 생명과 같이 사랑하여 한 발의 탄환이라도 헛되게 쓰지 말고 1탄에 왜적 1명씩 잡기로 결심하여야 한다." 1920년 광복군사령부 무기수여식에서 선생은 이렇게 말했다. 이 무기로 광복군사령부는 서너 달 동안 일본군과 78회 교전하면서 주재소 등을 습격해 일경 95명을 사살하는 전과를 거두었다.

무장투쟁에서 저술 활동으로

1921년 일제가 대학살 사건인 경신참변(154쪽 참고)을 일으킨 뒤 만주에서 활동이 어려워지자 선생은 임정에 상황 보고를 목적으로 두번째로 상하이로 갔다. 그곳에서 뜻밖에도 선생은 『독립신문』 사장을 맡게 됐다. 당시 『독립신문』 책임자였던 소설가 이광수는 변절하여 국내로 돌아갔고, 프랑스 조계에 있던 신문사는 일제의 집요한 방해로 인쇄 도구가 압수되고 신문 발행이 중단된 상태였다.

선생은 상하이 같은 대도시에서 선전활동을 펴는 것도 독립에 더 큰 보탬이 될 수 있다고 생각했다. 이내 안창호와 협의하고 프랑스 영사관과 교섭한 끝에 신문을 복간했고 사장을 맡아 운영을 책임졌다. 1924년까지 3년 동안 신문을 발행하며 일제의 추적을 피하고자 28번이나 인쇄소를 옮겨 다녀야 했다. 한 번 옮길 때마다 마차 2량과 인력거 20여 채가 필요했고 한밤중에 이사 다닌 일도 있었다. 박은식과 만나 독립운동사 저술에 관심을 갖게 되고 사료를 수집하기 시작한 것도 이 시기의 일이다.

선생은 임시정부에서도 1924년 무렵 대의원과 학무부 차장, 학무부 총장대리 등의 직을 맡았다. 그런데 당시 서간도에서는 독립운동단체의 통합 논의 와중에 유혈극이 벌어졌다. 임정에 반대하는 통의부에서 참의부가 분열해 나왔는데, 그 분쟁 과정에서 총격 사건이 벌어져 사람이 죽기까지 한 것이다. 임정 기관지인 『독립신문』은 통의부를 준열하게 비판하는 글을 실었다. 이에 통의부 등 만주의 8개 독립운동단체는 거세게 반발하며 『독립신문』 절독을 선언하는 내용의 성명을 냈고, 불똥이 선생에게까지 튀었다. 이에 대한 부담과 만주 독립단체들의 분열에 환멸을 느낀 선생은 사장직을 사임하고, 스승 조병준이 한인촌을 건설한 내몽골로 찾아가 와신상담에 들어갔다.

그것도 잠시 1927년 10월, 임시정부는 선생을 참의부 제4대 참의장으로 임명했다. 당시 만주 독립운동계에서는 삼부 통합 바람이 불고 있었다. 참의부는 선생이, 정의부는 김동삼이, 신민부는 김좌

출옥 직후의 김승학 선생

진이 대표자였다. 통일된 외곽 단체 이름은 '혁신의회'였고 내부적인 당명은 '한국독립당'이었다.

1929년 2월 5일 선생은 혁신의회 회의를 마치고 나오다 환인현의 경계지역인 와니전 자촌에서 일본 경찰에게 붙잡히고 말았다. 상하이에서 무기를 구입한 일, 『독립신문』을 발간한 일 등을 캐물으며 혹독한 고문을 했다. 특히 선생이 틈틈이 수집해서 보관하던 독립운동사 사료를 내놓으라고 추궁했다. "왜경에게 피포被捕 후 손발이 요절되는 수십 차 악형이 주로 이 사료 수색 때문이었다"고 선생은 밝힌 바 있다. 선생은 굴복하지 않고 고문을 견뎌냈으며 5년의 옥살이마저도 버텨내고는 1934년 3월 22일 만기 출옥했다. 옥중에 있던 1931년 11월 부친이 세상을 떠났다.

출옥 후 선생은 고향으로 갔다. 늙은 부인이 며느리 둘과 손자들을 데리고 살고 있었다. 친척 어른이 찾아와 "옥중에서 선친상을 당했으니 자유의 몸이 된 이때 예를 행하는 것이 어떻겠는가"라고 물었다. 선생은 이렇게 대답했다. "조국이 완전 독립이 되기 전에는 상주 노릇도 하지 않겠습니다."

1937년 겨울 베이징에 머물던 선생은 임정으로부터 베이징 비밀기관장을 맡아달라는 요청을 받아 2년 동안 활동했다. 난징에 있던 임정과 만주 독립군 동지들의 중간에서 연락하는 역할이었다. 그러나 조직이 탄로 나는 바람에 선생은 베이징을 탈출, 일제의 추적을 피해 70여 일 동안 $1000km$를 도보와 기차로 이동해 1940년 1월 한커우에 도착했다. 체포 위기를 몇 번이나 넘긴 대장정이었다. 한커우는 1938년 조선의용대가 발족한 곳으로 일본의 영향력이 미치지 못하는 곳이었다. 그 후 선생은 다시 만주로 돌아와 은거하다 그토록 그리던 광복을 맞았다.

"자네들이 독립운동에 대해서 뭘 아는가"

광복 후 선생이 가장 먼저 착수한 일은 물론 독립운동사의 편찬이었다. 1945년 9월 초 만주 곳곳에 숨겨두고 맡겨두었던 사료들을 찾아 고향 의주로 귀향한 선생은 평북인민위원회 간부들의 양해를 얻어 동지 10여 명과 독립운동사편찬회를 조직했다. 그러나 격변의 정치는 선생을 가만히 놓아두지 않았다. 선생은 김구 중심의 한국독립당에 들어가 반탁 운동을 벌이다 구금당하기도 했다.

이후 선생은 정치에서 일체 손을 떼고 대종교 활동에 몰두하다 6·25전쟁을 맞았다. 전 가족이 피난을 떠나 부산에 정착했다. 1953년 혁명선열 사적 편찬과 유가족 원호사업을 목적으로 발족한 사단법인 애국동지원호회 산하에 한국독립운동사 편찬위원회를 8년 만에 다시 조직하고, 선생은 위원장을 맡았다. 과정은 결코 순탄하지 않았다. 부위원장 신백우는 지나치게 임정 중심으로 서술된다며

김승학 : 박은식을 이은 독립운동사가

탈퇴해버렸다. 1956년 2월, 3년 만에 애국동지원호회 대표 문일민의 이름으로 『한국독립운동사』가 드디어 간행됐다. 그러나 이 책은 선생의 동의도 없이 원고가 취사선택된 채 출간되었고, 선생은 자신의 뜻과 다르다며 유감을 표시했다. 결국 우여곡절 끝에 10여 년 만인 1964년 『한국독립사』 최종본이 나왔다. 선생은 책 서문에 이렇게 썼다.

일제 항복 후 이 사료를 40년래 나의 혈한血汗의 결정結晶으로 삼아 귀국하였다. 붓이 이에 이르매 백암 동지의 추억이 새로워 지면을 적신다. (…) 우리나라는 반세기 동안 국파민천國破民賤의 뼈저린 수난 중 광복되어 건국 이래 이 국가 백년대계의 원칙을 소홀히 한 것은 고사하고 도리어 일제의 주구로 독립운동자를 박해하던 민족반역자를 중용하는 우거를 범한 것은 광복운동에 헌신하였던 항일투사의 한 사람으로서 전 초대 대통령 이승만 박사의 시정 중 가장 큰 과오이니 후일 지하에 돌아가 수많은 선배와 동지들을 무슨 면목으로 대할까 보냐. 이 중대한 실정으로 말미암아 이 박사는 집정 10년 동안 많은 항일투사의 울분과 애국지사의 비난의 적이 되었었다. 서기 1964년 갑진 3월 84세 병석에서 김승학.

형극과 같은 일제의 핍박과 광복 후 이승만 정권의 탄압을 이겨내고 백암과의 약속을 지켜낸 벅찬 심정이 느껴진다. 선생은 1964년 12월 17일 선생은 별세했다. 『한국독립사』는 이듬해 9월 출간됐으니 선생에게는 유고집이 되었다. 정부는 선생의 공훈을 기리어 1962년 건국훈장 독립장을 수여했다. 선생의 묘소는 경기도 고양 서삼릉 경내에 조성됐다가 2012년 국립대전현충원으로 옮겨졌다.

『한국독립사』는 1884년 갑신정변에서 1945년 광복에 이르기까지 약 60년 동안의 한국 독립운동 역사를 담은 책이다. 상하 2권으로 돼 있으며 상권은 제1편 국내 운동, 제2편 임시정부, 제3편 해외 운동, 제4편 일본의 패망과 한국의 독립으로 구성됐다. 하권은 순국 의·열사와 독립운동지사의 약전略傳과 훈장·표창 내용을 수록했다. 만주에서 독립운동을 하고 임정에도 몸담았던 김승학이 직접 모아 보관하던 사료와 생존한 독립운동가들의 구술, 고증을 바탕으로 저술해 독립운동 연구사에서 가치를 높이 평가받는 저술이다. 그러나 임정과 3·1운동에 과도한 비중을 두었다는 비판도 있다.

선생의 유업을 오늘의 후손들이 잇고 있다. 선생은 『한국독립사』 서문에 "내 사랑하는 손자 계업아, 이 할아버지의 미진한 뜻을 간폐에 깊이 새겨 면지성지勉之誠之하여 계승하라"고 유언과 같은 글을 남겼다. 그 뜻대로 김계업 선생은 '한국독립운동총사 편찬위원장'을 맡아 『한국민족총사고』(1985)를 썼다. 한문투의 『한국독립사』를 쉬운 한글체로 바꾸고 2만5000여 명의 독립운동가 인명사전을 증보한 책이다.

김계업의 아들, 즉 김승학의 장증손자인 김병기 씨는 『대한민국임시정부사』와 『만주지역 통합운동의 주역 김동삼』 등 독립운동사를 집필했고, 현재 광복회 학술연구원 초대 원장으로서 희산 선생

김승학 선생의 독립운동 유품 자료 중 하나인 '봉오동 전투도'. 현재 알려져 있는 봉오동 전투도는 일제의 자료로, 일본군의 시각에서 작성한 것이다. 선생의 유품은 독립군 부대 배치 상황과 격전지 등이 상세하게 표시돼 있다.

의 뒤를 이어 독립운동사를 연구하고 있다. 김 원장은 대학을 졸업하고 직장에 다니다 40대에 독립운동사 연구를 시작해 만주참의부 연구로 박사학위를 받았다.

김 원장을 만나 가족사에 대한 설명을 들었다. 희산 선생은 3남 1녀를 두었는데 장남도 여러 번 감옥에 갇혔고 자손들도 독립운동에 참여했다. 선생과 가족들은 피란지 부산에서 10여 년을 살았는데 부두 노동자 취업도 못 하게 이승만 정권의 탄압과 감시를 받았고, 독립운동사 편찬도 방해를 받았다고 한다. 초대 대통령 이승만이 집권을 위해 친일파를 중용하고 자신과 노선을 달리했던 독립운동가들을 탄압한 것은 공공연히 알려진 사실이다. 이승만은 자신에게 건국훈장을 '셀프 추서'하고 부통령이 된 이시영 외에 어느 독립운동가에게도 훈장을 주지 않았다.

선생의 후손들은 1960년까지 부산에서 살다 이승만 하야 후 서울로 올라왔다. 오리를 키우고 행상을 해서 생계를 잇는 형편이라

자손들이 포상 신청을 하자고 했다. 그러자 선생은 "독립운동을 한 게 무슨 벼슬이라도 되느냐"고 화를 내며 만류했다고 한다.

김 원장에 따르면, 정부가 독립운동가 포상을 시작한 때가 1962년인데 처음에는 친일 역사학자들이 심사했다고 한다. 독립운동 가들이 반발하자 이듬해 독립운동사 편찬자이자 원로 독립운동가인 선생 등이 심사위원으로 위촉됐다. 선생은 심사를 하면서 이병도 등 학자들에게 "자네들이 독립운동에 대해서 뭘 아는가"라고 일갈했다고 한다. 만주지역을 중심으로 모은 선생의 독립운동 자료와 증언을 바탕으로 300여 명을 포상할 수 있었다고 한다.

김 원장은 『한국독립사』를 7권으로 나눠 현대화하고 보완해 간행할 계획이라고 말했다. 증조부가 수집한 독립운동 사료 여러 점도 보관중인데 책 집필에도 반영할 생각이라고 한다. 봉오동 전투에 참전한 박승길이 광복 후 기억해 그린 '봉오동 전투도', 일본에 묻혀 있던 이봉창·윤봉길·백정기 의사의 유해를 효창공원으로 옮기면서 치른 국민장 절차를 담은 '삼의사 국민장 행사요령', 순국 의사를 6가지로 분류한 '순국의사명부초', 만주지역 독립운동단체들의 약사와 전투를 기록한 '한국독립운동혈사재료 초안' 등의 귀중한 사료들이다. 또 몇 명 남지 않은 독립운동가들과 2세, 3세들로부터 구술을 들어 기록으로 남기고 독립운동사 편찬에 활용할 계획이라고 했다.

참고문헌

허위

김희곤 외, 『왕산 허위의 나라사랑과 의병전쟁』, 구미시·안동대학교박물관, 2005.

권대웅, 『목숨 바쳐 나라를 사랑한 선비 왕산 허위』, 지식산업사, 2011.

독립운동사편찬위원회, 『독립운동사자료집』, 고려서림, 1984.

『독립운동 사적지를 찾아서』, 독립기념관 한국독립운동사연구소, 2012.

박은식, 『한국독립운동지혈사』, 서문문고, 1999.

신용하, 『의병과 독립군의 무장독립운동』, 지식산업사, 2003.

『한국독립운동사자료총서』, 독립기념관 한국독립운동사연구소, 2000.

허은, 『아직도 내 귀엔 서간도 바람소리가』, 정우사, 2000.

나라사랑 편집부, 「왕산 허위 해적이」, 『나라사랑』 27, 외솔회, 1977.

이현희, 「허위의 의병투쟁과 서대문형무소」, 한국민족운동사연구 29집, 한국민족운동사학
회, 2001.

허복, 「왕산허위선생의거사실대략(旺山許蔿先生擧義事實大略)」, 『독립운동사자료집』 2권,
독립운동사편찬위원회

이재명

김구, 『백범일지』, 나남, 2009.

김삼웅, 『의사 이재명의 삶과 죽음』, 문학과경계, 2003.

윤덕환, 『이완용 평전』, 중심, 1999.

이강훈, 『청사에 빛나는 순국선열들』, 역사편찬회출판부, 1990.

황상익, 『근대 의료의 풍경』, 프레시안, 2010.

김구응

박은식, 『한국독립운동지혈사』, 서문당, 1999.

권영태, 『순국처녀 유관순전』, 1948.

신광철, 「영화를 통해 재현된 유관순의 삶」, 『유관순연구』 3, 백석대학교 유관순연구소,
2003.

임경석, 「3·1운동을 보는 남과 북의 시각」, 『통일시론』 2, 청명문화재단, 1999.

임종명, 「탈식민지기(1945.8~1948.7) 남한에서의 3·1의 소환과 표상」, 『대동문화연구』 66, 영산대학교 동양문화연구원, 2009.

전해주, 「성공회 병천교회의 3·1 아우네 만세운동에 대한 기여」, 성공회대 석사 논문, 2006.

정상우, 「3·1운동의 표상 유관순의 발굴」, 『역사와현실』 74, 한국역사연구회, 2009.

정종현, 「3·1운동 표상의 문화정치학: 해방기~대한민국 건국기 3·1운동 표상을 중심으로」, 『한민족문화연구』 23, 한민족문화학회, 2007

정종현, 「유관순 표상의 창출과 전승 해방 이후 제작된 유관순 영화의 내러티브를 중심으로」, 『한국문학연구』 36, 동국대학교 한국문학연구소, 2009.

문용기.

주명준, 『익산 4·4운동과 남전교회』, 익산4·4운동기념사업위원회, 2013.

『익산의 만세운동과 문용기 열사』, 익산문화재단, 2011.

김은주, 「군산의 3·1운동과 기독교학교의 참여」, 『신학과 사회』 33, 21세기기독교사회문화아카데미, 2019.

김형민, 「익산 사람 문용기의 피 묻은 두루마기」, 시사IN 597호, 2019.

부희영, 「익산의 만세운동과 문용기 열사」, 익산문화재단, 2011.

정성미, 「익산지역 독립운동사적지 현황과 과제」, 『열린정신 인문학연구』 20, 원광대학교 인문학연구소, 2019.

전병호, 「초기 내한선교사들의 남도행전(8) 멕커첸 선교사와 익산의 초기 교회들」, 『기독교사상』 11월호, 대한기독교서회, 2014.

조형조, 「四·四솜리만세운동 주도한 문용기 열사」, 『시민시대』 257, 목요학술회, 2006.

프랭크 스코필드

도레사 E. 모티모어, 『프랭크 스코필드 박사와 한국』, KIATS, 2016.

이장락, 『민족대표 34인 석호필: 프랭크 윌리엄 스코필드』, 호랑이스코필드기념사업회·KIATS, 2013.

정운찬 외 지음, 『세브란스인의 스승 스코필드』, 역사공간, 2016.

김승태, 「3·1운동 시기 세브란스 외국인 선교사들의 대응: 스코필드와 에비슨을 중심으로」, 『연세의사학』 22, 연세대학교 의학사연구소, 2019.

김승태, 「한국을 조국처럼, 한국인을 동포처럼 사랑한 캐나다인: 스코필드」, 『독립기념관』

337호, 독립기념관 학예실, 2016.

이만열, 「스코필드의 의료(교육)·사회선교와 3·1독립운동」, 『한국근현대사연구』 57, 한국
　근현대사학회, 2011.

박상진

『고헌 박상진과 광복회 사람들의 이루지 못한 혁명의 꿈』, 고헌박상진의사 추모사업회,
　2008.

『광복회 100주년 자료집』, 대한광복회총사령 고헌박상진의사추모사업회, 2014.

김웅, 『한(恨)의 독립투사 고헌 박상진』, 박상진의사추모사업회, 1996.

박걸순, 『독립전쟁론의 선구자 광복회 총사령』, 역사공간, 2014.

권대웅, 「박상진의 생애와 독립운동」, 『동학연구』 28, 2010.

박영석, 「대한광복회 연구―박상진 제문을 중심으로」, 『한국민족운동사연구』 1, 한국민족운
　동사학회, 1986.

박중훈, 「고헌 박상진의 생애와 항일투쟁 활동」, 『국학연구』 6, 한국국학진흥원, 2001.

이성우, 「경북지역 의병 참여자들의 의병전쟁 이후의 활동: 1910~20년대 초 국내독립운동
　단체를 중심으로」, 『국학연구』 37, 2018.

태지호·권지혁, 「지역 역사 인물의 문화콘텐츠 기획에 관한 연구: 고헌 박상진 의사를 중심
　으로」, 『문화정책논총』 30, 한국문화관광연구원, 2016.

박재혁

김삼웅, 『의열지사 박재혁 평전』, 호밀밭, 2019.

박태원, 『약산과 의열단』, 깊은 샘, 2000.

안덕자, 『박재혁 적의 심장에 폭탄을 던져라』, 호밀밭, 2018.

김승, 「박재혁의 부산경찰서 폭탄투척 사건」, 『문화전통논집』 14, 경성대 한국학연구소,
　2007.

김혜진, 「부산 출신 의열단원 연구」, 『항도부산』 37, 부산광역시사편찬위원회, 2019.

박철규, 「의열단원 박재혁의 생애와 부산경찰서 투탄」, 『항도부산』 37, 부산광역시사편찬위
　원회, 2019.

송학선

국가보훈처, 「송학선 선생(1897~1927)」, 『순국』 136호, 대한민국순국선열유족회, 2002.

박영규, 「다시 시작된 외침, 대한독립만세」, 『독립기념관』 366호, 독립기념관 학예실, 2018.

송삼학선, 「송학선의 금호문사건: 총독 재등(齊藤)을 저격한 삼대 의거」, 『신동아』 57호, 1969

안보문제연구원, 「의열투쟁가 송학선 선생」, 『통일로』 165호, 안보문제연구원, 2002.

박용만

김도훈, 『끼 대륙이 하와무장투쟁론자 박용만』, 역사공간, 2010.

안형주, 『박용만과 한인소년병학교』, 지식산업사, 2007.

이상묵, 『칼의 길: 독립지사 박용만과 그의 시대』, 문학나무, 2018.

김도형, 「하와이 대조선독립단의 조직과 활동」, 『한국독립운동사연구』 37, 독립기념관 한국 독립운동사연구소, 2010.

배경식, 「임시정부 초대 외무총장 박용만 암살사건-공개처형인가, 암살인가?-」, 『역사문제 연구』 18, 역사문제연구소, 2007.

서대숙, 「박용만과 그의 혁명과제」, 『한국민족학연구』 4, 단국대학교 한국민족학연구소, 1999.

오인철, 「박용만과 독립군단」, 『비평문학』 13, 한국비평문학회, 1999.

조규태, 「박용만의 중국에서의 민족운동」, 『한국민족운동사연구』 45, 한국민족운동사학회, 2005.

최대희, 「네브래스카 주의 한인 '스쿨보이' 유학생들」, 『다문화와 인간』 6권, 대구가톨릭대학 교 다문화연구원, 2017.

최영호, 「박용만: 문무를 겸비한 비운의 민족주의자」, 『한국사 시민강좌』 47, 일조각, 2010.

양세봉

장세윤, 『남만주 최후의 독립군 사령관 양세봉』, 역사공간, 2013.

조문기, 『조선혁명군 총사령관 양세봉』, 나무와 숲, 2007.

박환, 「1930년대 조선혁명군의 국내 군자금 모금 활동: 이선룡 의거를 중심으로」, 『한국민족 운동사연구』 62, 한국민족운동사학회, 2010.

정인갑, 「항일 열사 양세봉」, 『한민족공동체』 14, 2006.

정창현, 「남북이 함께 기리는 항일열사들」, 『민족21』, 2007.

최금성, 「재만 조선혁명군의 항일무장투쟁 연구: 양세봉 사령관의 활동을 중심으로」, 『중앙 사론』 21, 중앙대학교 중앙사학연구소, 2005.

최봉룡, 「조선혁명군의 한·중연합항일작전: 양세봉 사령의 활동을 중심으로」, 『한국민족운동사연구』 31, 한국민족운동사학회, 2002.

황민호, 「1930년대 재만 조선혁명군의 항일무장투쟁과 한·중연합작전의 동향」, 『한국민족운동사연구』 87, 한국민족운동사학회, 2016.

김동삼

김병기, 『만주지역 통합운동의 주역 김동삼』, 역사공간, 2012.

김중생, 『험난한 팔십 인생 죽음만은 비켜갔다』, 명지출판사, 2013.

김중생, 『북만주 반일운동 근거지 취원창』, 명지출판사, 2001.

김중생, 『조선의용군의 밀입북과 6·25전쟁』, 명지출판사, 2000.

김희곤, 『만주벌 호랑이 김동삼』, 지식산업사, 2009.

변창구, 「일송 김동삼의 선비정신과 독립운동」, 『민족사상』 8, 한국민족사상학회, 2014.

이동언, 「일송 김동삼 연구」, 『한국독립운동사연구』, 7, 독립기념관 한국독립운동사연구소, 1993.

장세윤, 「1910년대 남만주 독립군 기지 건설과 신흥무관학교—안동유림의 남만주 이주와 이상룡·김동삼의 활동을 중심으로」, 『만주연구』 24, 만주학회, 2017.

김경천

김경천 지음, 김병학 정리 및 현대어역, 『경천아일록』, 학고방, 2012.

박환, 『대륙으로 간 혁명가들』, 국학자료원, 2003.

이기동, 『비극의 군인들 : 일본육사 출신의 역사』, 일조각, 1982.

이영명, 『김일성 열전』, 신문화사, 1974.

김병학, 「경천아일록과 연해주 항일독립운동가 김경천의 생애」, 전남대학교 세계한상문화연구단 국내학술회의, 2015.

반병률, 「1920년대 전반 만주 러시아지역 항일무장투쟁」, 『한국독립운동의 역사』 49, 독립기념관 한국독립운동사연구소, 2009.

윤상원, 「러시아지역 한인의 항일무장투쟁 연구」, 고려대학교 박사학위 논문, 2010.

윤선자, 「1920년대 초반 김경천의 항일무장투쟁」, 『한국독립운동사연구』 52, 2015.

오동진

김승학, 『한국독립사』, 독립동지회, 1983.

김병기, 「서간도 광복군사령부의 성립과 활동」, 『한국근현대사연구』 9, 한국근현대사학회, 1998.

박환, 「대한독립단의 조직과 활동」, 『한국민족운동사연구』 3, 한국민족운동사학, 1989.

윤대원, 「서간도 대한광복군사령부와 대한광복군총영에 대한 재검토」, 『한국사연구』 133, 한국사연구회, 2006.

한상도, 「대한민국 임시정부의 초기 군사활동과 재만독립군」, 서암 조항래 교수 화갑 기념 『한국사학논총』, 1992

안희제

김성민, 『백산 안희제의 민족운동』, 내일을 여는 역사, 2019.

백산 안희제 선생 순국 70주년 추모위원회 엮음, 『백산 안희제의 생애와 민족운동』, 선인, 2013.

이동언, 『독립운동 자금의 젖줄 안희제』, 역사공간, 2010.

김병기, 「경주 부자 최준과 백산 안희제」, 『독립기념관』 305호, 독립기념관 학예실, 2013.

박부전, 「백산 안희제의 구국활동과 민족사상의 내용에 관한 연구」, 『민족사상』 9, 한국민족사상학회, 2015.

「백산 안희제와 국외독립운동기지 발해농장」, 대한민국임시정부 수립 100주년 및 백산 안희제선생 순국 76주년 추모학술회의 자료집, 2019.

양경화, 『백산상회 안희제(독립운동 비밀자금 주식회사)』, 호밀밭, 2019.

이은숙

김중생, 『험난한 팔십인생 죽음만은 비켜갔다』, 명지출판사, 2013.

김중생, 『북만주반일운동근거지 취원창』, 명지출판사, 2001.

이덕일, 『이회영과 젊은 그들』, 역사의 아침, 2009.

이은숙, 『서간도 시종기』, 일조각, 2017.

이해동, 『만주생활 77년』, 명지출판사, 1990.

허은, 『아직도 내 귀엔 서간도 바람 소리가』, 민족문제연구소, 2010.

김명섭, 「이회영의 중국 망명생활과 독립운동」, 한국독립운동사연구 59, 2017.

「우당 이회영 일가의 망명과 독립운동」, 우당이회영선생기념사업회·대한민국임시정부기념사업회 주최 세미나 자료집, 2010.

최기영, 「이회영의 북경 생활: 1919~1925」, 『동양학』 54, 단국대학교 동양학연구소, 2013.

김마리아

김영란, 『조국과 여성을 비춘 불멸의 별 김마리아』, 북산책, 2012.

김영삼, 『김마리아』, 한국신학연구소, 1983.

박용옥, 『김마리아 나는 대한의 독립과 결혼하였다』, 홍성사, 2003.

전병무, 『한국 항일여성운동계의 대모 김마리아』, 역사공간, 2013.

박용옥, 「김마리아의 망명생활과 독립운동」, 『한국민족운동사연구』 22, 한국민족운동사학회, 1999.

이현희, 『김마리아의 생애와 애국활동』, 『한국사논총』, 성신여자사범대학, 1978.

정경환, 「김마리아의 구국투쟁과 독립정신에 관한 연구」, 『민족사상』 7, 한국민족사상학회, 2013.

황민호, 「김마리아의 국내에서의 독립운동과 대한민국애국부인회」, 『한국민족운동사연구』 99, 한국민족운동사학회, 2019.

주세죽

손석춘, 『코레예바의 눈물』, 동하, 2016.

신영숙, 『사회주의 여성운동가 '조선의 콜론타이' 허정숙』, 내일을 여는 역사, 2006.

조선희, 『세 여자 1 · 2』, 한겨레출판, 2017.

이정 박헌영 전집 편집위원회 엮음, 『이정 박헌영 전집』, 역사비평사, 2004.

김경일, 「1920-30년대 한국의 신여성과 사회주의」, 『한국문화』 36, 서울대학교 규장각한국학연구원, 2005.

윤선자, 「일제 강점기 사회주의 여성운동과 '맑스 걸'」, 『여/성이론』 3, 도서출판여이연, 2000.

한상권, 「1920년대 여성해방론—단발론을 중심으로」, 『사학연구』 87, 한국사학회, 2007.

윤현숙

김호욱, 「거룩한 믿음의 순국열사 윤형숙」, 『별과 같이 빛나는 생애』, BOOKK, 2018.

박찬승, 「전남지방의 3 · 1운동」, 『전라남도지』 8, 전라남도지편찬위원회, 1993.

이가연, 「호남지역 기독교 여학교의 3 · 1운동—수피아여학교, 기전여학교, 정명여학교를 중심으로」, 『석당논총』, 74, 동아대학교 석당학술원, 2019.

이상식, 「전남의 3 · 1운동」, 『전남사학』 130, 2002.

이정은, 「광주의 3 · 1독립만세운동」, 『순국』 308, 대한민국순국선열유족회, 2016.

정경진, 「윤형숙, 반쪽으로 그린 동그라미」, 『전남 여성 인물 스토리북』, 전남여성플라자,

2012.

정명섭, 「피로 새겨진 이름, 윤혈녀」, 『대한독립만세』, 서해문집, 2020.

한규무, 「광주·전남 기독교인들의 3·1운동 참여와 동향」, 『한국 기독교와 역사』 13, 한국기 독교역사연구소, 2000.

한규무, 「윤형숙 열사 관련자료 검토 및 생애와 활동 재조명」, 『한국기독교와 역사』 52, 한국 기독교역사연구소, 2020.

박차정

강대민, 『여성조선의용군 박차정 의사』, 고구려, 2004.

길진현, 『역사에 다시 묻는다』, 삼민사, 1984.

김학철, 『격정시대』, 풀빛, 1988.

박태원, 『약산과 의열단』, 백양당, 1947.

염인호, 『김원봉 연구』, 창작과비평사, 1992.

한상도, 『대륙에 남긴 꿈: 김원봉의 항일역정과 삶』, 역사공간, 2006.

강영심, 「항일운동가 박차정의 생애와 투쟁」, 『여/성이론』 8, 도서출판여이연, 2003.

김광운, 「김원봉의 1945년 광복 이후 정치 행적과 성격」, 『한국독립운동사연구』 68, 한국독 립운동사연구소, 2019.

김승학

김승학, 『망명객행적록』, 희산김승학선생기념사업회, 2011.

조준희, 『만주 무장투쟁의 맹장 김승학』, 역사공간, 2016.

김병기, 「만주 동포 2000여 명을 이끌고 압록강을 향하다: 무장독립군 참의부 참의장 김승 학의 30년 만의 귀향」, 『씨알의소리』 205호, 2009.

김병기, 「상하이판 『독립신문』 이야기」, 『독립기념관』 309호, 독립기념관 학예실, 2013.

김병기, 「'왜놈보다 더 무서운 모기떼': 독립군 무기구입 비사」, 『독립기념관』 306호, 독립기 념관 학예실, 2013.

김병기, 「『한국독립사』 발간의 숨겨진 이야기」, 『독립기념관』 288호, 독립기념관 학예실, 2012.

찾아보기